罗格智慧
LogosSmart

U0833049

DOING BUSINESS IN THE UNITED STATES

—HOW DOES THE U.S. FEDERAL CORPORATE INCOME TAX WORK

在美经营

——联邦公司所得税实务导引

[美]董为众◎著

中国财经出版传媒集团
中国财政经济出版社

图书在版编目（CIP）数据

在美经营：联邦公司所得税实务导引 /（美）董为众著. --北京：中国财政经济出版社，2021.7
ISBN 978-7-5223-0556-1

Ⅰ.①在… Ⅱ.①董… Ⅲ.①所得税-税法-研究-美国 Ⅳ.①D971.222

中国版本图书馆 CIP 数据核字（2021）第 130136 号

责任编辑：马 真　　责任校对：徐艳丽
封面设计：智点创意　　责任印制：党 辉

在美经营——联邦公司所得税实务导引
ZAIMEI JINGYING——LIANBANG GONGSI SUODESHUI SHIWU DAOYIN

中国财政经济出版社 出版
URL：http：//www.cfeph.cn
E-mail：cfeph@cfeph.cn

社址：北京市海淀区阜成路甲 28 号 邮政编码：100142
营销中心电话：010-88191522
天猫网店：中国财政经济出版社旗舰店
网址：https：//zgczjjcbs.tmall.com
北京中兴印刷有限公司印刷 各地新华书店经销
成品尺寸：185mm×260mm 16 开 15 印张 300 000 字
2021 年 7 月第 1 版 2021 年 7 月北京第 1 次印刷
定价：78.00 元
ISBN 978-7-5223-0556-1
（图书出现印装问题，本社负责调换，电话：010-88190548）
本社质量投诉电话：010-88190744
打击盗版举报热线：010-88191661 QQ：2242791300

自　序

在您翻开这本书的第一页之前，我想对有缘的您说几句心里话。

我是一个20世纪80年代赴美的留学生。留学前，做过工人，也在国内高校任过职，后来自费到美国留学，在校园里断断续续地待了八年。学习是我一辈子的功课，从心理学到税务学，再到商学，从学士、双硕士到博士，就是想多学点东西，为国家尽点心力。

毕业后，我先在永道（普华永道前身）会计师事务所工作，后来又到银行，软件、通信和半导体等公司就职，甚至到美国高校从事税务教学；从一般的员工到大型跨国企业财税部门主管、兼职教授，最后自己创业，历经数十载。工作在变，职位在变，收入也在变，只有心中的那个为国家做点事的心愿没有变。

我在美国从事税务工作30余年，积累了一些知识和经验。近年来，我几乎每年都会安排一些时间回国讲学、交流，在跟国内同行接触的过程中，被大家对美国税务知识的好奇和强烈的求知欲而感动。在美国的实践中，我屡次碰到国内的企业遇到税务难题，由于对美国的税法缺乏必要的认知，结果要么被重罚，要么官司缠身，甚至有的清算倒闭。随着中国“走出去”战略的推进，越来越多的中国企业到美国投资、办厂，美国的税务法律和机制成为决定在美经营成败的重要内容。

基于此，我结合自己多年的积累，写成这本书，我的心愿就是让这本书能够切实地帮到您。这本书的宗旨是帮助计划赴美或者已经在美国注册成立的公司快速全面地了解美国复杂的联邦公司所得税法及其应用，为它们在美国的经营保驾护航；同时也为国内的同行、学者、专家或学生提供有价值的美国联邦公司所得税读物，为他们的学术研究提供一些素材。

本书内容共分为十二章：第一章——在美经营；第二章——在美经营的考量；第三章——联邦税务体制；第四章——公司所得税总括；第五章——公司

成立、退股和清算；第六章——公司重组；第七章——国际税务总括；第八章——中国公司赴美（入境）交易；第九章——美国公司境外（出境）交易；第十章——产品和服务的定价；第十一章——转让定价；第十二章——转让定价案例分析。

为了避免大家感到专业书籍干涩难懂，本书尽量使用通俗语言进行描述和讲解，穿插一些大小案例来说明问题，突出重点和要点，并提供一些联邦税务合规和筹划的专业建议。另外，我在附录里简要介绍了美国现任总统拜登提出的美国联邦税改计划，帮助大家更好地了解美国税改的方向。

我相信，只要大家能坚持读完此书，就一定能享受到本书带给您的红利。

目 录

第一章 在美经营

中国赴美投资企业入美交易，必须首先明确商务目的，然后根据目的进行各项赴美策略的筹划，最终落地美国。中国赴美投资企业首先应明确为什么要“走出去”到美国？我们是去美国开工厂，还是借助美国高科技的长处搞科研？或者是去美国打开市场销售自己的产品？目的明确了，“走出去”的筹划才能事半功倍。

在本章中，就中国企业在美经营最常见的五个目的展开讨论，即产品研发、在美营销、生产制造、资金赴美，以及在美上市。针对中国企业赴美的不同目的，来探讨进入美国投资的相应方式。比如：在美国设立子公司，由子公司从中国进口产品，然后出售到美国市场（直接贸易）；或建立美国基金公司（在硅谷地区，有一些规模比较大的中国基金，用来收购有利于中国发展的美国本地公司）；或通过合资、并购、借壳上市等手段来达到“走出去”到美国的目的等。

在美国建立法律实体

在美国设立子公司无疑是进入美国最直接的商务操作形式，也是中国公司区域多元化的一个最基本的步骤。与分公司（branch）不同，子公司是一个独立的法律实体，它可以接受国内总公司的委托，在美国执行各种商务活动，但在管理、商务活动和财务核算上相对独立，对自己的盈亏负责。美国子公司与中国母公司之间，可以通过协议明确各方的责任和义务，如子公司在美国的雇佣权利、商务决策权利、科技开发权利、知识产权和其他无形资产拥有权利、市场开发权利等。

在美国设立子公司并且与中国国内母公司发生关联交易的，一定要注意转让定价的风险，要根据母、子公司具体的功能和承担的风险，合理分配母、子公司之间的收入或利润。在本书的最后三章，将着重讨论关联交易和转让定价。

研发子公司

提升产品研发的质量和效率，是国内高科技公司“走出去”到美国的主要目的之一。近年来，国内很多高科技公司到美国建立研发中心，尤其是美国加州硅谷地区（Silicon Valley）最受青睐。阿里巴巴、百度、腾讯、联想、京东和中国移动等，纷纷在硅谷建立研发中心，充分利用硅谷的高科技信息和人才，开发领先世界的高科技产品和服务。

赴美企业从法律和税务的角度来筹划并建立研发中心，是在美研发运作的最佳结构。美国的税务法体系极其繁复，而税务法又是商务法的基础和保障，有效地利用美国税务法来筹划研发中心的组织结构和交易，能保证研发中心的税务高效率运行（tax efficiency operation）。税务有效运行的重点不仅仅在于省税，而是在不增加额外税负的基础上保持运营各环节的通畅。在美国设立研发中心要注意以下几点：

第一，确定美国政府对于中国企业拟设立研发中心的技术类型是否有限制，如果有限制，“走出去”企业的基本生存能力将受到制约，研发成果转入国内可能会面临不少困难。

第二，从联邦税务角度来确定建立研发中心的最佳组织结构。税务支出是公司很大的一块成本，需要提前做筹划，不同的地理位置、不同的组织形式都会对税负产生影响，在研发中心设立之初一定要考虑好。

第三，确定研发中心最初的人员配制。一般情况下，管理等关键职位可以从国内委派，大部分研发人员聘用当地人才比较合适。由于文化差异，中国企业在雇用员工时要避免可能造成种族、性别、年龄等方面歧视的问题。因此，在雇用员工之前，一定要多向法律和税务顾问咨询美国联邦和所在州的劳工法律，咨询内容也包括员工薪酬、福利和保险等的相关规定。

第四，作为聘用程序的一部分，要求雇员签署符合当地法律要求的《雇员发明转让和保密协议》，也要求顾问及其他独立承包方签署相应协议。签订这些协议的目的是确保研发中心对知识产权和其他研发成果的所有权。

第五，制订知识产权战略，并对研发中心的成果实施知识产权保护。制订知识产权战略的目的是保护和支持中国企业，研发中心成果通常应该由集团公司的总公司拥有，因为研发成果的价值一般体现在总公司对研发中心的融资和投资上，而投资包括资金以外的各种投资，如人员投资、知识投资等。

赴美研发最常见的形式是在美国设立全资子公司。对于多种产品的研发，中国公司可以在美国设立与产品相应的多个子公司，各子公司可以由中国母公司统一控股，也可以由一家子公司（美国母公司）控股其他科研子公司。设立单独的产品研发子公司不仅保证公司对独一产品的全力以赴，也同时限制了可能发生的法律争议，对独一产品的研发成本也有了一个清晰的预算。在联邦税务方面，对单独产品的研发进行独立计算，有利于分析归类产品研发费用，更加贴切地符合联邦科研费用抵免（R&D credit）的规定，以避免与联邦内部收入局（Internal Revenue Service，IRS）发生不必要的争议。合理使用科研费用抵免可以大幅度减少产品研发的财务负担。

在中国母公司与美国子公司的关系方面，如果子公司只负责按照母公司的要求进行产品研发，研发失败的风险应该由母公司承担，即我们通常说的子公司负责合约研发（contract R&D），而中国的母公司负责对子公司的管理支持、财务支持、生产支持、市场支持等。那么，如果研发出来的成果由母公司或母公司指定的美国其他子公司生产，而生产出来的产品由其他子公司在美国销售的话，收入或利润分配应该绝大部分归属于母公司（和其他子公司）。这是因为子公司只承担了合约研发功能，研发经费和其他支持都由母公司负担，研发出来的产品特许权归母公司所有，而子公司一般只获取合约研发合理的成本加成，不应参与销售利润的分配。当然，母子公司间有特殊安排的除外，具体操作应视情况而定，但母子公司间必须要有关联交易协议来确定相关安排。

销售子公司

一些中国企业在美经营的目的之一是主动开拓美国市场，在美国直接营销产品。直接营销（direct sales 或直销）作为一种公司产品的现代营销方式，在经济发达的地区发展比较成熟，如欧洲和北美洲等地区；经济欠发达地区或不发达地区，直销的发展时间较晚，其形式也相对不成熟，如亚洲和南美洲等部分地区。前瞻产业研究院的研究结果显示，目前全球直销行业销售规模主要集中在亚太地区和美洲地区，占总体销售比重分别高达46%和33%①。

投递服务系统是直销业赖以生存的重要保障，一个快捷、方便和可靠的送货服务体系必不可少。除送货上门外，一个服务好的直销公司还必须通过投递公司为客户提供非常便捷的换货或退货服务，只要顾客打免费电话或者在网上申请退货或换货，公司就应免费提供此类服务。目前，在美国做直销可以选择的投递服务物流公司主要有：美国邮政（USPS）、联邦快递（Fedex）、联合包裹服务（UPS）、亚马逊的送货服务（SWA）和其他信使服务等。

中国公司赴美营销可以设立一个全资子公司，也可以在不涉足美国本土的情况下与其他公司合作销售，如与市场运作方合作进行商品直销。一般中小型公司赴美营销先以合作、中转、“遥控”直销等形式开始，等商品打开美国市场后，逐渐在美设立营销子公司。比如，中国海尔集团把自己的产品通过中间商运到美国市场销售，初期主要是通过第三方或代销向美国出售产品，第三方包括沃尔玛（Walmart）、通用家电（GE Appliances）等。随着在美国的市场占有率提升，海尔在2016年收购了总部位于肯塔基州的通用家电公司，为在美国市场创新和销售打下了扎实的基础。

海尔是较早一批把目光投向海外的集团公司，起初为了赚取外汇，通过第三方将自己的产品输入美国。2004年7月1日，美国Target连锁店与海尔联合，在纽约创下了7小时内销售7000台小型空调的惊人纪录。由于产品在美国市场销量猛增，第三方合作已经不能满足海尔的胃口，必须建立自主销售渠道。于是，海尔把目光投向总部位于肯塔基州路易斯维尔的通用家电公司，并在2016年收购了这家公司。从此，海尔完成了从单一产品进入美国到全方位走进美国的战略跨越，成为中国公司“走出去”最成功的范例之一。

近些年，亚马逊（Amazon）、易贝（eBay）和Wish等跨境电子商务平台公司的迅

① 刘凌云.2018年直销行业全球市场分析：美国依然是第一直销大国［EB/OL］. 前瞻产业研究院.（2018-02-05）［2021-02-14］. https://bg.qianzhan.com/trends/detail/506/180205-2d082a79.html.

速崛起，使中国公司在不赴美的情况下也能把产品打入美国市场，也就是公司本身不需要“走出去”，只是让产品“走出去”了。最简单的方法是通过协议，聘请在美的电子商务公司代为在平台上做广告、管理库存、下单、收款等。比如，聘用亚马逊公司代为做广告、管理库存、下单、付款等（fulfillment by Amazon，FBA）一条龙服务。那么，中国公司应该在美国设立自己的电子商务平台，还是利用中国内地（或中国香港）已有的平台直接向美国客户销售呢？境内外平台操作在程序和税务方面，尤其是多州际税务（multistate taxation）和销售税（sales tax）方面的处理是不同的，赴美公司必须对赴美各种程序和相应的法律要求有一个了解，以免步入误区，造成不必要的损失。

产品在美国的销售可以是批发或零售，中国公司只需要在国内与美国的电子商务公司签署相应协议即可。有些公司在内地或香港设立电子平台，通过自己的电子平台做广告，拿订单，然后委托亚马逊处理剩余的销售流程，包括物流。虽然亚马逊的服务费用不菲，但却大大方便了中国公司的产品在美国市场的销售。更为有利的是，以目前美国的税务法，这种跨境电子商务在美国基本不征所得税，税收负担的降低带来总销售成本的下降，为国内公司赢得更大的经济利益。

当然，在间接税（indirect tax）问题上，跨境电子商务一直是很多国家关注的热点，以法国和英国为代表的欧洲国家早已对输入本国的商品和服务开征增值税，甚至数字税（digital tax），美国未来会怎么应对还不是很清晰，需要这个领域的公司持续关注。

制造子公司

在美国，制造业一直是个很流行且备受关注的话题，美国政府出台了各种政策大力推动美国制造业回归发展。2017 年底的新税法通过和实施，以及各种各样的州和地方的鼓励政策，确实让一些走到美国的中国制造业公司获得了一些利益，如中国玻璃大王曹德旺的福耀集团等。除了美国政府的鼓励政策以外，美国也是制造业最大的终端消费市场之一，中国公司在美国当地投资建厂，可以针对美国市场瞬息万变的市场需求，及时调整产品的设计、生产等各个流程，大幅缩短从设计、生产到销售的时间，快速响应市场需要，抢占同类产品的市场先机，不断扩大市场份额；同时，与美国之外的竞争者相比，还可以大幅降低运输成本，取得运输方面的成本优势。因此，在美国当地生产也成了中国企业在美经营的主要目的之一。

想要到美国投资生产制造业领域的中国企业，不仅要了解优势，也必须充分了解在美国投资建厂的劣势，最大弊端或风险就是劳动力供给不足和劳动力成本远远高于国内。高制造成本必然会传导到销售环节推高售价。那么，如果消费市场在美国，那高出部分的售价，美国的消费者是否愿意埋单呢？比如说，同样一件T恤衫，如果在美国生产，成本价为3美元，销售价为4美元，但在中国生产的成本是1美元，如果按同样的利润率（33.33%）定价，产品可定价为1.33美元，考虑到运输等环节的成本，到美国市场定价2美元。面对同样的T恤衫，美国的消费者会选择4美元的美国制造还是2美元的中国制造呢？很显然，理性的消费者都会选择后者。这确实是一个很重要的影响因素，尤其对于绝大多数普通商品，物美价廉是绝大多数消费者的选择。

《人民日报》[①] 曾刊登过这样一篇文章，“美国民众是否买‘美国制造’的账”。文章认为“从奥巴马政府提出‘制造业回归’，到特朗普政府强调‘美国制造’，其宗旨都是创造就业，刺激经济。但美国制造业面临很多挑战，成本高让人望而却步只是挑战之一。缺乏蓝领工人、劳动生产率增长停滞不前、全球产业链的分工细化等，都让振兴‘美国制造’的前景充满变数”。文章还说，“自上世纪七八十年代开始，美国出现大规模产业转移，制造业从原先的东北部及五大湖区向南部阳光州及发展中国家转移，‘铁锈带’便是产业转移的产物，汽车城底特律的衰落更是明证。产业转移伴随服务业、金融业的迅速发展，‘产业空心化’日趋严重。2008年国际金融危机至今，美国就业率回升，失业率达到4.3%的充分就业水平，但劳动力不足现象同时出现。在‘铁锈带’的不少城市，一方面，工厂荒废，经济萧条，政府收入下降，教育经费等公共开支减少；另一方面，在这些地区投资建厂，很难找到合适的工人。许多失业的工人或转行或沉沦或出外谋生，已经很难再适应低端制造业需求。无论是富士康还是韩国的三星，在美国投资建厂都将面临招工难题。它们在做出投资决断之前，已在考虑与社区大学合作，增加就业培训，物色合适的蓝领”。文章结论是：“资本是逐利的，在美国表现尤甚。经济全球化深入发展的今天，产业链的区域分工已经逐渐明晰，互联网产业的发展更是推波助澜。面对经济全球化大潮，是顺势而为还是逆势而行，这对‘美国制造’来说，是个深层次的考验。”

这里大段引用《人民日报》的这篇文章，主要是想用大家熟悉的语句和语气，让大家看到在美国从事生产制造业的不利一面，计划到美国投资建厂从事生产的中国企业一定要高度重视可能出现的劳动力不足或劳动力成本过高的风险，提前做好人力资源规划。

如果中国企业赴美生产制造产品，那么成立一个本地独立法人实体——中国企业的赴美投资子公司——则比较合适。在美国成立子公司是中国企业区域多元化的一个

---

① 章念生.“美国制造”何处觅风光［N/OL］.人民日报.（2014－08－30）［2021－02－14］.http://paper.people.com.cn/rmrb/html/2017－08/31/nw.D110000renmrb_20170831_4－21.htm.

最基本的步骤，符合国内企业在美国本地生产和其他相关目的的需求。近距离接近终端客户，更有利于进一步开发市场，服务客户，充分抵销在美国生产的高成本，达到利润最大化，同时也有效降低公司包括市场风险在内的诸多风险，如产品风险（美国消费者对产品的认同抵消产品质量或款型不符合国内消费者的风险）、市场风险（美国市场对产品的追捧抵消同类产品不受国内市场青睐的风险）和其他风险。

美国子公司在美国联邦和州际税务上是作为独立的法律实体来对待的，它被视为美国居民公司，与美国本地公司有同等的纳税义务。母子公司间的关联交易是一个很大的潜在问题，必须引起中国赴美企业的高度重视。只要交易牵涉两个或以上的关联公司（不管是何种实体），转让定价法规则就会被启动。

私募基金

中国资金进入美国也是中国企业在美经营的目的之一。资金赴美主要是为了在美国进行并购、重组等活动（M&As），瞄准美国有潜力的科技和科技公司，收购感兴趣的科技资产或公司，这类商务活动在美国越来越频繁。随着美国市场机遇（尤其是高科技机遇）不断出现，一些中国企业家在考虑或正在实施向海外（尤其是美国）投融资金，寻求新的发展契机。与此同时，诸多中国基金也走出了国门，在美国积极寻找有潜力的投资对象。

国内资金赴美可以有很多种方式，包括在美国成立各种基金公司，以基金的名义收购感兴趣的科技资产或公司。中国基金赴美寻找有潜力的投资对象，可以以控股（并购美国有潜力的科技资产或公司）和借贷投资形式，也可以以被动投资（如购买房地产）的形式进行运作。

资金赴美多以私募基金（venture capital，或 VC）的形式在美国成立有限合伙人公司（Limited Partnership，LP）或有限责任公司（Limited Liability Company，LLC）等穿透非纳税实体。合伙人制的投资公司在选择投资领域时比较灵活，投资手法也可多样化。按照基金的注册地，美国的基金可以分为国内注册的基金和境外注册的基金，境外注册的基金又称为“离岸基金（offshore funds）”。

离岸基金很多都注册在西欧的卢森堡（Luxembourger）、英国的海峡群岛（BVI）、开曼群岛（Cayman Islands）等一些避税天堂，专门在美国境外从事离岸证券投资，其目的是躲避美国政府的监管，避免在美国的纳税义务，为投资者获得最大的税后利益。为了打击非法金融交易，杜绝逃税漏税，美国联邦税务法颁布了金融资产披露和申报条款，或称 FATCA 和 FBAR，以及全球情报交换机制。所以，中国赴美资金如果涉及离岸基金，除了中国 CRS 合规以外，还必须遵循美国金融资产披露要求。

一些中国基金在美国成立私募基金（也有规模较小的天使基金），积极寻找有潜力的投资对象，或主动控股（并购美国有潜力的科技资产或公司）或被动投资（购买房地产）等。一般私募基金或创投基金在美国成立的门槛不高，在符合条件的情况下也不需要证监会或其他政府部门的前置审批。私募基金通常会选择有限合伙人公司或有限责任公司的形式进行实际操作，这两种公司形式都属于穿透非纳税实体。私募基金要避免类似上市公司那样的前置审批，则必须注意以下几个规则：

第一，符合 D 法规（Regulation D）的要求。根据《1933 年证券法》（Securities Act of 1933）规定，如果不符合 D 法规的规定，在美国发行证券得在证监会（Securities and Exchange Commission，SEC）进行注册。《1933 年证券法》第 504 条、505 条和 506 条规定，要符合 D 法规，每 12 个月所募集的投资额不得超过 100 万美元（504 条）和 500 万美元（505 条），由于这两条规定实际上并不常用，日常操作中，只要符合第 506 条（safe harbor 或安全港），就视为符合 D 法规，因此也就可以避开证监会的注册审批程序。

第 506（c）条款规定，只要招募的投资者是合格投资者（accredited investor），那么不仅招募投资者的投资额没有上限，基金也可以登广告宣传。合格投资者被定义为在过去的两年中至少有 20 万美元的年收入、夫妻收入至少 30 万美元，或净资产在 100 万美元以上。如果是公司的话，公司的资产必须在 500 万美元以上。另外，如果投资人是境外投资人，那么基金可启用 S 法规（Regulation S）的豁免条款，不需要证监会注册审批，唯一的条件就是基金的认购必须发生在美国境外。

第二，投资公司申报注册的要求。根据《1940 年投资公司法》（Investment Company Act of 1940）规定，许多基金原理上都属于投资公司，而投资公司的注册和申报程序比较繁琐。但是，如果基金招募的投资者少于 100 人、每个投资人净资产在 500 万美元以上，或基金仅投资于地产项目，那么这种繁复的注册和申报程序也可以免除。因此，私募基金限制投资者人数在 100 人以下，不失为一种简化注册申报的有效方法。

第三，投资顾问申报注册的要求。根据《1940 年投资顾问法》（Investment Advisers Act of 1940）要求，基金公司的投资顾问必须在证监会注册。但是，如果一个投资顾问管理的资金不超过 2500 万美元，可以免除在证监会注册申报的要求。

第四，基金要准备的资料。基金按惯例给投资人准备私募备忘录（Private Placement Memorandum），详细阐述基金的各种投资计划和投资项目，以帮助投资人了解基金投资的方向和本质。另外，还必须准备证券购买协议等。

在美国，私募基金大多雇用专业人士进行管理，对投资交易实行程序化决策。私募基金主要投资的领域比较灵活，投资手法也可以多样化。但是，设立私募基金也有不少风险，无论是在金融领域里的投资，还是收购有潜力的美国公司，陷阱无处不在。由于基金大多由专业人员进行操控，国内的投资者很少有发言权，所以对这种不可控的风险必须要有一个清醒的认识。美国有一句话，叫作“听起来难以置信的事很可能是不真实的（If it sounds too good to be true, it is probably not true）”，对于披着高收益外衣的高风险基金投资目标必须十分谨慎。

当然，从对美国投资的趋势上来看，由于中美关系的现状，对美投资也会多多少少受到影响。据美国商业咨询机构荣鼎集团（Rhodium Group）数据显示，奥巴马总统执政期间，大力促进中美合作，在美国2016年获得的外国直接投资中，中国排名第一。2017年1~5月，中国对美直接投资达到220亿美元，比2016年同期增长了一倍。但是，2018年中国对美直接投资从2016年465亿美元（约合人民币3200亿元）的峰值降至54亿美元（约合人民币372亿元），降幅达88%。这跟特朗普政府的一系列政策不无关系。

在美国上市

美国资本市场是一个成熟的国际化的资本市场，拥有多个交易所及多层次的交易结构，适合于不同行业、不同规模的公司。纳斯达克（NASDAQ）主板包括三个不同的层级，按照上市的标准从高到低依次为：全球精选市场、全球市场及资本市场。与国内上市的审批制不同，美国为注册制，只要公司满足上市的硬指标，就可以向美国证监会（SEC）注册上市，但公司必须自觉披露风险，上市后由投资人根据自身风险承受能力择情投资。

美国资本市场的特点

第一，资金来源丰富。由于美国资本市场汇集了全世界的资金，公司的融资机会和空间较大，另外，美国资本市场注重公司业绩，只要业绩足够好，公司在一年内的融资规模和融资次数不受限制。

第二，公司市值高。在美国上市的公司一般具有较大的市值增长空间，美国标准普尔（S&P）的平均市盈率是24~26倍，纳斯达克（NASDAQ）高科技股的平均市盈率为30~40倍。

第三，市场流通量大。美国股市的流通性佳，如美国蓝筹股英特尔（Intel）和微软（Microsoft）等个股的平均每天交易额在10亿美元左右，苹果和谷歌等公司的交易额则更高。

第四，投资者相对成熟。因为美国资本市场最主要的投资者是基金，散户起到的作用相对来说较小，所以上市公司将会获得一批成熟和有经验的股东，并且公司的市值相对稳定，股价波动较小。

第五，上市费用偏低。到美国上市，包括借壳上市的成本费用较低。小型公司的上市费用及维持费用一般在 20 万美元左右，不包括律师、税务师和投资银行等服务费用，上市服务费用会高出上市费用很多。

第六，透明度较高。对于注重公司长期发展、正规化和国际化的上市公司，股市的法律保障和透明度会对它们产生深远的影响，包括能左右公司的形象、吸引更多投资者的关注和参与。

美国的证券市场历史比较悠久，国内一些企业，尤其是高科技企业，选择到美国上市。为了在美国完美上市以及上市以后妥善管理，中国上市企业可以在美国成立子公司（甚至母公司），以子公司管理各项上市事宜，如法务、财务和税务等。当然，中国在美上市企业也可以通过美国中介来管理上市各项事务，包括投资者关系维护和财税申报等。在下文中，我简单讲一下在美国上市的几个重要事宜。

美国主要证券交易市场

美国证券交易市场历史悠久，体系发展演变时间长，比较成熟，因而也是全球瞩目的最具影响力和资本规模的市场。如同我国有主板、创业板、中小企业板、新三板等一样，美国的证券交易市场也分不同的层次板块。按照大类来看，美国证券交易市场分为纽约证券交易所（NYSE，或纽交所），全美证券交易所（AMEX，或美交所），纳斯达克股交易所（NASDAQ）和场外交易市场（布告栏市场，或 OTCBB）等全国性证券市场和费城证券交易所（PHSE）、太平洋证券交易所（PASE）、辛辛那提证券交易所（CISE）、中西部证券交易所（MWSE）以及芝加哥期权交易所（Chicago Board Options Exchange）等区域性证券市场两大类。在这里，我主要针对全国性证券市场作一些介绍。

纽约证券交易所。相比较而言，纽约证券交易所（简称“纽交所”）组织结构最健全，设备最完善，管理最严格。选择在纽交所上市的公司通常是全世界规模最大的一些公司，中国电信就是在纽交所上市的。纽交所接受外国公司挂牌上市，上市标准主要包括：（1）社会公众持股数目不少于 250 万股；（2）持有 100 股以上的股东人数不少于 5000 名；（3）公司财务标准必须至少符合以下三条标准中的一条。

收益标准——公司前三年的税前总利润必须达到 1 亿美元，且最近两年的利润分别在2500万美元以上。

流动资金标准——在全球拥有资产总数达到5亿美元，过去12个月营业额达到1亿美元，以及最近3年流动资金总额至少1亿美元，包括前两年流动资金分别不低于2500万美元。

净资产标准——全球净资产达到75000万美元，以及最近财务年度的收入至少7500万美元。

除了以上三条标准外，纽交所对公司的管理和操作方面也有要求，还有对公司所属行业的相对稳定性，公司在该行业中的地位，公司产品的市场情况，公司的前景，公众对公司股票的兴趣等其他要求。如果是子公司申请在纽交所上市，那么还要求全球资产至少5亿美元，公司至少有12个月的运营历史，以及上市母公司的业绩和对子公司的控股权等。

全美证券交易所。全美证券交易所（简称“美交所”）的运行成熟且规范，股票和衍生证券交易突出。上市条件比纽交所宽松，但也有上百年的历史，许多传统行业及国外公司在此交易所上市。主要的上市标准包括：（1）社会公众持股数目不少于50万股；（2）公司市值不少于300万美元；（3）持有100股以上的股东人数不少于800名；（4）上个会计年度的税前所得不能低于75万美元。

纳斯达克交易所。纳斯达克交易所（简称“纳斯达克”）是全球第二大证券市场，完全以电子形式进行交易，证券交易活跃，按上市公司大小分为全国板和小板。面向的公司多是具有高成长、高潜力的大中型公司，而不仅仅是科技股。纳斯达克上市条件主要包括：（1）超过400万美元的净资产值；（2）股票总市值至少有100万美元以上；（3）需有300名以上的股东；（4）上个会计年度的税前所得不低于75万美元；（5）每年的年度财务报表必须提交给证监会和公司股东们；（6）至少有三位Market Makers（做市商）的参与，每位登记在案的Market Maker必须在正常的买卖价之下有能力买或卖100股以上的股票，并且必须在每笔成交后的90秒内将所有的成交价和交易量汇报给美国证券商同业公会。

这些标准适用于美国本土公司，如果是非美国公司申请纳斯达克上市，财务标准比美国本土公司严格，至少要满足下述3项中的1项：（1）不少于1500万美元的净资产，最近3年中至少有1年税前营业额不少于100万美元；（2）不少于3000万美元的净资产，并具备不少于2年的营业记录；（3）股票总市值不低于7500万美元或者公司总资产或当年总收入不低于7500万美元。

场外交易市场。场外交易市场（简称“布告栏市场”）不算是与纽交所、美交所、纳斯达克齐名的全国性证券交易市场，只能说是一个全国性的股票交易系统，是正式在美上市的预备市场。但是，对于处于成长初期的中小公司及创业公司，场外交易市场是个不错的选择。创业公司一下子达不到纽交所、美交所和纳斯达克的上市条件，但是需要融资，需要获得最初的发展资金，往往会把目光投向场外交易市场，通过一段时间积累和扩张，达到纳斯达克或纽约证券交易所的挂牌要求后再升级。场外交易市场是由纳斯达克管理的股票交易系统，门槛低，对公司的上市要求比较宽松，上市的时间和费用也较低。

场外交易市场对公司基本没有规模或利润上的要求，只要有三名以上的 Market Makers 愿为该证券做市，公司股票就可以到市场上流通。场外交易市场又被称为纳斯达克的预备市场，公司积累和扩张到一定规模和标准之后就可以升级。在场外交易市场上市的公司，净资产达到 400 万美元以上，年税后利润达 75 万美元或市值达 5000 万美元，股东在 300 人以上，并且股价达到每股 4 美元后，公司就可以直接升入纳斯达克小型股市场。净资产达到 600 万美元以上，毛利润 100 万美元以上的公司股票还可以直接升入纳斯达克主板市场。

中国赴美上市企业在美国 IPO 始于 1992 年，2006 年后开始增多，2008 年受全球金融危机影响大幅收缩，2009 年 5 月开始出现回暖，甚至在 2020 年也没有受到新冠肺炎疫情和中美贸易的影响。近几年，很多拟上市的中国企业都把目标瞄向了中国境外证券市场，尤其是美国证券市场。

美国 IPO 基本流程①

中国公司在美国主要全国性证券市场上市，要有一个强有力的团队，尤其是聘用能为公司尽心尽力的金融、财税和律师等专业人员。这个团队不一定全部从公司内部产生，也可以外聘专家和专业团队，公司的最主要工作是把大家召集起来，凝聚在一起，形成一个能为公司赴美上市的完整可靠的服务团队。有了一个好的团队，公司的 IPO 就成功了一半。在赴美上市 IPO 申请过程中，以下几件事情值得关注。

（一）选择中介机构，做好 IPO 前的准备工作

1. 股票承购人（underwriters）。承购人一般由投资银行担任，投资银行帮助公司根据市场供需情况向上市公司建议 IPO 的定价和公开发行的数量。找一家经验丰富、合法合规的投资银行承购人至关重要，它在很大程度上决定着公司首次融资的规模。

2. 财务顾问。财务顾问是负责公司改制工作的总体协调机构，协助制订改制重组方案，负责与其他各中介机构和公司有关部门协调，是未来公司上市的辅导机构。

3. 土地评估师。土地评估师负责协助办理土地权证，完成土地评估报告，负责土

---

① 美国 IPO 上市流程和条件［EB/OL］. 美股投资网 .（2014－05－28）［2021－02－14］. http://www.tradesmax.com/component/k2/item/634－how－ipo.

地评估报告的核准，协助取得国土资源部关于土地使用权的处置批复。

4. 资产评估师。就资产评估问题与国有资产管理部门沟通，完成资产评估报告，与审计师对账，负责资产评估报告的核准。

5. 会计师事务所。负责出具财务审计报告、验资报告、公司筹备期间的财务审计报告，以及管理建议书，就公司的内部控制情况进行评价。

6. 境内外律师。负责法律尽职调查，出具国有股权管理法律意见书和股份公司设立法律意见书，协助公司就改制法律问题与监管机构沟通，并拟订公司章程。境外律师就是否符合境外上市条件出具相关法律文书。

7. 其他专业人员。根据需要聘请其他专业人员，以确保 IPO 的顺利发行。

通过聘请专业服务人员或服务机构，形成团队，对公司本身的状况进行全面分析和规划，团队成员各司其职，共同努力，准备符合要求的 IPO 申请报告、注册登记文件等。

（二）向证监会或交易所提出申请（聆讯）

根据美国《1933 年证券法》，公司发行证券必须进行注册登记，向美国证监会递交报告，披露与此次发行相关的信息，也就是提交注册登记说明书。《1933 年证券法》和《1934 年证券交易法》，明确规定了注册登记书中的财务内容要求以及非财务部分的资料内容。

证监会在审查注册登记文件及表格时，通常还会要求董事出具宣誓书。内容包括：工作经历，与拟上市公司的关系，在其他公司担任的职位，教育背景，曾参与的业务组织，公司过去 5 年聘请的律师、会计师，过去 10 年中参与的证券发行工作，过去与现在的受托管理关系，个人酬金，所持有的公司证券，以及过去或将与公司进行的所有交易等。

当公司递交注册登记证明书后，证监会有一个专门小组负责公司的 IPO，其人员包括律师、会计师、分析师及行业专家。他们会对注册登记说明书与证监会的要求是否相符进行确认，并对说明书里面涉及的所有信息作彻查和证实。证监会对公司审查后，会发出一封意见信，表明证监会成员认为公司该如何修改招股书，使其更完善和准确。公司应根据该意见信修改注册登记说明书。如果证监会对修改后的注册登记说明书没有进一步的意见，则表明通过，注册登记说明书在 20 日内自动生效。

（三）IPO 发行定价

美国 IPO 发行定价模式以累计投标方式为主，由投资银行承购人根据证券市场供需情况向上市公司建议 IPO 的定价和公开发行的数量。美国证券市场上重要的机构投资者有养老基金、人寿保险基金、财产保险基金、共同基金、信托基金、对冲基金、商业银行信托部、投资银行、大学基金会、慈善基金会和一些大公司证券投资部门等。

这些机构投资者投资运作相对规范，对证券市场熟悉，并且他们经常参与IPO发行，对不同发行公司的投资价值判断比较准确。IPO定价一般以机构投资者的报价作为主要依据，因为机构投资者皆为经验丰富的专业投资者，素质相当高，并且他们是最主要的证券市场投资者。从某种意义上讲，他们就是市场，他们的需求就是市场的需求。所以，以他们的报价为依据而定的股价符合市场需求。

（四）公司上市应该注意的问题

最后，中国企业在美国上市前后需要注意的问题点：

1. 上市公司业绩连续计算问题：公司上市前后的各种重组必须保证上市公司主体的业绩连续性，否则申请上市的公司有可能因为毫无业绩导致无法上市。

2. 境外外汇资金问题：在美上市公司除了要披露在美国的经营状况和财务状况之外，还必须真实、合法地反映美国境外所持有的全部资金情况，要依据美国FATCA和FBAR的要求披露相关信息。

3. 对外累计投资问题：在美上市公司对外累计投资不得超过净资产的50%。

4. 管理层稳定问题：上市公司在设置与改组董事会时，应尽量保持董事会和管理层主要成员的稳定性，任意更换将会引起投资者对股票的抛售。

5. 同业竞争问题：上市公司要保障大股东与上市公司不存在同行业竞争。

6. 关联交易问题：上市公司关联交易必须严格按照中国和美国的相关转让定价法规，关联交易和转让定价规则等要在递送证监会的年报中充分披露。

7. 公司以往历史遗留问题：上市公司必须及时清理公司的历史遗留问题，比如欠税等，涉及金额较大的，必须在递送证监会的年报中披露。

8. 内部控制问题：美国证监会非常重视公司的内部控制，上市公司必须严格按照美国证监会内部控制的法规进行运作，任何关于内部控制薄弱的审计意见都会引起股价的波动。

9. 合规问题：在美上市公司要严格遵守法律法规的规定，如果在合规方面出现问题，公司股价必然会受影响而大幅波动，股东们会因此受到损失，股东起诉公司的概率也会增加。

关于中国企业在美经营的动机，如在美研发、销售或上市等，就暂时介绍到这里。因为这是一本介绍和筹划美国联邦公司所得税方面的书，而在美经营最普遍的商务运作形式是独立的公司实体，所以在下一章里，将着重讨论中国赴美投资企业如何在美国落地，包括在美国成立公司的地点和公司形式的选择、成立过程、手续和应该注意事项等。

第二章
在美经营的考量

本章主要向大家介绍在美国成立子公司所要考虑的问题，包括公司地点的选择，公司形式的选择，以及公司注册成立的基本程序。在美国成立公司受公司成立所在州的法律制约，所以在哪一个州成立公司是中国企业到美国发展需要考虑的第一个问题，之后是在哪一个城市或具体的地点。

公司成立地点选择

美国是一个联邦制国家，在联邦的体系内共有50个州，每一个州都是一个独立的行政机构，有自己的独立立法（如公司法和税务法）和执法机构，在哪一个州注册成立公司，就要受该州的法律制约。如果某公司在一个州注册成立，而实际商务运作却在另外一个州，该公司在注册成立的州是本地公司（domestic corporation），而在实际商务运作所在州则被视为外来公司（foreign corporation），要同时受制于这两个州的法律。如果该公司同时在多个州有商务运作的话，那么在税务方面，它就要在每一个有业务经营的州进行税务登记和申报，这就是通常所说的多（跨）州际税务（multistate taxation）。

在哪个州成立公司？

首先，中国公司必须要清楚自己赴美的动机，然后有针对性地选择在美国的落脚地。如果一个国内公司赴美是为了进行科研开发，那么它就应该考虑把美国的基地放在教育、科技发达的地区，如加利福尼亚州（加州）的硅谷、得克萨斯州或华盛顿州等；如果为了生产非高科技产品，则需要考虑原料加工成本较低的地区，如中西部各州；如果赴美的动机是上市融资，那么纽约和加州的旧金山市则比较适合；如果是为了推广销售自己的消费品，那么人口稠密的地区，如加州的洛杉矶、旧金山，伊利诺伊州的芝加哥，得克萨斯州的休斯敦以及纽约等大城市则比较适宜。

有了基本区域的概念以后，把有可能落户的几个州放在一起比较，综合考虑各个州的商业环境、政府支持政策、法律保护度、税务合理度等因素，最终选定落脚点。下面简单介绍一下中国企业赴美国最常选择的几个州。

特拉华州。特拉华州（Delaware）是最早归属美利坚合众国的州，位于美国东岸，介于纽约市和华盛顿特区（Washington D. C.）之间，拥有全美最“友善”的公司法。财富500强公司中有一半以上在特拉华州注册，国内也有很多公司在特拉华州注册成立美国子公司。在特拉华州注册成立公司的主要原因有[①]：（1）《特拉华州普通公司法》是美国最先进、最灵活的公司法规之一；（2）特拉华州法院体系（没有陪审团的公司法庭）备受尊敬；（3）州立法体系非常注意积极协调公司法规和其他商业法律之

---

① 路易斯·布莱克. 公司为什么都选择特拉华州？［EB/OL］. 特拉华州州务卿公司事务处.（2007）［2021－02－14］. https：//corp. delaware. gov/whyDE_ chinese. pdf.

间差异；（4）州务卿的思维和运作方式不同于政府官僚机构，更像公司。

从税务角度看，如果在特拉华州没有商务活动的话，公司只需申报以股权和资产计算的特许税（Franchise Tax），但是发行大量股份的公司要慎重。特拉华州没有销售税（Sales & Use Tax），所得税率是8.7%[①]，并以销售额作为唯一因素（sales factor）来计算多州际所得税的分摊（多州际税务不是本书的重点）。

加利福尼亚州。加利福尼亚州（California，简称"加州"）离中国最近，南加州或大洛杉矶（the Great Los Angeles）地区有美国最大的港口——长堤（Long Beach）国际港口，仓储和运输条件均为美国领先，是美国批发、进出口的中心。距国际展览会议中心所在地拉斯维加斯（Las Vegas）也很近，是一个中国进出口公司很好的落脚地。但是，如果中国公司是高科技公司或者准备赴美去开发高科技产品的公司，选择北加州的旧金山湾区（the San Francisco Bay Area）也许更加合适，那里有全世界最适合科技创新企业的硅谷（Silicon Valley）地区。另外，加州通过多年的努力已经逐渐成为第二个特拉华州，在商务环境和法律方面都已经赶上或接近特拉华州，而且由于加州华人集中，很多新移民都选择落户加州，可以说，加州具备进行商务活动的原始土壤。实际上，很多中国公司都已经在加州设立运营子公司，虽然有些是在特拉华州注册成立的。

加州的税负较其他州重些，法定税率为8.84%，虽然以特许税形式征收，但计算却类似所得税。加州在多州际所得分摊上一般以销售为唯一因素（sales factor），销售因素是州内的销售额与全美的销售总额之比。另外，如果公司在其他州免税的话，那些免税州的销售必须回归"商业居住地（commercial domicile）"的加州，这样加州的销售因素就增加了，税基也就因此增大。

内华达州、得克萨斯州。内华达州（Nevada）没有公司和个人所得税，但如果公司在内华达州境内取得400万美元以上的商业收入，则必须缴纳商务税（Commerce Tax）[②]，税率从农、林、渔、猎业的0.063%到铁路运输的0.331%不等，应纳税额为总收入额。近年，有一些中国赴美企业到内华达州注册成立公司，主要看重内华达州免（低）税和宽松的法规要求，但必须注意的是，内华达州的商业环境和法律保护与特拉华州和加州相比较为落后。

得克萨斯州（Texas，简称"得州"）的总体商业环境还算可以，州内有很多大型高科技公司，如戴尔电脑（Dell）和美国众多大型石油和炼油公司。由于得州的生活

---

① FAQ：Corporate Income Tax［EB/OL］. State of Delaware：The Official Website of the First State.［2021－02－14］. https：//revenue. delaware. gov/information/faqs_ cit. shtml.

② Commerce Tax News［EB/OL］. State of Nevada：Department of Taxation.［2021－02－14］. https：//tax. nv. gov/WelcometoCOM/.

费用较低，而且没有个人所得税，许多加州硅谷地区的公司和个人搬到得州，而且这一迁徙趋势明显。得州的公司所得税是以“特许税”的形式征收的。得州的税率很低，大多数公司适用税率为1.0%，批发商和零售商的税率更低，为0.5%，但计税税基不是公司的所得，而是工资、成本等的综合。如果最终所计算的应纳税额低于1000美元则免税。

在得州成立穿透公司，如合伙制公司（partnership）或有限责任公司有一定的优势，因为穿透公司在公司层面没有纳税义务，公司的利润直接流向投资人进行纳税，而得州没有个人所得税，这样整个公司的利润就可以免除州税。

本地公司和外来公司。本地公司就是在公司实际运营所在的州注册成立的公司，比如，一家中国赴美企业在加州注册成立科技研发公司，实际研发活动也在加州硅谷地区，该公司即称为本地公司。然而，如果同一中国企业在特拉华州成立销售公司，但实际运营却在大洛杉矶地区，因为那里有全美最佳的港口和物流系统，那么这个销售公司对特拉华州来说是本地公司，但对于加州来说却是外来公司。

如果一个公司在一个州注册成立，但同时在多个州有商务运营，那么，这家公司就必须同时遵循多州法律。在一个非注册州清算解除并不等于公司的解体，只表示在那个州已没有实际商务活动而退出该州。

在哪个城市成立公司？

决定在哪个州注册成立公司后，公司还得决定具体在哪个城市落户，公司在哪个城市落户就会受制于那个城市的地方法律以及管辖那个城市的县（郡）法律。这个决定一般都是由公司决策层根据对美国城市的了解程度而做出的。比如，有些公司高层喜欢在洛杉矶地区落户，因为那里华人多，对刚到美国的新移民来说比较便利，又有众多的华人服务机构，有熟悉的中餐等。

美国有众多的小城市（卫星城），如北加州旧金山市和所谓的硅谷就有很多这种城市，包括沿旧金山市南下的南旧金山市（South San Francisco）、圣马刁市（San Mateo）、红木城（Redwood City）、帕罗奥图市（Palo Alto）、山景城（Mountain View）、桑尼维尔市（Sunnyvale）、圣塔克拉拉市（Santa Clara）和通常被认为硅谷中心的圣荷西市（San Jose）等。具体选择哪个城市，很多时候由交通状况、商业氛围、房租价格等决定。如设立研发公司可能会选择帕罗奥图市、山景城、桑尼维尔市或圣塔克拉拉市，因为那几个城市的高科技公司较多，高科技氛围浓厚，适宜搞研发。

旧金山湾区近几年出现了一种有趣现象，相当数量的高科技公司有返迁回到旧金山市内的趋势。以前的高科技公司主要是制造高端设备、仪器、电脑等的公司，如思科（Cisco）、英特尔（Intel）和惠普电脑（Hewlett Packard）等。这些大型公司需要大型空间来放置制造所用的大型设备和生产出来的产品等，并且需要雇用大量员工进行生产，所以大多数的高科技公司都避开拥挤的城市，把公司建在旧金山与圣荷西市之间的区域，公司的办公楼和厂房也都是宽广的平顶楼房，占地面积很大。随着科技的进一步发展，现代高科技已经向着设计、程序、虚拟、人工智能、网络以及区块链方向发展，大型的厂房所提供的制造空间已经不再是必需，设计师和工程师们只要有一台得心应手的电脑就可以正常开展工作，所有的信息都储存在“云端”里，这一变化使高科技公司搬回拥挤的城市成为可能。

另外，现在高科技公司的员工大多数是年轻人，精力充沛，在工作之余喜欢丰富的城市生活，充满活力的城市吸引着这批有智慧的年轻人，而旧金山这样的大城市正好符合硅谷年轻人的特点。所以，为了抢占人才高地，许多硅谷高科技公司如营销力公司（Salesforce）、推特公司（Twitter）、劲歌公司（Zynga）都把总部设在旧金山市，也有脸书（Facebook）、谷歌（Google）等在旧金山市内设立办公室、子公司。如果中国公司到美国硅谷有同样的人才和经营氛围考虑，落脚旧金山市不失为一个好的选择。但是，由于大量高科技公司的涌入，旧金山市内办公楼和住宅楼的租金居高不下，如果运营成本太高而无力承受的话，则可以考虑落户在旧金山市郊的卫星城市，如南旧金山市、圣马刁市等。

子公司类型选择

在公司正式注册成立以前，除了要选定注册地址外，注册公司的法律形式是另外一个要做出选择的事项。公司的实体形式不仅影响公司的运营方式、组织结构、领导途径和所有者的利益分配，还决定着它对政府所履行的不同形式的义务和责任。美国各类实体公司的成立和组建必须遵循美国联邦制下的公司所在州的法律，各州监管公司的法律都多多少少存在着不同，许多境内外公司选择特拉华州成立公司就是因为特拉华州具有对商业非常友善的法律系统。

美国公司的实体种类一般包括（1）普通公司（C corporation 或 C 公司）；（2）小型公司（S corporation 或 S 公司）；（3）合伙制公司（partnership）；（4）有限责任公司（limited liability company，或 LLC）；（5）其他类型公司。各种实体形式不仅具有不同的法律和商务特性，也具有不同联邦税务处理的特性，下面向读者简单介绍一下公司的不同实体形式、特征，以及其所对应的美国联邦税务处理方法，以便中国赴美公司在选择实体形式时做出明智的决定。

普通公司

公司形式和特征。普通公司，又称“C 公司”，通常为规模较大的股份有限公司。当然，规模较小的公司也可以注册为 C 公司，注册 C 公司的主要优势是法律上的正规性和独立性，公司的法律义务和责任在一般情况下不会转移给公司股东（stockholder 或 shareholders），如果公司清算或者倒闭，股东的损失仅限于其对 C 公司的投资，借贷人不能向股东个人追讨公司欠下的债务。

股份有限公司的全部资本可分为普通股（common stock）和优先股（preferred stock）。普通股是享有普通权利、承担普通义务的股份，是公司股份的最基本形式，持有者（股东）以所持有的股份，按照公司经营效益分红，除此之外，普通股东享有公司经营的参与权。而优先股（股东）与普通股（股东）相比，在公司利润分红和剩余财产分配方面享有优先权，通常预先确定股息收益率，风险较小，但是对公司经营没有参与权。优先股又可以分成多种序列，如 A 序列、B 序列等优先股，不同序列权利略有不同。

普通公司是完全的资本组合公司，发起人、章程和资本是设立公司的三大基本要素，缺一不可。普通公司实行股份等额化（pro－rata）和转让的自由化，对股东身份，资格和最高人数没有限制，能够最大限度地筹集资金，扩大规模，并保持公司的独立性（independence）、连贯性（continuity）和永久性（perpetuity）。普通公司可以挂牌公开上市，也可以私下发行或限于柜台交易。上市公司的优点包括股权范围广、融资能力强、公司经营连续、提升可信度和知名度。但在另一方面，上市公司压力也很大，如美国证监会和 IRS 合规以及信息披露要求严格，受控的地方多，每财务季度和年度必须接受投资人（通称华尔街业绩宣布会）的质疑，压力很大。公司的最高层包括首席执行官（CEO）和首席财务官（CFO）必须签署公司的季度和年度的财务报表和年度税务报表，如被发现有做假账或其他违法行为（包括违反证监法和联邦税务法），CEO 和（或）CFO 对此负主要责任，甚至会被判刑。

普通公司的所有者是股东，股东成立董事会（Board of Directors 或 BOD），董事会对公司的重大事务进行投票表决，包括任命和豁免公司的管理人员。公司的 CEO 和其他主要执行官（executives）对公司的日常营运负责，董事会成员和管理人员不能进行任何与公司利益相冲突的交易，如内部股票交易（inside trading），否则就违反了证监法。

联邦税务处理特点。在美国联邦税务方面，普通公司最显著的特点就是被双重征税，双重征税就是指公司的同样一笔利润被征两次所得税，即公司经营利润要先缴纳公司所得税，税后利润分配给个人股东，个人股东收到后按照“正常股息（ordinary dividends)”并入个人年度所得，按个人所得税率纳税。C公司利润一次是在公司层面上按照21%税率缴纳公司所得税，另一次是在个人层面上并入全年个人所得，按照10%～37%的递进税率缴纳个人所得税。关于双重征税的具体细节请参阅第五章——“公司成立、退股和清算”。

普通公司另一个主要特征是公司法定税率要比个人最高法定税率低16个百分点（2018年1月1日开始，公司法定税率为21%，而个人最高法定税率是37%），如果个人股东的最高边际税率是37%，在不违反公司利润分配规定的情况下，公司可以不分配股息，把利润留在公司是一种合法省税的方法。

如果要对个人股东股息所得进行规划的话，有一条规则可以考虑。自2018年始，个人股东从管道公司取得的应纳税所得允许在税前扣除20%，也就是说个人股东从管道公司分配来的所得只有80%应税。个人股东可以考虑用管道公司的优惠政策来降低应纳税所得实际税率（effective tax rate）。例如，普通公司个人股东的正常股息税率为24%，而管道公司分配的应纳税所得实际税率则仅为19.2%，即个人边际税率24%×（100%－20%）。另外，管道公司在公司层面没有公司所得税，所以设立一个管道公司对个人股东来说不失为一个好的税收筹划点（详情请参阅“管道公司所得扣除”）。

小型公司

小型公司，又称“S公司”，是指在美国《国内收入法典》（Internal Revenue Code，IRC；简称“《法典》”）S附篇（Subchapter S）规定下成立的公司，规定包括：不能超过100个国内股东，且股东只能是个人、遗产信托以及一些非营利组织。

由于以上规定，S公司规模一般都较小，所以通常称为小型公司。很多公司觉得普通公司的双重征税对公司和股东不利，尤其是中小型未上市公司（non－publicly listed)，因为大多数中小型公司希望把公司的利润分配给个人股东，于是他们就看好美国的小型公司。小型公司属于管道公司，其本身不是纳税实体，所得利润都分配到股东个人，以个人所得税形式纳税，因此股东可以享受20%管道公司所得的折扣优惠（详情请参阅“管道公司所得扣除”）。

小型公司虽然比较灵活，但股东人数限制在100人之内，更关键的是小型公司不能有合伙制公司、普通公司以及外国人或外国居民作为股东。中国赴美企业的成员很多情况下都是非美国居民，而非美国居民的股东则不能成立或参股小型公司，所以关于小型公司，我就不再展开讨论了。

合伙制公司

合伙制公司（partnership）是管道公司最常见的形式，它本身并不是纳税实体，所得利润都分配到合伙人（partners），由合伙人申报和缴纳个人所得税。合伙制公司不受合伙人数以及是否美国居民的约束，其分配到合伙人的20%的合格收入可以从合伙人的个人所得中扣除（详情请参阅“管道公司所得扣除”），合伙制公司可以作为中国企业到美国设立子公司的一个选择。

合伙制公司必须由两个或两个以上的合伙人组成，合伙人可以是自然人，也可以是其他实体，包括普通公司。合伙制公司是以合伙人共同签订的协议为基础的，公司一切法律责任和义务都由每一个合伙人按所持有的比例承担；合伙制公司的利润和亏损除了按合伙人所持有比例分配外，还可以按合伙人之间的协议规定分配。合伙人可以用资本、劳力、财产或技术出资，共享公司利润，共担公司风险。在合伙人的合作关系中，如果其中一个合伙人离开或宣布破产，合伙制关系自动解体。合伙制公司常见于服务行业，如广告代理、股票经纪或会计师事务所等。合伙协议以书面形式为佳，公司利润的分配和损失的分担，以及退伙的方式程序，都应该在协议中加以详尽说明。

合伙制公司有多种形式，如普通合伙制公司（general partnership，GP）、有限合伙制公司（limited partnership，LP）以及有限责任合伙制公司（limited liability partnership，LLP）等。有限责任合伙制公司除了必须至少一位主要合伙人对公司承担无限的连带责任外，其他不参加公司实质运作的股东可以成为有限责任合伙人，有限责任合伙人仅以其出资额等为限，对公司债务承担有限责任。

合伙制公司便于成立，运营灵活且成本较低，但最大的风险因素在于合伙人之间的默契程度。合伙人之间的意见分歧会给合伙制公司造成致命打击，给合伙人带来重大法律风险和经济损失。因此，选择合伙制公司的形式来运营，合伙人之间的共同目标和彼此的信任至关重要。

有限责任公司

有限责任制公司（limited liability company，LLC）是一种比较新颖的公司形式，融合了普通公司和合伙制公司的特点，既避免了重复征税，又使股东们只承担有限责任，是一种混合实体，现今在美国比较流行。

有限责任公司与普通公司共同之处在于：（1）按照股东股份进行表决和利润分配；（2）公司与股东相分离的法人人格；（3）股东承担对公司债务仅限于股东投资的

比例。在美国某些州，银行、信托、保险、建筑设计、会计、医生和其他卫生保健行业不能注册为有限责任公司。有限责任公司与合伙制公司的主要区别在于有限责任公司具有如上所示的普通公司的属性，而合伙制公司是根据由两个或两个以上合伙人制定的协议所组成的，公司的责任按照协议落实到合伙人。

在联邦税务层面，有限责任公司可以选择普通公司，选择或默认合伙制公司或者默认“穿透体（disregarded entity）”。这个选择通常称为“打钩选择（check - the - box election）”。如果选择普通公司，那么普通公司的税法条款就适用于有限责任公司；如果选择或默认合伙制公司，那么有限责任公司则必须按照合伙制公司的税法条款进行合规运作；如果默认穿透体，那么税法将忽略实体的存在，视为股东的一部分。

默认（by default）是指有限责任公司没有进行打钩选择，不选择就作为默认。如果公司只有一个股东的话，默认规定在联邦税务上不承认公司实体，而归类于个人实体（sole proprietorship）；如果有限公司有一个以上的股东而没有做出打钩选择的话，那么默认规定公司自动归属于合伙制公司。如果有限公司要归属普通公司的话，就必须打钩选择。如果有限责任公司归属于合伙制公司，那么公司的收入分配给合伙人时就适用20%折扣（详情请参阅“管道公司所得扣除”）。

在1990年，美国只有在怀俄明（Wyoming）和佛罗里达（Florida）两州可以组建有限责任公司，但现在，美国的50个州以及华盛顿特区都制定了有限责任公司相关法律。中国企业到美国注册成立子公司，必须在注册的州查询该州的有限责任公司相关法律，以免今后遇到不必要的麻烦。

管道公司所得扣除

以上提到的小型公司或S公司、合伙制公司和有限责任公司（如果默认或选择成为合伙制公司）都属于管道公司（conduit）。如前文介绍中提及，从2018年1月1日起，管道公司的合伙人享受美国税法提供的税务优惠，20%来自管道公司的合格收入可以税前扣除（统称“法条199A扣除”）。但是，这个税前扣除额计算比较复杂，并不是按照从管道公司获得的收入直接乘以20%那么简单。《法典》第199A条的表述是，允许普通公司（corporation）以外的纳税人扣除20%来自管道公司的合格商贸（qualified trade or business）综合合格业务收入（combined qualified business income）。

那么，在了解怎样计算扣除额之前，我们首先要搞清楚两个概念：什么是合格商贸？什么是综合合格业务收入？

合格商贸（qualified trade or business）[1] 是指纳税人所有的商业或贸易活动，但不包括涉及健康、法律、会计、精算科学、表演艺术、咨询、体育、金融服务、投资服务以及一个以上员工的信誉和技能作为主要资产的领域；还应排除银行、保险、金融、租赁、投资或相似行业，种植行业（包括畜牧林业），自然资源开采业，以及饮食住宿行业[2]四大行业。也就是说，合格商贸的定义采用的是反列举法，即不在以上列举范围内的商贸活动都属于合格商贸，而以上列举的经济活动因不属于合格商贸，产生的收入不作为计算扣除额的基数。但是，如果管道公司的个人股东年收入低于415000美元（夫妻合报）或207500美元（单身申报），则不受限制，包括上述列举范围内的所有商贸活动产生的收入，都可以作为计算扣除的基数。

综合合格业务收入（combined qualified business income）[3] 等于纳税人所有合格商务收入的总和，加上20%房产投资信托基金（REIT）股息和上市合伙制公司的合格收入（qualified publicly traded partnership income），后两者只适用于特殊行业，故不在此展开。合格商务收入是指与合格商贸活动有实质性关联的收入，包括业务盈利、扣除和亏损等，但不包括资本利得[4]。

每一个合格商务收入的可扣除金额为以下A、B两个数额中较小者：A是20%的合格商务收入（qualified business income）；B是50%的工资收入或者25%工资收入加上2.5%的合格有形资产（未调）基数，两者取其大。具体计算细节不再展开，为了方便大家理解，举个简单的例子加以说明。

2018年，管道公司合伙人A分配到来自合伙制公司的合格商务收入10万美元，非合格商贸的业务（如会计、咨询等）收入15万美元，正常商务扣除为4万美元，另有8万美元的长期资本利得。那么，法条199A的扣除额是多少呢？如果不考虑扣除额，合伙人A的个人应税正常收入（ordinary income）为21万美元（10万美元合格商务收入+15万美元非合格商贸收入-4万美元正常商务扣除），长期资本利得8万美元。那么，合伙人A在法条199A扣除后的应税净收入是多少呢？答案是19.8万美元正常收入（10万美元合格商务收入+15万美元非合格商务收入-4万美元正常商务扣除-1.2万美元法条199A扣除）和8万美元的长期资本利得。法条199A扣除计算为（10万美元合格商务收入-4万美元正常商务扣除）×20%，非合格商务收入和长期资本利得不适用法条199A扣除。

从以上例子可以看到，扣除额通常不是管道公司的所得直接乘以20%。但是，如

① Internal Revenue Code, Section 199A (d).

② Internal Revenue Code, Section 1202 (e) (3) (A).

③ Internal Revenue Code, Section 199A (b) (1).

④ Internal Revenue Code, Section 199A (c).

果一个管道公司在美国积极运营单一合格商贸业务，那么它所产生的收入就是合格商务收入，个人股东或者合伙人在获得管道公司的分配时，可以扣除20%的合格商务收入。如果合伙人或股东的个人所得税最高边际税率是37%，适用优惠政策后实际个人所得税率就只有29.6%（即37%×80%）。如果合伙人或股东的个人适用边际税率是24%（中产税率），法条199A扣除后，实际个人所得税率就只有19.2%（即24%×80%），低于普通公司（C公司）21%的税率，所以，管道公司依然不失为一个很好的税务筹划契机。

其他公司类型

在美国较常见的其他类型公司主要有：（1）投资公司（investment company）；（2）房地产按揭投资管道公司（real estate mortgage investment conduit，REMIC）；（3）房地产投资信托基金（real estate investment trust，REIT）；（4）免税公司（tax - exempt company）等。

投资公司通常通过封闭式或开放式基金（或共同基金）来操作，把众多投资者的资金整合后投资于金融股票和证券等公司。在美国，大多数投资公司都受制于《1940年投资公司法》并受美国证监会监督。

REMIC是特殊用途工具（SPV）公司，它的主要业务是把众多按揭贷款集中起来发行按揭抵押证券（mortgage backed securities，MBS），主要持有商业和住宅房地产抵押，并以向投资者支付抵押贷款的利息作为回报或用按揭做抵押发放债券等。REMIC只能投资于合格按揭抵押，包括单户或多户抵押贷款、商业抵押贷款、二次抵押贷款等。由于美国联邦税法视REMIC为合伙制公司，所以REMIC本身不是纳税实体，管道公司的20%合格业务收入优惠同样适用于REMIC的个人投资者。中国的房产贷款公司或银行可以考虑以REMIC形式在美国进行房产贷款业务。

REIT也是特殊用途工具的公司，它的主要业务是拥有、经营和资助房地产公司。要成为REIT，公司必须符合有关法律规定，其中包括将90%或以上的收入分配给投资人。REIT像其他证券一样可以在主要证券交易所交易，大部分REIT都专注于特定房地产市场，如办公楼REIT或医疗保险REIT。REIT筹集各种房地产，通过出租房产空间来取得租金收入，并将收入以股息的形式支付给投资者。在联邦所得税层面，REIT被视作普通公司，但分配给投资者的股息可以作税前扣除，从而减少税负。例如，一家REIT按规定将90%的利润支付给投资者，那么该REIT的应纳税所得只有10%；如果100%利润都分配给投资者，那么REIT就完全免税，这有点类似中国的差额征税的概念。虽然理论上REIT的收入是应税的，但实际上法律规定90%以上利润要分配给投资者，使REIT实际税负非常低。中国的房产开发和运营公司可以考虑在美国设立REIT来处理相关业务。由于REIT规定的特殊性，设立REIT前务必聘请专业人员进行评估。

免税公司一般都是非营利公司（Non - profit corporation），而非营利公司基本都是为了推动慈善、教育、宗教和科技文化等而设立的社会公益性机构。鉴于其公益性质，联邦和各州都给予了很多优惠政策，其中美国《法典》的第501（c）条给予此类公司税务豁免，所以非营利公司也通常被称为“501（c）公司”。除了符合规定的公司收益免税以外，非营利公司还可以接收政府和私人的捐赠，捐赠人可以用捐赠的款项或其他有价值的物品来抵减应纳税所得。

非营利公司设立时，必须在公司章程里明确其公益宗旨，明确董事和管理人员的职责、决策程序、表决方式和活动范围，非营利公司的董事和管理人员不受制于公司法。非营利公司的成立比较复杂，税务豁免也不是自动的，必须提出申请并得到美国IRS批准。非营利公司的活动范围受到严格监控，包括公司不准进行政治游说，公司董事成员和管理人员不得从公司的任何活动中牟利，公司也不能赚取与公司的公益性质相抵触的收入等，否则公司的免税地位将面临被取消的危险。

中国赴美投资公司在设立正规商业公司的同时，可以考虑设立免税公司，通过商业公司向免税公司捐赠，利用捐赠抵免条例来降低商业公司的总体税负。必须注意的是，免税公司设立的法律规定非常复杂，如果不符合非营利公司的各项标准，会以一般营利公司处理，所以在设立免税公司前建议聘请专业人员进行评估，以免造成不必要的损失。

公司注册成立

在考虑到以上各种情形以后，包括公司成立地点的选择、公司实体形式的选择，接下来就要着手进行公司的注册和成立。公司的注册和成立一般都由公司法务部和税务部协同进行。下面以最常见的注册地特拉华州和加州为例，介绍注册成立公司所需要的文件和程序。

公司成立所需文件

成立公司时（incorporation）首先要有一个章程。公司章程（Articles of Incorporation）是公司内部治理规则（bylaws）的简化和总结，也被称为公司注册证书，是一种在美国确立公司存在的文件，通常在公司注册登记时提交给注册州的州务卿（the Secretary of State）和县市的地方政府。公司章程通常是由董事会在公司成立的过程中建立的公司治理规则，也是指导公司运作的规则，以指导董事会监督公司运行。公司章程通常包括公司名称、公司结构类型（如营利公司、非营利公司、福利公司或专业公司等）、注册代理人、授权股份数量、生效日期、公司持续周期（一般为永久性）以及公司成立者（incorporator）的名称和签名等。

新注册公司董事会的首要任务之一就是通过公司章程，公司章程具体草拟人可以是公司创始人、公司成立者或在律师的帮助下由董事会撰写，一般包含以下几个内容：(1) 公司的识别信息，包括公司名称、地址和主要营业地点；(2) 董事会，包括董事会成员的数量、一般权力和职责、董事会成员的任期和表决程序等，如果公司是股份公司，还需包括股东信息和按股投票规定等；(3) 公司发行股票的权限，股票类别和数量等；(4) 有关股东会议的信息，包括会议通知，代理投票；(5) 年度会议程序和通知成员的要求，每个公司都必须至少有一次年会，所以这是章程的重要组成部分；(6) 董事会会议信息，包括频率，地点和协议；(7) 公司记录保存程序，包括准备和检查公司记录簿的位置和记录的规则；(8) 修改公司内部章程的程序；(9) 公司的财务年度；(10) 批准合同、贷款、支票、股票证书和其他类型的公司决议的规则。

普通公司的拥有者是股东，股东成立董事会（Board of Directors，BOD），董事会对公司的重大事务进行投票表决，包括任命和罢免公司的管理层，董事会成员和管理人员不能进行任何与公司利益相冲突的交易，包括股票内部交易等。公司的执行总长（CEO）和其他主要执行长对公司的日常营运负责。一般在成立公司时就需要有董事会董事和管理人员的职位和名单，在一些州注册时也需要这些人员的名单。比如，在加州成立公司要求有三位董事和管理人员，包括董事长（Chairman of the Board）或执行总长、执行财务总长（CFO）和秘书（Secretary），秘书一般由公司的法律顾问担任。

特拉华州注册成立公司

注册代理人。在美国，很多公司会选择在特拉华州注册成立公司。特拉华州法律要求，每个在特拉华州注册的公司必须有一个注册代理人（registered agent），该代理人可以是授权在特拉华州开展业务的个人或商业实体，但必须在特拉华州有实际街道地址。另外，如果注册公司位于特拉华州内，则该公司可以自己充当注册代理人。代理人的主要职责是代理公司接收政府机构寄给公司的各类信件和递送涉及公司法律诉讼的各类文件等。代理人无须为公司承担任何法律责任或义务，也与公司的经营管理没有直接关系。

公司名字预定。特拉华州公司部（the Delaware Division of Corporation）允许公司预定名字，公司的名字一经预定就会被保留 120 天，预定公司名字可以直接在网上操作，网址是 https：//icis. corp. delaware. gov/Ecorp/EntitySearch/NameSearch. aspx。预定公司名字不是注册的必要前提。

公司成立证明和表格。有关说明和费用的表格样本可在特拉华州公司部的网站上获取，网址是 http：//corp. delaware. gov/newentit09. shtml，可以下载表格，填完后与公司章程一起直接邮寄或传真至特拉华州公司部的办公室。申请审批备案后，公司成立证明（Certificate of Incorporation）和公司章程复印件会寄回申请公司所提供的地址（或州内注册代理人地址），复印件上盖有州政府的印章和注册号码（File Number），申请公司必须妥善保管，这是公司的鉴别号码，很多地方都需要这个号码。至此，公司就正式在特拉华州成立。

加州注册成立公司

在加州注册成立公司也不复杂，加州对外国人投资没有限制，是最适合中国企业在美国成立跨国子公司的州之一。在加州注册成立公司的要求和程序与特拉华州大同小异，也必须有一个加州注册代理人。在加州注册成立公司必须向州务卿申请，递交公司章程、注册成立表格等。需要注意的是，加州不同形式的公司成立需要填写不同的注册表格。比如，加州本州营利公司成立申请填写 ARTS - GS 表；如果公司注册成立在特拉华州，但却在加州进行商务运营，那么在加州就要注册为外来公司（foreign corporation），注册外来公司需填 S&DC - S/N 表。公司章程和相应表格一并送至加州州务卿，文件一式两份，州务卿在回件上盖有州务卿图章和号码（SOS number），这个注册号码很重要，必须妥善保管。

在加州注册的公司必须有加州地址，州务卿对地址没有特殊要求，有些刚成立的公司用家庭住址来注册公司。但公司的运营地必须在适宜公司营业的区域，不能在住宅区，因为住宅区与商业区的区域规划（zoning）是不一样的，一旦被举报或被相关部门查处，不仅要受到惩罚，甚至有面临被吊销公司资格的危险。

各种税务号码申请

公司注册成立后，必须向 IRS 申请联邦雇主识别号码（Federal Employer Identification Number，FEIN）。号码可以从 IRS 网上申请即时获得（https：//www. irs. gov/businesses/small - businesses - self - employed/apply - for - an - employer - identification - number - ein - online)，也可以用信件、传真、电话等方式申请。申请时必须填写 SS - 4 表（雇主识别号码申请表），这个号码一旦获得，将一直跟随公司，不能改换。这是公司“一生”中最重要的号码，无论以公司的名义在银行开设账户，还是与公司客户和供应商沟通，都必须用这个号码。

得到 IRS 联邦雇主识别号码后，必须向公司所在州（不一定是注册州）的州务卿申请州营业执照（state business license），州营业执照申请也可以在公司注册成立时同时进行。公司还必须向州财政部（the Department of Revenue）申请销售许可号码（sales permit）、工资税扣缴账号（payroll tax account）、员工保险账号（employee insurance account）和所得税账号等（申请这些账号都需要 IRS 的联邦雇主识别号码）。

地方登记和营业执照

接下来的步骤就是在公司所在的县（county）和市（city）登记。首先必须去县政府秘书处（county clerk）查询公司的名字是否有重名，如没有重名，则需要在该县的报纸上公示所挑选的公司名字，之后才可以使用。这里需要说明的是，公司的正规名字在州务卿那里注册成立时就已经自动登记了，但如果公司用其他名字（或者虚拟名字）进行商务运作的话，那这个名字就必须经过所在州的县认证。

最后，公司必须去所在城市（city）的市政府登记并申请营业执照。在美国，大部分公司的经营活动必须得到美国的州、县和市三级有关部门签发的营业执照和许可证，在获得州政府（包括州务卿和州财政部）和县政府批准后，还要到所在的城市去办营业执照（business license），营业执照一般每年更新。获得所在城市的营业执照后，公司就可以开始营业了。公司必须向所在城市缴纳税款或营业执照费，每个城市的计税方法都不同，赴美中国企业必须对即将落户的城市有个充分的了解，以便做出落户的最佳决策。

至此，本书已经较详尽地介绍了中国赴美企业在美国如何适当选择公司落脚点，如何权衡用何种形式的法律实体来进行商务运作，以及成立公司的各种要求和程序。在第三章中，将向读者介绍美国 IRS 的各种职能、美国联邦法院系统、法院诉讼程序和申诉法院的选择等。在具体讲解美国联邦税法之前，了解美国联邦税务体系至关重要，这将使中国赴美企业懂得如何利用当地的法律来保护自己，在将来可能面对各种税务挑战时，既能游刃有余地通过 IRS 各种行政程序解决争端，也能主动向适当的法院提出申诉，以保护自己合法权益。

第三章
联邦税务体制

本章着重介绍美国联邦税务体制和架构。联邦所得税（federal income tax）占联邦总体税务收入的58%左右[①]，包括个人所得税（individual income tax）和公司所得税（corporate income tax）。联邦公司所得税又分国内税（U. S. domestic tax）和国际税（U. S. international tax）。本书虽聚焦美国联邦公司所得税，但在合适的时候也会提及其他税种，如工资税（payroll tax）、州所得税（state income tax）或其他地方税等。

中国赴美投资企业深入美国辛勤耕耘之际，必须了解美国的法律和法规，严格遵守，在法律的框架下极力维护中国形象和自身权利。有些中国公司一旦受到美国税务挑战就不知所措，或强词夺理，或置之不理，结果都遭受了不同程度的损失。有效维护法律给予的权利，赴美中国公司首先要懂得美国的法律体系，懂得如何去实现自己的权利。

例如，一家位于美国加州硅谷的中国赴美投资企业（简称"中企"或"纳税人"）收到美国国内收入局（The Internal Revenue Service，IRS）信函，要求中企在30天内就信函索取信息进行解答（30天信函）。如果中企没有在

---

① Policy Basics：Where Do Federal Tax Revenues Come From? [EB/OL]. Center on Budget and Policy Priorities.（2017－09－05）[2021－02－14]. https：//www. cbpp. org/research/federal－tax/policy－basics－where－do－federal－tax－revenues－come－from.

规定的时间内回应，IRS 将签发欠税评估信函以及启动法律程序。因此，对 30 天信函进行回应至关重要，如果中企在 30 天内回复了信函，即使有分歧也属于“内部矛盾”，可以通过 IRS 行政协商解决。如果法律程序被启动，IRS 和中企则可能经过法院诉讼才能解决分歧。

美国联邦公司所得税法定税率（21%）加上各州所得税法定税率，是公司费用的很大一部分，IRS 的挑战不仅会给公司造成声誉方面的影响，还会对公司的业绩造成负面影响。为了保护公司总体财务健康，中国赴美投资企业必须了解美国税务体系，懂得如何利用税务分歧解决程序来保护自己。

美国联邦税务体系由三大组成部分，即执法机构、司法机构和立法机构。三大机构相互独立并存，是美国三权分立的政治体系①在税务领域里的体现。

---

① US. GOV. Branches of the U. S. Government [EB/OL]. (2020 - 12 - 01) [2021 - 01 - 20]. https://www.usa.gov/branches-of-government.

执法机构[①]

IRS是美国联邦税务法律的执行机构（the administrative branch），隶属于美国财政部（The Department of Treasury）。IRS受美国国会委托，主要履行以下五个职能。

征管执法职能

在征税执法过程中，IRS可以通过各种强制手段来迫使纳税人合法纳税。强制手段有多种，包括欠税评定（tax deficiency assessment）、处罚（penalties）、资产留置（liens）、没收（levy）、充公（seizure）和勒令公司停业等。IRS刑事调查部门（IRS－CI）也是IRS唯一为执法人员配备武器的部门。

如上所述，如果中企税务申报信息与IRS所掌握的信息不一致，IRS即会向中企发出信函，索求信息，或提议修改申报，修改内容可包括税项改正、税额调整、欠税、利息和处罚款等。该信函必须在30天内得到中企回复，如果中企在30天内没有回复，IRS即会向中企签发“90天信函”或称欠税通知（deficiency notice）。欠税通知标明欠税额、欠税期间的利息和处罚款等。中企在收到欠税通知后必须在90天内做出以下决定：（1）付清欠税款；（2）提出有法律依据的异议；（3）付清欠款后向法院申诉。欠税通知是正式法律信函，虽有正式法律效应，却也是IRS给中企最后解决问题的协商机会。

如果中企及时回复了30天信函，并同意该信函对税项的调整，那么IRS对中企的征管执法职责就此完成；但是，如果中企不认同IRS的30天信函，则可以申请行政上诉。除了申请行政上诉外，中企也可以要求行政调解或折中妥协。行政调解出于双方自愿，虽然调解的结果没有法律约束效力，但如果双方都愿意尽快解决纠纷的话，行政调解不失为一个简捷的途径；折中妥协则是中企和IRS各让一步，妥协解决争议。

IRS是美国的税务执法部门。申报纳税是税收法律规定的公司责任和义务，每个公司都必须严格遵守。如果纳税人不遵从税收法律法规，不仅会被处罚，而且还有可能触犯民法甚至刑法。以往曾有中国赴美投资企业由于忽略（或不懂）美国的税务行政程序法律，使公司遭受不必要的经济损失，并使当事人承受了不必要的法律责任。

---

① Saltzman, Michael I. IRS Practice and Procedure [M]. Boston, MA: Warren, Gorham & Lamont, 2002.

税法解释职能

IRS 有向纳税人解释美国国会通过、总统签署的税法的义务，最主要的解释职能体现在它针对《法典》所制定的各种行政法规和行政裁定。如果纳税人对 IRS 税法解释有异议，可以通过法律赋予的权利，按规定程序向法院申请解释判决，最终的解释权在法院。在分歧解决的过程中，IRS 通常要求纳税人先通过 IRS 内部机制，如果在走完内部程序之后还没有得到解决的话，纳税人则有权利向法院提出申诉。另外，纳税人也可以主动绕过 IRS 行政机制，按照普通法赋予的保护权利直接申诉，以求对税法的最终解释。

如上所述，IRS 发 30 天信函的目的就是希望中企能在行政部门内部厘清税项，协商解决可能涉及的分歧。如果中企不服协商结果，可以申请 IRS 内部行政协调（mediation），折中妥协（offer in compromise，OIC）或向 IRS 的行政上诉部门提出上诉。

在行政调解过程中，IRS 会约谈中企，向中企解释相关法律、法规或者行政裁定等。调解的基础是双方自愿，调解的结果并没有法律约束效力。折中妥协实际上是中企和 IRS 各让一步，但中企必须在做出妥协提议之前提交所有申报，付清所有税款。如果中企对于调解的结果不满，或 IRS 不接受折中妥协，那么中企则可以向 IRS 行政上诉部门（Office of Appeal）上诉。

行政上诉部门是 IRS 内部独立机构，如果纳税人决定上诉，则可以向它所在地的上诉部门提出申请，申请必须以书面抗议（written protest）的形式递交，除非是 25000 美元之内的小案例申请。书面抗议必须在纳税人接到 IRS 信函后 30 天内递交。IRS 收到书面抗议后，会召集它内部相关人员，如欠税评估人员和征管人员，对书面抗议提出的问题进行斟酌，决定是否可以在不进入上诉程序前解决分歧。书面抗议除了包括一般纳税人信息外，还必须包括：（1）正式表达纳税人行政上诉的愿望；（2）纳税人对 30 天信函或欠税评估信函不同的意见；（3）纳税人持不同意见的理由；（4）纳税人所依赖的权威文献和法律等 。

行政上诉是 IRS 解决税务分歧的最后行政途径，在上诉中，纳税人可以亲自与 IRS 谈判，也可以聘请并授权律师、会计师或税务师为顾问，签署授权书（2848 表），让他们代表纳税人出席谈判。如果纳税人与 IRS 在行政上诉中未能达成共识，或者纳税人决定绕过 IRS 行政上诉直接进入法院诉讼的话，可以向美国联邦法院提出申诉。

纳税人利用 IRS 内部程序来解决税务分歧，相对比较省事、省钱、省时间。在协商过程中，纳税人必须具备足够的法律依据，包括 IRS 各种行政法规、细则和裁定等。否则，纳税人的税务税项处理和税务立场将不被接受，甚至有可能被视为“轻率立场

(frivolous position)”。一旦纳税人被视为轻率立场，就会被打入“肮脏一打（Dirty Dozen）”黑名单，同时会受到民事惩处①。

行政法规和细则制定职能

美国国会授权IRS制定各项税务行政法规和执行细则。除制定法规和细则以外，IRS还颁布内部收入裁定（Internal Revenue Rulings）、内部收入程序（Internal Revenue Procedures）、个案裁决（Private Letter Rulings）、通知（Announcements）、公告（Notices）和内部收入手册（Internal Revenue Manual）等，主要目的是向纳税人提供对《法典》的解释、具体实施的操作要求和方法，以及给自己员工提供执法准则。

1. 税务行政法规，即税务执行细则或《联邦税务法规》（Federal Tax Regulations）或财政法规（Treasury Regulations，以下简称“法规”），由IRS起草，由美国财政部（the Department of Treasury）颁发。当美国国会颁发一个新的《法典》法条或修订一个旧的《法典》法条时，IRS都会起草一个提议法规（proposed regulation），然后颁布公开通知并召开听证会，听取纳税人对提议法规的意见。提议法规通常都做一些修改，修改后的法规被正式列入联邦注册（Federal Register）成为临时法规（temporary regulation）。临时法规有限定生效期，以确定在生效期前与《法典》在法律上没有冲突，在执行上没有不可执行性。如果在生效期前无须变动，限定生效期后，临时法规就成为最终法规（final regulation），旧法规同时自动失效。在产生临时法规之前，旧法规与提议法规并存，纳税人可以有限度地选择提议法规来做税务筹划和申报②。但如果临时法规已经生效，除了一些特殊情况外（如遵从临时法规会造成纳税人不可估量的损失），纳税人必须遵从临时法规。最终法规的权威性除案例法外仅次于《法典》，当最终法规与《法典》在使用中产生冲突时，以《法典》为准。

纳税人在寻求法律依据时，必须首先考虑最终法规。如果处于最终法规产生前的过渡期，纳税人可以使用临时法规；如果连临时法规也没有颁布的话，纳税人就必须在旧法规和提议法规之间做一个最有利的选择，等临时法规颁布生效后再改用临时法规。纳税人在寻找法律依据时必须注意一点，当不止一个法规可以同时选用时，必须厘清众多法规可能带来的不同的后果，从而选择一个最佳法规。

2. 内部收入裁定（Internal Revenue Rulings）和内部收入程序（Internal Revenue

---

① Internal Revenue Service. Frivolous tax arguments remain on IRS's “Dirty Dozen” scams list for 2019, IR - 2019 - 45 [EB/OL]. (2019 - 03 - 18) [2021 - 01 - 20]. https://www.irs.gov/newsroom/frivolous-tax-arguments-remain-on-irs-dirty-dozen-scams-list-for-2019.

② Internal Revenue Service. Overview of the Regulation Process [EB/OL]. (2019 - 11 - 19) [2021 - 01 - 20]. https://www.irs.gov/irm/part32/irm_32-001-001.

Procedures)。内部收入裁定是 IRS 针对有一定代表意义的税务问题所做出的税务裁定，一般都是出现频率较高的税务问题。内部收入裁定类似于国内税务局的规范性文件，它的权威性除《法典》和案例法以外仅次于各种行政法规。一般来说，如果纳税人的税务事项或立场与内部收入裁定里的税务事项类似，纳税人可以按照内部收入裁定来处理自身税务问题。即使从严格意义上讲，遵从内部收入裁定并不完全正确，IRS 通常不会挑战，前提是纳税人的税务事项和立场必须与内部收入裁定里的税务事项和立场之间有相当高的相似度。

内部收入程序则是 IRS 制定的程序法则，有点类似于我国的税收征管规程。只要该程序法则不与普通法、税务《法典》以及行政法规等相冲突，联邦税务的申报、提议和争议处理等都必须遵从内部收入程序。IRS 在程序法则中如果对某些税务处理明确规定程序步骤的话，纳税人在没有正当理由的情况下必须遵守。

3. 个案裁决（Private Letter Rulings）。纳税人可以将重大但不确定的税务事项和立场向 IRS 提出行政裁决申请，一旦 IRS 接受了纳税人的申请并做出裁决的话，IRS 就会公开颁布对该税务事项的裁决，裁决随之成为公开案例（纳税人隐私信息不公开）。个案裁决的权威是有限的，仅适用于其他类似的纳税人和涉税事项，且类似性要求很高。由于一模一样的纳税人和完全相同的涉税事项和立场几乎不存在，所以个案裁决的可依赖度也相当有限，通常在税收争议过程中只作为参考。

4. 通知、公告和内部收入手册等（Announcements, Notices, Internal Revenue Manual, and Handbooks）。IRS 通常在制定行政法规之前先颁发一个通知或公告，公告可以对某一《法典》条款进行详细说明，也可以是一些通知等。如果是对《法典》条款的详细说明，那公告就是行政法规的雏形，经更细致推敲后形成提议法规。比如，2017 年底的税改参与豁免（participation exemption）法案经美国国会通过形成《法典》条款后，IRS 在 2018 年初颁布了对该《法典》条款的执行细则，这个细则就是以公告的形式发表的，在 2018 年税务年度申报前公告改为提议法规。

内部收入手册是 IRS 内部工作手册，用作员工的培训手册、员工执法时的参考等，它的权威性除了在 IRS 行政程序方面有一定的适用性外，相对薄弱。

如上所述，中国赴美投资企业在回复 30 天信函后如与 IRS 产生税务处理和立场分歧的话，可以寻求 IRS 内部行政程序来解决分歧。纳税人可以着重引用行政法规、内部收入裁定、内部收入程序以及其他行政文件作为法律依据，如果这些依据不与《法典》或其他案例法冲突的话，IRS 通常会接受纳税人的税务处理和税务立场。当然，IRS 在认同或否定纳税人的税务处理和税务立场之前，通常会对纳税人做独立的审计和调查。对纳税人的审计和调查是 IRS 另一个主要职能。

调查职能

IRS 对纳税人的税务申报有权提出异议并进行调查，这个职能和权力是美国国会直接赋予的，在法律允许的范围内，甚至可以要求美国联邦调查局（FBI）和其他调查机构的配合。IRS 调查职能主要体现在三个方面：

1. 账目审查，包括办公室审计（office audit）和现场审计（site audit）。绝大多数的调查职能都是以这种形式进行的，税务稽查是纳税人所面临的最频繁的一种账目审查调查形式。在一些大型公司里面设有 IRS 固定审计办公室，IRS 长驻公司并对公司公布的或未公布的财务信息进行审计。如果是对某个专门领域的稽查，IRS 会临时抽调其内部专门人员来进行协助，如 IT、大数据、云储存、芯片、通信、金融、保险等专门领域。

2. 传讯（summon）与搜查（search），包括第三方传讯。第三方传讯是指 IRS 向纳税人的银行、关联公司、律师和会计师等索取有关纳税人的信息。虽然第三方具有保护客户隐私的责任和义务，但如果 IRS 通过法院或其他行政途径，通常还是可以达到目的的。搜查则必须取得法官签发的搜查令（warrant），有时会配合法警（Sharif）对纳税人所在地进行搜查，以获得信息和证据。

3. 刑事调查（criminal investigation），主要由 IRS 刑事调查部门（IRS - CI）执行，重点在于：（1）税务犯罪，多次故意偷税漏税、藐视税务法律法规；（2）非法金融来源罪，包括洗钱等；（3）毒品相关的金融罪，包括集资赞助毒品交易；（4）恐怖主义金融罪等经济财务犯罪行为。

纳税人如果对 IRS 的 30 天信函和 90 天信函不予理睬的话，IRS 将启动法律程序，同时可以随时启动其调查职能，对纳税人进行单项审计或整体稽查。除了以信函形式外，IRS 也可以随时直接以电话形式向纳税人发出稽查通知，稽查的时间和具体地点可以由纳税人根据实际情况与 IRS 协商，一旦商定则不宜变动。纳税人接到稽查请求时既不要惊恐万分，也不应冷漠以待，双方的互相尊重是稽查成功与否的关键。

在一些较大型或较复杂的稽查过程中，IRS 会启动第三方传讯，如果第三方不予配合，IRS 则会启动国会赋予的权力，强制第三方提供纳税人信息。如果纳税人涉及刑事税务犯罪，包括藐视税务法、洗钱等金融犯罪，IRS 则可以启动刑事调查权力，对纳税人进行刑事调查。调查职能是 IRS 对纳税人税务申报和管理职能的延续。

税务申报和管理职能

IRS 的另一个极其重要的职能就是鼓励纳税人及时申报并对申报进行有效管理。

有人认为这才是 IRS 最主要的职能，其他的职能都是由此衍生的。首先，IRS 每年都要更新各类税表，如所得税表（个人和公司）、信托税表、工资税表、预提所得税表、境外税表等 800 多种不同税表[①]以及相应税表的填表说明。IRS 在全国各地有多个服务中心（service center），纳税人根据所在地和申报的税种向相应的 IRS 服务中心申报。比如，IRS 公司所得税申报服务中心有 6 个，个人所得税申报服务中心有 7 个，纳税人根据自己所在地选择向相应的服务中心申报。

税务申报可以用纸张申报，纳税人可以去各市内的 IRS 办公室领取各种税表。税表也可以从网上下载自行打印或打电话、传真索取。税务申报也可以通过市场上出售的软件填表申报，如果没有联网的话，填完表后打印出来邮寄给 IRS 相应的申报服务中心即可；如果已联网，在软件上填完表后可以直接在网上申报。纳税人还可以付费请会计师帮助申报，会计师必须遵循 IRS 有关职业操守规定的制约。另外，近几年 IRS 自己也有免费的网上软件（IRS. gov/FreeFile）[②] 供纳税人进行比较简单的税务申报，用 IRS 的软件申报比较直接、快速，但不适于比较复杂的申报。

IRS 在收到各类税务申报后，会快速进行分类分项处理。纳税人在申报单上有退税款申请的，通常会得到优先处理并退款，以避免利息累积，IRS 会按照纳税人所提供的网上银行信息，把退税款直接转入纳税人账户。退税款额超过 200 万美元的需要国会税务联合委员会（the Joint Committee on Taxation）审批。对于收到的纳税人的各种纸质申报表，IRS 会先用人工把申报表信息录入系统，然后再进行电脑信息分类、分析和储存等处理。所以纸张申报要比电子申报在处理速度上慢得多，误差也多。如今，美国的电子税务申报率已经达到 80% 以上。如果 IRS 在处理税务申报时发现纳税人提供的信息不准确、不充分或明显误报等，其电脑系统将会自动触发向纳税人索求信息信件，以求证实或说明。需要说明的是，这种信件只是向纳税人索求证实和说明，不构成税务审计。

IRS 这一职能主要涉及税务申报程序问题，纳税人必须按照 IRS 规定的各种程序进行申报，否则将受到行政处罚。比如，所得税申报截止日为每年 4 月 15 日，如果纳税人无法在此之前（含截止日）提交申报税表，则必须提交自动延期申报申请表——7004 表（Application for Automatic Extension of Time to File Certain Business Income Tax, Information, and Other Returns）——延期 6 个月至当年的 10 月 15 日。自动延期是指纳税人只需要提交表格，不必等待 IRS 的批复，也不需要提供任何理由。

---

① Wikipedia. IRS Tax Forms [EB/OL].（2021-01-05）[2021-01-20]. https://en.wikipedia.org/wiki/IRS_tax_forms.

② Internal Revenue Service. File Your Federal Taxes Online For Free [EB/OL].（2021-01-14）[2021-01-20]. https://www.irs.gov/filing/free-file-do-your-federal-taxes-for-free.

值得注意的是，延期申报不等于延期交税。如果纳税人在当年欠税，则必须在截止日之前缴纳，逾期不付将面临“晚交税处罚”或“未交税处罚（failure－to－pay penalty）”[①]。处罚款按每个月0.5%未交的应税额计算，从截止日的后一天算起。为了避免处罚，纳税人必须在提交自动延期申请时支付起码90%或以上的当年应税额。如果纳税人逾期没有申报的话，则会受到“未申报处罚（failure－to－file penalty）”[②]，处罚款按每个月5%的应付（未缴）税额计算，从截止日后一天算起，最高罚款可达25%。

司法机构

利用IRS行政程序来解决税务分歧虽然比较省事，但免不了IRS的倾向性，且对重大税务分歧或者大额税务分歧，中国赴美投资企业可以考虑寻求法律途径获得法院判决。寻求法院判决，纳税人必须要有对税项处理和税务立场足够的自信，同时，要有支撑自信的足够法律依据。法律依据除了《法典》和以上提到的IRS行政法规及裁定外，各级各类法院对类似案例的判决举足轻重。美国法院体系繁复，法院众多，纳税人应该向哪个法院提出诉讼，又如何在纷繁复杂的法院案例中找出对自己有利的法律依据呢？这就需要纳税人对美国的司法机构（the judicial branch）[③]有一个充分的了解。

联邦法院体系

司法机构即法院机构，法院根据诉讼的具体税务案例对美国联邦税法进行解释，对税务分歧或争端进行判决，由此形成美国案例法（legal doctrine）。不服IRS行政裁决的纳税人可以向美国联邦法院[④]起诉，败诉方如不服，可以继续向上一级的联邦法院上诉，直到美国最高法院（the Supreme Court）做出终审判决。

美国联邦法院[⑤]是根据美国宪法和美国法律成立的法院，美国宪法只明确了要成

---

① Internal Revenue Code, Section 6651 (a) (2).

② Internal Revenue Code, Section 6651 (a) (1).

③ The White House. Our Government: Judicial Branch [EB/OL]. [2021－01－20]. https://www.whitehouse.gov/about－the－white－house/the－judicial－branch/.

④ The Federal Judicial Center. About the FJC [EB/OL]. [2021－01－20]. https://www.fjc.gov/content/about－us－courts－－general－information.

⑤ United States Courts. About Federal Courts [EB/OL]. [2021－01－20]. http://www.uscourts.gov/about－federal－courts.

立最高法院，其他层级法院则由美国国会授权成立。美国联邦法院是美国联邦政府的组成部分，可分为普通法院和专门法院，普通法院分为三级，即地方法院和索赔法院、上诉法院、最高法院；专门法院有税务法院（the U. S. Tax Court）、破产法院（the U. S. Bankruptcy Court）和国际贸易法院（the U. S. Court of International Trade）等。

第一级普通法院是美国联邦地方法院，或联邦地区法院（the U. S. District Courts），是美国联邦法院系统中的初审法院，案例包括民事和刑事。联邦地区法院是由国会通过立法设立的，目前在美国的 50 个州中一共有 89 个联邦地区法院，外加一个在华盛顿特区，一个在波多黎各，在关岛、维京群岛和北马里亚纳群岛也各有一个联邦地区法院，因此，美国包括其领地在内共有 94 个联邦地区法院。

第二级普通法院是美国联邦上诉法院（the U. S. Courts of Appeals）。联邦上诉法院主要受理来自对第一级地方法院判决不服案件的上诉。美国联邦上诉法院被视为美国司法系统中最有影响力的法院之一，因为美国最高法院每年仅接受少于 100 个司法上诉案件，绝大部分案例都由美国上诉法院判决裁定。美国联邦上诉法院又名巡回上诉法院（circuit courts），美国的 50 个州、华盛顿特区和其境外领土被划分为 13 个审判区域，每个审判区域设有 1 个巡回上诉法院。其中 11 个巡回法院由数字命名，其余 2 个法院分别是哥伦比亚特区巡回上诉法院（United States Court of Appeals for the District of Columbia Circuit）和美国联邦巡回上诉法院（United States Court of Appeals for the Federal Circuit）。在 13 个巡回上诉法院中，第一巡回上诉法院法官人数最少，而总部设在旧金山市的第九巡回上诉法院则有最多的法官。

与第一级普通法院并列的是美国联邦索赔法院（United States Court of Federal Claims），由 16 名法官组成，位于美国华盛顿特区。联邦索赔法院主要受理基于宪法、联邦和行政法规等的金钱索赔等，包括各种联邦涉税案件。联邦索赔法院与美国联邦地方法院同时行使管辖权，近年来成为审理大案和技术性较强案例的法院。

与第二级普通法院并列且为美国 13 个联邦巡回上诉法院之一的是美国联邦巡回上诉法院（United States Court of Appeals for the Federal Circuit），受理联邦索赔法院无法解决的争议并由败诉方提出上诉的案例。巡回上诉法院专门处理由索赔法院提出的联邦巡回区域的案例，如果在巡回上诉法院不能解决争议，一方可上诉至美国最高法院。

第三级普通法院是美国的最高法院（the Supreme Court of the United States），是美国最高级别的联邦法院。根据 1789 年美国宪法第三条的规定，最高法院对所有联邦法院、州法院和涉及联邦法律问题的诉讼案件具有最终判决权。在税务领域，如果最高法院的判决支持纳税人，IRS 则必须公开承认自己的错误，并对案例涉及的法规做出修正。IRS 对其他法院做出的判决不一定要公开承认或默认，可以保持原来立场，直至一方将案例上诉到最高法院，并得到最高法院的受理和最终裁决。图 4 -1 显示的是美国联邦法院系统结构。

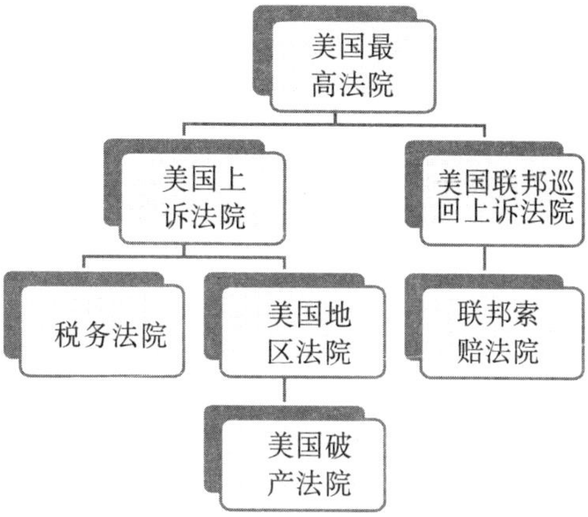

图4－1 美国联邦法院系统结构

除了联邦索赔法院，美国各级普通法院在案件审理时都会有12位陪审员组成的陪审团，陪审团成员从普通市民中随机挑选。法官有可能不是税法专家，陪审员也只是一般百姓，所以涉税案例中专业律师起到非常重要的作用。如何让不懂税法的陪审团做出有利于纳税人的判决，不仅是一门技术，更是一门艺术。

除了以上法院外，美国还有一个税务领域里的专门法院，即税务法院（the U. S. Tax Court），它的权责包括处理各种税务纠纷。税务法院总部设在华盛顿特区，在各州不设分院，有些州不设审判庭，另一些州却有数个审判庭，如加州有三个审判庭，分别在旧金山、洛杉矶和圣地亚哥市。与普通法院不同之处在于，税务法院的法官均为税务专家，法院没有陪审团，法官的意见就是法院的判决。税务法院一般做出两类判决，即常规判决（regular decision）和备忘录判决（memorandum decision），常规判决要比备忘录判决更具有法律权威。在税务法院寻求解决税务争端，纳税人不必预先缴纳税款。涉及专业性很强的税务争议，纳税人不妨选择税务法院。

为了方便小型纳税人，美国还有一种法院叫小型申述法院（the U. S. Small Claims Court）。当案例涉及金额在1万美元以下时，纳税人可以考虑选择小型申述法院，用最少的费用、最短的时间解决税务分歧。

法院诉讼途径和法律依据

当纳税人决定向法院诉讼时，应该选择哪个法院呢？对于自己的税务处理和立场，又如何寻找行之有效的法律依据呢？我在这里引用前面提到过的例子，并加以延伸。比如，那家中国企业的美国子公司（简称“中企”或“纳税人”）位于美国加州旧金山湾区的圣荷西市（San Jose），它在收到30天信函后及时做出了回复。在回复中，中企明确表示不同意 IRS 提出的税项调整提议，并向 IRS 递交了书面抗议书，申请行政上诉。但是，IRS 在上诉中坚持自己的意见，于是中企经再三斟酌后决定向美国联邦法院提出申诉。

中企是中国国内总公司设在硅谷的科研子公司，它的商务活动主要是利用硅谷的科技优势，对现有的高科技产品进行升级改良和开发新产品等。中企坚信自己的研发活动符合美国联邦税法定义的“合格服务（qualified service）”和“合格研究（qualified research）”，所以由此产生的费用符合“合格研究费用（qualified research expenses）”。中企按照《法典》规定，将 20% 的当年合格研究费用作为“科研抵免（research credit）”冲抵当年应纳税额①。IRS 在信函中只允许中企 50% 的科研费作为合格研究费用，导致科研抵免减少一半。由于抵免减少，欠税就增加了许多，再加上利息和处罚，所涉总金额较大，因此中企决定向法院提出申诉，挑战 IRS 的立场。

由于此案例涉及科研抵免，在技术上较为复杂，且所涉金额较大，因此中企排除向小型申述法院递交诉讼。至于是向联邦地区法院、联邦索赔法院，还是税务法院诉讼，主要看以下两大要点。笔者认为中企应该向联邦索赔法院或者税务法院提出诉讼。

第一，案例的复杂性。联邦地区法院的法官通常并非税务专家，陪审团则是由平民组成，辩护律师所能做的只是从情理上尽可能说服陪审团。由于所涉税务事项复杂，如果只注重法理，纳税人的税务立场并不一定能引起陪审团的共鸣；而只偏重情理则恐怕过不了法官这一关。索赔法院和税务法院则没有陪审团，法官本身通常是税务专家，尤其是税务法院的法官通晓联邦税法，法官的意见就是法院的判决。律师可以尽情发挥其技术专长，争取法官的认同。如果纳税人在联邦地区法院、索赔法院或税务法院败诉，可以向美国联邦上诉法院（或巡回上诉法院）上诉。

第二，纳税人在向联邦地区法院或索赔法院递交诉讼前必须付清 IRS 的欠税评估账单，而纳税人向税务法院递交诉讼前就不用预先支付欠税评估账单。因为分歧所涉金额较大，如果考虑到资金流的负担，纳税人向税务法院诉讼比较合理。如果败诉，纳税人可以继续向美国联邦上诉法院（或巡回上诉法院）上诉，但在上诉前必须付清欠税评估账单。无论纳税人选择在哪个法院诉讼，选择一个精通业务、能通畅交流的律师至关重要。

除此以外，纳税人对科研抵免的处理必须具备足够的法律依据。《法典》虽然会受到基于美国宪法和国会立法意愿（congressional intent）的挑战，但作为法律依据却至高无上。《法典》特性所造成的语言相对广义且模糊不清，促使纳税人寻找能够提供细则的行政法规，但行政法规不可替代法院对类似案例的逻辑推理和判决。美国税

---

① Internal Revenue Code, Section 41.

法的最终解释权在法院，法院案例形成美国案例法。当案例法与 IRS 行政法规不符时，以案例法为准，所以纳税人必须搜索能支持自己税务处理和立场的法院案例。

按法院案例的权威性而论，具有最高权威性的理当是美国最高法院的案例判决，所有最高法院的判决都是终判，其次是美国联邦上诉法院，或称巡回上诉法院，最后则是联邦地区法院和联邦索赔法院。

纳税人所在地的上诉法院的权威性要比其他地方的上诉法院权威性高。比如，以上例子中的中国赴美投资企业应该首先寻找位于旧金山的第九巡回上诉法院类似案例，如果类似案例不存在，纳税人则可以用其他上诉法院的类似案例作为法律依据。第九巡回上诉法院的辖区包括全球科技中心的硅谷，所有有关高科技企业的案例非常多，包括科研税额抵免案例。联邦巡回上诉法院没有区域限制，如果上诉到联邦巡回上诉法院，纳税人从其他各巡回上诉法院得到的案例支持都具有同样的权威性。

关于美国联邦地区法院、联邦索赔法院和税务法院，纳税人所在地的联邦地区法院的案例比其他地区法院案例权威性高，如中国赴美投资企业必须重点寻求圣荷西的联邦地区法院案例，若没有类似案例，则可用其他地区法院的类似案例。若所在地区有不支持纳税人税务处理的案例，纳税人可以向索赔法院或税务法院提出申诉，因为这两个法院要求的法律支持没有区域之分，只有案例的相关度之分。

纳税人在寻求对自己有利的法院案例时必须留意案例的权威性，如果第九巡回上述法院的案例反对纳税人的税务处理和立场，而第三巡回上诉法院的案例支持的话，则第九巡回上诉法院的案例判决更具权威性。

立法机构

最后，简单介绍一下美国的立法机构（the legislative branch）。立法机构，顾名思义，是制定法律的机构，包括税务法律。如果纳税人深信美国联邦《法典》中的某些条款不公平且深受其害，纳税人可以向其所在地的国会众议员（congressperson）或所在州的参议员（senator）提出抗议或建议，抗议或建议可以采用书面形式递交，也可以给议员办公室打电话以口头形式表达。由于纳税人并不直接与立法机构发生关系，本书只做简要介绍。

美国立法机构就是美国国会。根据 1787 年美国宪法和 1913 年宪法修正案第十七条，美国国会实行两院制，由众议院和参议院组成。众议院①由 435 名众议员组成，

① United States House of Representatives. House Overview［EB/OL］.［2021－01－20］. https：//www. house. gov/.

各州众议员名额由州内行政区的数量决定，全国共划分435个行政区，每个行政区的人口在71万以上，一个行政区产生一名众议员；参议员[1]则由各州选民直接选举产生，每个州选出2名参议员，参议院共有参议员100名。众议院和参议院均下设若干常设委员会，包括财政、司法、贸易、劳工等委员会，这些常设委员会在立法上负有专责，对整个立法活动有着极具分量的影响。众议院主管征税法案的委员会为筹款委员会（the Ways and Means Committee），而参议院负责征税法案的主管委员会为财务委员会（the Finance Committee），如果两院对某项税务法案不能取得一致意见，则成立两院代表组成的联席会议委员会（the Joint Conference Committee），对议案进行再审议商讨，以达成某种妥协方案。

2017年底进行的美国历史上重大的税务改革，让我们看到了美国参众两院的功能、作用和运作方式，参众两院分别通过各自的税务改革法案，然后在各自的法案基础上进行辩论、妥协，最终达成共识。国会两院审议通过的税务法案递交美国总统签署，总统享有一票否决权。如果总统赞同并签署，则国会通过的法案即成为正式法律；如果总统否决了法案，则该法案无效。美国最新税务改革法案，在国会两院及两党激烈拉锯战后，由总统特朗普在2017年12月22日签署成为法律，并于2018年1月1日正式生效，新法条编入美国联邦税务《法典》。

《法典》共4000多页，是一部涉及所有涉税领域最权威的联邦税务法律。美国国会将执行税务法律的权利下放给美国IRS，相当于中国的国家税务总局及各省、市、县、所五级税务机构。IRS除了拥有以上介绍过的基本行政职能外，还行使多种行政权力，如没收权（Power of Seizure）、传询权（Power to Summon）、征税权（Power to Collect - Armed Enforcement Division）和逮捕权（Power to Arrest）等。

本章内容希望能引起中国赴美投资企业对美国联邦税务体系足够的重视，深入了解并掌握美国联邦税务执法、司法和立法基本框架，以便能沉着应对各种随时可能发生的税务挑战，在合法合规的前提下寻求法律保护。

中国赴美投资企业要克服对美国联邦税法的畏惧心理，做到“不找事”也“不怕事”。要知道，即使赴美投资企业熟练掌握了美国联邦税法，也不免会出现意外。况且，由于美国联邦税法的复杂性，在实际运用中，不管中国赴美投资企业如何努力合规，也实难做到方方面面滴水不漏。税法遵循有风险，IRS的挑战也不可避免。笔者希望中国赴美企业以法律知识武装自己，沉着应对挑战，既不要不讲原则地妥协，也不要无理取闹，强词夺理。

IRS是纳税人必须要经常面对的联邦机构。只要税务立场和处理合法合规，有理

---

① United States Senate. States in the Senate [EB/OL]. [2021-01-20]. https://www.senate.gov/.

有据，中国赴美企业就应该理直气壮地面对任何挑战。当然，应对挑战的最佳途径是穷尽 IRS 内部行政协商程序，如行政调解、折中妥协和上诉等。如果中国赴美企业坚信自己的税务立场和处理，那就应当据理力争，争取一个对自己有利的结果。

本章还提出了最终解决美国税务分歧的诉讼途径，希望中国赴美企业在与 IRS 协商无果后有信心、有能力向法院提出诉讼，以争取法律容许范围内的最大利益。中国赴美投资企业在向美国法院提出申诉时，应该根据自己的具体情况，如案情复杂程度和涉及金额的大小，决定向哪一个法院提出申诉。上诉法院是中国赴美企业寻求法律保护的一个至关重要的途径，但同时也必须考虑对自己信息公开的容忍度，因为一旦走法院途径，无论胜负如何，案例都会完全公开。

自下一章起，本书将把重点转向美国联邦公司所得税法，包括国内税法和国际税法以及关联交易定价原则等。笔者尽量用浅显易懂的语言来介绍，由于税务本身的复杂性，文中难免会有一些枯燥乏味、晦涩难懂的内容，读者可以略过但不要放弃。只要大家坚持读完这本书，相信会对美国联邦税务的了解有一个很大的飞跃。在第四章里，首先介绍美国普通公司的联邦所得税有关法律和规定，如会计与税务的差异（book – tax difference），应税收入和税前扣除，替代性最低税，合并申报，以及税额抵免等。

第四章
公司所得税总括

在本章中，把重点放在普通公司（C corporation）的美国联邦公司所得税（简称“公司所得税”或“所得税”）上，暂时不讨论其他类型的实体，如小型公司（S corporation）、有限责任公司（limited liability company，LLC）以及合伙制公司（partnership）等。本章涉及美国国内公司（domestic corporations）的联邦税务法在应纳税所得、税前扣除等方面的处理，以及所属公司的合并申报和税额抵免等。本章里所举的例子只是为了帮助大家理解相应法条，并不代表唯一正确的答案，也未囊括税法的方方面面。

所得税的计算

美国公司所得税的基调是对全球收入（worldwide income）征税，年度申报表格是1120表。所得税法对应纳税所得（taxable income）的定义包括了所有来源的全部收入，也就是说，不论公司的收入源于国内还是国外，也不论是哪种类型的收入（合法或者非法）等，只要是公司年内取得的收入，都属于公司所得税的应纳税所得。在法律中，先把各种各样的收入都囊括到征税体系里面，然后提供收入排除（exclusions）、豁免（exemptions）等一系列条款。全球总收入减去收入排除和豁免，再减去经营成本（cost of goods sold，COGS）后得出毛收入（gross income）或毛利润（gross margin）。

毛利润减去各种符合法条的税前扣除，得出税前净利润（net income before tax），或称应纳税所得，类似于中国企业所得税的“应纳税所得额”。税前净利润乘以公司所得税法定税率21%，得出应纳所得税额（tax liability），从应纳所得税额中减除各种税额抵免（credits）后，就是公司所得税实际应纳税额（tax due或tax payable）。

从上面的计算步骤中可以看出，公司所得税的计算过程要涉及“全球收入”“收入排除”“豁免”“费用税前扣除”“经营成本”“符合法条的扣除项目”“税额抵免”等。“全球收入”和“经营成本”比较容易理解，“收入排除”和“豁免”涉及的类型比较少，如州政府债券利息所得可以享受联邦税务豁免等。情况最多、最复杂的就是“费用税前扣除（deductions）”，也称为费用扣除或可扣除费用。所以，我在以下的篇幅里着重讲解税前扣除的有关规定，扣除是税法允许的费用，公司必须首先选择使用哪种会计方法来计算费用。

费用计算的会计方法

公司在核算收入和费用时必须选择使用哪种税务会计方法，即收付实现制（cash method）还是权责发生制（accrual method）。在公司所得税核算过程中，收入和费用的归属期认定标准不同，所产生的所得税最终结果就会不同，尤其是当经济业务发生与对应的资金收支在不同的年度里发生，收入或者支出到底应该在哪个年度确认，通常取决于公司对会计方法的选择。

收付实现制。收付实现制比较简单，以“实收实付”为原则入账，以款项的实际收付为标准来处理账务，确定收入和费用。凡在本期实际已经支付的费用，不论货物或服务是否已经收到，均作为本期的费用处理。凡在本期没有实际收到的收入或实际支付的费用，公司都不作收入或费用处理。预收收入和预付费用都不予考虑，只按照实际收到或付出的款项登记入账，期末也不需要进行账项调整，所以处理简便，但是对公司的本期实际经营状况反映并不一定准确。收付实现制一般适用于较小型公司，大中型公司则多数选择使用权责发生制的会计方法。

权责发生制。权责发生制是按照经济业务是否发生在本期为标准来确定收益和费用的一种方法，即以“应收应付”为原则。一方面，只要公司的货物已经按协议发出，或服务已经按协议完成，不管公司在本期有没有收到款项，都要记账确认收入。另一方面，如果公司已经收到或正在接受供应商的货物或服务，即使公司在本期还没有支付货款或服务费，都可以作为费用入账。反之，凡不属于本期的经济业务对应的收入和费用，即使款项在本期已经收到或付出，也不应作为本期的收入和费用处理。在会计处理上，权责发生制虽然比较复杂，但有利于正确反映公司的各期费用水平和盈亏状况。

重复发生的费用。公司如果选择权责发生制来计税，可以扣除不在本期发生的费用，但是费用必须符合三个条件：（1）供货方或者服务方已经向公司提供货物（或服务），或者支付款的期限已到[①]；（2）公司的付款义务和金额（liability）已经相对明确；（3）货物或服务提供方已经完成其经济履行（economic performance）。

由于经济履行完成这一概念比较模糊，牵涉很多主观判断，所以法规向纳税人提供了一个例外，叫重复项目例外（recurring - item exception）[②]。如果公司符合这个例外，那么它的经济履行就被视为已经完成，公司也就可以在本期扣除下一期的费用。

要符合重复项目例外要求，所发生的义务须对公司不构成重大义务，同时公司须满足以下条件：（1）确认供应商的货物或服务；（2）每年重复发生同样的支付义务，即供应商的货物或服务必须每年重复发生；（3）确认供应方在年度结束后八个半月内完成其经济职责，即完成货物或服务交接。如果符合以上要求的话，公司即可在本期扣除下一期发生的费用，不用再去考虑是否符合概念模糊的经济履行要求。

不过，值得注意的是，这个重复项目例外经常受到 IRS 的挑战，尤其是当所发生的财务义务对公司来讲比重较大[③]。如果公司获得的是服务，同时又觉得利用重复项目例外的理由不够充分，担心被 IRS 稽查否决，那么公司可以考虑利用三个半月的宽松期。一般来讲，在下一年度三个半月内发生的支付义务可以在本年度作为费用扣除，因为三个半月的时间足够短，可以合理地被视为本年度交易的一部分，IRS 也对服务

① Revenue Ruling 2007 - 3.

② Internal Revenue Code, Section 461 (h); Treasury Regulation Section 1.461 - 5.

③ Revenue Ruling 2012 - 1.

产生的费用义务给予了三个半月的行政“安全港（safe harbor）”条款[1]。

费用税前扣除的规定

哪些费用可以扣除？公司在进行商贸活动中已经支付的或者已经发生的正常的和必需的费用，视为可扣除费用。从上述定义中可以判断，在计算公司所得税的过程中，可扣除费用必须符合三个条件：（1）已经支付或者已经发生的费用。已经发生的费用是指权责发生制下的“应付未付”，即产生费用的活动已经发生，支付的义务和责任都已经明确，并且支付的金额也基本确定。（2）正常发生的费用（ordinary expenses）。公司的商贸活动必须是公司以营利为目的的正常商业贸易活动，包括管理和维护能给公司带来收入的资产等活动[2]。（3）必须发生的费用（necessary expenses）。即便是正常发生的费用，但是如果被判定为不是生产经营所必需的，此项费用依然不允许税前扣除。可见，只有同时符合“已经发生、正常和必要”三个条件的费用才可以税前扣除。公司的费用是否符合这三个条件，必须结合公司的业务实际来判断。

这里举个例子：一家中国赴美国的渔业加工公司（简称“中渔”），年终损益表中有一项费用是运动服饰广告费用，该费用占公司总费用的20%。这项费用已经发生，金额也确定，合同约定第2年的1月支付，那么这项费用在本期的所得税计算中是否可以扣除？

按常规来讲，这家公司是渔业加工公司，在美国的商业活动主要是把美国本土渔业公司捕捞的三文鱼装箱运到中国加工，中渔的母公司在中国沿海某一城市有渔业精加工工厂，三文鱼在这个工厂里加工后再由中渔运回美国，交付给美国本土渔业公司。中渔的收入就是美国本土渔业公司支付的加工费和运输费。运动服饰与公司的主营业务相距甚远，通常认为，即使这个广告费对于运动服饰的销售是必要的，但却很明显不符合正常商贸要求，因此，这笔广告费在税务申报时不能进行税前扣除。

但是，如果中渔由于生意一直不景气，连年亏损，想要开展运动服饰的相关业务，而中渔的母公司也将中国过剩的厂房改造成运动服制衣厂，中渔将成衣出口到美国销售，那么这个广告费对于中渔的生存前景也许至关重要。此外，中渔的广告费用占其全年总费用的20%，说明公司已经下定决心在运动服饰市场打开一个缺口，弥补主营业务的连年亏损。在这种情况下，这笔已经发生的广告费也许符合正常性和必要性要求。

按比例扣除的费用。有些类型的费用，即便符合已发生、正常和必要三个条件，

---

① Revenue Ruling 2015 - 39.

② Internal Revenue Code, Section 162.

也不可以全额扣除。比如，公司年度内发生的就餐招待费（meals and entertainment），美国税法规定只允许按照实际发生额的50%税前扣除，2017年底通过的《减税和工作法案》（TCJA，又称“2017年税法”）则允许2020年和2021年在餐厅就餐或外卖的费用100%扣除；而慈善捐赠（charitable donations）的扣除不得高于公司慈善捐赠扣除前应纳税所得的10%。这与中国的企业所得税税前扣除办法相似，如公司发生的与生产经营活动有关的业务招待费支出，按照发生额的60%扣除，但最高不得超过当年销售（营业）收入的5‰；公司用于公益事业的捐赠支出，在年度利润总额12%以内的部分，准予在计算应纳税所得额时扣除。

股票期权费用怎样扣除。为了鼓励员工积极工作，很多公司都建立了员工股票期权激励制度，赋予员工在指定的时间内购买公司股票的权利（stock option或股票期权）。公司赋予员工股票期权时（grand date），公司只是与员工达成了未来以特定价格购买公司股票的合约，并没有发生股票所有权的实际转移，是不产生可以扣除的股票期权费用（stock option expense）的。只有等到员工行使股票期权（exercise）时，由于公司和期权持有人之间在行权日发生了股票与现金的交换，员工才可以选择继续持有或出售公司股票。在员工行权时，公司实现股票期权费用扣除，而员工则实现应税收入。美国的股权激励税务处理与中国的规则大同小异。

资产折旧费用扣除。资产折旧扣除是计算应纳税所得的重要组成部分，资产折旧分固定资产折旧（fixed or tangible asset depreciation）和无形资产摊销（intangible asset amortization）。这里所说的固定资产不仅包括房地产（real properties），也包括个人资产（personal properties）。实际上，由于中小公司都租用办公楼和厂房，所以除了个别自己开发和拥有办公楼的公司，固定资产折旧大多指个人资产折旧。

资产折旧的扣除额主要取决于资产寿命（折旧年限）和折旧计算方法，因为资产折旧方法的选用和折旧年限直接影响到相关年度公司成本、费用的计算，从而影响公司的收入和税收负担。关于资产折旧方法，主要有直线法（straight - line）、150%加速折旧法、200%加速折旧法等几种。

固定资产的折旧年限分为3年、5年、7年、10年、15年、20年、25年、27.5年（居住租赁房地产）和39年（非居住房地产）。一般来说，软件和类似的资产是3年，办公设备、汽车、电脑设备等是5年，办公用具、工厂设备仪器等是7年，船只和水上运输设备是10年，办公楼是39年。2017年税法允许公司100%扣除在2017年与2022年间购入的固定资产，扣除额最高可达100万美元。这个新规定在税务上对中小公司的固定资产投资是一个很大的鼓励，因为当年扣除的增加可以减少当年的应税收入，从而减轻税务负担。

无形资产（intangible assets）的折旧有单独规定，折旧年限为15年，折旧方法为直线摊销法[1]。无形资产的范围包括商誉（goodwill）、持续经营价值（going concern value）、人力资源（workforce）、实践知识（know - how）、客户和供应商资源（customer - based & supplier - based intangibles）、执照、许可以及其他政府部门批准授予的权利（license, permit and other rights granted by government units）、不竞争契约（covenants not to compete）、加盟（franchise）、商标（trademark）、商号（trade name）以及合约使用（contracts for the use of）等。

以商誉的折旧计算为例，商誉的可折旧价值通常是指某一公司与其他公司重组或并购其他公司时，以高于那家公司的市场净资产值购入，支付额与净资产的差额称为溢价（premium）。如A公司的资产（assets）市价是500万美元，负债（liabilities）市价是200万美元，则A公司净资产市价为300万美元。如果B公司以450万美元现金购入A公司，B公司则有150万美元的商誉（450万美元现金减去300万美元的A公司净资产），150万美元的商誉必须按15年直线折旧法分摊扣除，每年的分摊扣除为10万美元。

坏账费用扣除。按照美国联邦税法规定，商务坏账费用（business bad debt expense）可以进行税前扣除，但是可扣除的坏账必须是与公司主营业务有直接关系并且实际上收不回的借贷。如果与公司业务没有直接关联，必须是完全没有价值（total worthless）或者完全追不回来的债务才能税前扣除。公司必须采取各种方法尝试追回债务，如果努力后仍然追不回来，才能确定作坏账处理。坏账不仅包括公司借贷无法收回的账目，也包括各种实际无法收回的应收款项，如公司销售和服务应收款项等。非商务坏账损失视为短期资本损失（short - term capital loss）。

实际发生且无法追回的坏账可以在税前扣除，但对于为了预防可能变成坏账而做的坏账准备（bad debt provision）却有严格的扣除规定[2]。首先，公司必须要具备一个完整坏账准备制度，然后对每个申报周期所发生的每一个新增准备进行分析，确认合理性。对于使用权责发生制会计法的公司，对每年发生的新坏账准备通常不予扣除，只有等到年度准备额下降的时候，下降的部分才可以作为实际坏账进行扣除。坏账准备下降意味着坏账实现，实现了的坏账符合实际坏账要求，所以允许扣除。

比如，某公司的年终应收款结余是1万美元，公司按照以往的经验，对年度应收款提供坏账准备1000美元（10%）。在财务账目里，该公司的净应收款为9000美元，坏账准备1000美元作为财务费用处理。但在联邦税务方面，因为坏账1000美元并没有实现，所以不允许在税前扣除。公司在计算应税收入时，把1000美元的应收款坏账准备加回财务收入，财务费用不被联邦税务承认，造成了所谓的财税差异（book - tax

① Treasury Regulation Section 1. 197 - 2.

② Internal Revenue Code, Section 166; Treasury Regulation Section 1. 166 - 4.

difference)。

如果在下一个年度里，这1000美元的坏账准备没有实现，也就是说公司没有发生应收款坏账，那么公司就不用做任何税务处理。如果公司在下一年度只收回600美元，另外400美元无法追回，也就是说公司的实际坏账是400美元，那么这些实际坏账可以进行税前扣除。具体计算方式为：从财务收入（book income）中逆转（减去）前一年加回财务收入的坏账准备，即1000美元加上本年度的600美元坏账准备结余，差额为-400美元，为本年度的税务下调项目，即税前扣除。

除此之外，银行等一些金融机构有特别规定，允许银行扣除每年坏账准备合理增加的部分，合理增加部分是根据银行以往几年的经验，按平均比例进行计算的①。接下来，向大家单独介绍一下两个特殊的扣除项目：库存和亏损。

库存费用扣除

库存（inventory）是产品处于等待销售时所携带的花费，由成品或半成品的成本（直接成本加上间接成本）和一些其他费用组成。直接成本较容易理解，就是生产或收购产品的成本，而间接成本则比较含糊，包括一些本来属于行政销售费用的部分。费用是可以当年扣除的，而成本则必须做资本化处理，所以公司一般都偏好将库存有关的花费归于行政销售费用。另外，库存与仓储应该有一个区别，为销售而将产品放在仓库里所产生的花费也许是库存的一部分，但为了把产品转运到其他地方去销售而临时放在仓库里储存的费用，应该可以作为行政销售费用处理。

从财务的角度看，库存（inventory）是一种资产，一般来说，零售公司或者制造公司为了有足够量的产品出售，在一定的时间之内保持一定量的产品（安全库存）是必要的。但是，从商业营运的角度来看，过高的库存和较低的库存周转率会占用大量的资金，增加仓储费用、产品拣选时间和劳动力成本，最严重的是，高库存会对公司的现金流造成巨大的压力。因此，对库存进行有效管理，可以提高库存周转率和资金利用率，从而提高公司整体运营效率，降低成本，增加利润。

在公司的盈亏表（income statement）中，毛利润（gross profit）等于销售收入（revenue）减去销售或制造成本（cost of goods sold），而库存商品结转成本是销售成本中最主要的一部分。

库存在估价时按照成本法、成本或市价孰低法或其他方法来计算。成本法是按货物购入时的价格加上运费和流转税（销售税）等来计算的方法；成本或市价孰低法是

---

① Internal Revenue Code, Sections 585, 586 & 593; Treasury Regulation Sections 1.585-1, 1.586-1, & 1.593-1.

指将库存成本与库存市价进行比较，在两者中取低价来计算的方法；如果公司用其他方法计算库存的话，就必须作较为详细的说明。

如果公司销售量大，销售产品种类多样的话，要锁定每一个产品的原始成本不仅费工费时，而且困难重重。在这种情况下，公司可以采用先进先出（FIFO）或后进先出的方法（LIFO）来确定出售产品的成本。IRS鼓励公司使用FIFO，因为在通常情况下，成本都是随着时间的推移而增加的，使用LIFO会增加产品的成本，进而降低公司的应税收入。

无法出售或“无价值”的产品（obsolescence）可以从库存中剔除，在纳税申报中作为当期库存损失扣除。必须注意的是，“无价值”的货物必须是完全没有价值，不能只在账面上作无价值处理，然后继续兜售。另外，如果当期已申报“无价值”损失并已做了库存损失处理，后期若有偿转让，收入则必须全额计入正常利润（ordinary gain）。

用于运营或生产的直接费用是成本，在产品出售时可以全额直接从销售中扣除；通常在财务上作为行政销售费用处理的间接费用，按理可以在当期扣除。实际上，有些费用很难明确区分属于成本的间接费用还是行政销售费用，为了更贴切地反映利润的真实情况，《法典》第263A条要求公司将部分行政销售费用重新归类于成本，在产品出售时才能作为成本加以扣除，而未出售的产品则成为剩余库存，往后递延直至出售或报废为止。这种将行政销售费用重新归类于成本的要求就是通常说的UNICAP（the uniform capitalization rule）规定①。

UNICAP计算方式大致为：首先，计算出分摊费用（allocated cost），即必须分摊的行政销售费用乘以分摊率（allocation rate）。分摊率是制造或销售成本与公司总费用之比，而总费用包括研发费用、销售和市场费用等。从中得出的分摊费用为“附加263A成本”，从行政销售费用中剥离出去，加到年末生产或销售成本里。这部分实际是重新归类。其次，计算吸收率（absorption rate）或资本化率（capitalization rate），即附加263A成本除以调整后的库存额（法条471成本②）。调整后的库存额等于年度收购加上年初和年终库存结余的差额，以及其他影响库存的项目，如收购价波动和原料等。最后，将资本化率乘上本年度的年终库存结余，得出上调税项额，加回财务收入。这部分实际是费用资本化。

总而言之，UNICAP分为两部分，一是附加263A成本，从允许当期扣除的行政销售费用中提取出来，计入销售成本。附加263A成本越大，当期可扣除费用就越少。二是库存费用资本化，被资本化的库存费用不允许在本期扣除，每年的净资本化额的

① Internal Revenue Code, Section 263A.

② Internal Revenue Code, Section 471.

计算方法按权责制规定计算，可参阅上文“坏账费用扣除”里的例子。

美国2017年税法特许小型公司豁免使用UNICAP，所有间接行政销售费用都可以在当期扣除。这里的小型公司是指连续三年平均总销售额在2500万美元以下的公司，这一特许可以看作为小型公司，尤其是销售和制造公司，提供了库存方面的税务优惠。

运营净亏损扣除

运营净亏损（net operating loss，NOL）扣除，表面看通俗易懂，本年度的亏损可以在下年度里冲抵应纳税所得。但是，亏损是逐年逐层用于冲抵应纳税所得的，而亏损使用年限为往后递延20年，往前递延冲抵2年（2018年以前）。以往累积的每年亏损有可能性质也不同，如有些年份发生的亏损可能是没有使用限制的，而另外一些年份的亏损也许是有使用限制的（如SRLY规定、法条388规定等）亏损。2017年税法又改变了亏损的计算方法和递延年限，2020年的“新冠援助、救济和经济安全法案（CARES，又称‘2020年法案’）”又对以上亏损做了一些修改和调整。这些都给运营亏损的计算和使用带来了很大的复杂性。

首先，我们来看看公司2018年前亏损的规定，有些公司可能处于亏损阶段，包括2018年前所发生的亏损，所以2018年前的税法对此依然有效。最早年度的亏损必须首先用尽，如果最早一年的运营净亏损全部用尽，冲抵应纳税所得后还有剩余的应纳税所得的话，可以用最早第二年的运营净亏损来冲抵，依此类推，直至应纳税所得消失或者亏损用尽。往前递延冲抵也是从最前面一年的应纳税所得开始，依此类推。

例如，某公司在2014年和2015年分别有应纳税所得1000美元和200美元，2016年和2017年分别产生运营净亏损1000美元和3000美元，2018年扭亏为盈，获得应纳税所得2000美元。

在2016年，公司可以用它的1000美元运营净亏损冲抵2014年的1000美元应纳税所得，并申请退税340美元（冲抵应纳税所得1000美元×34%法定税率）。在2017年，公司可以用3000美元的亏损冲抵2015年的200美元应纳税所得，并申请退税68美元（冲抵应纳税所得200美元×34%）。2017年，冲抵后的运营净亏损为2800美元，仍然可以在2018年使用。2018年后，公司还剩下800美元的运营净亏损，可以继续递延19年。

如果该公司的2017年运营净亏损属于SRLY或法条388亏损（请参阅本章最后两段），限制运营净亏损在200美元，那么2017年的运营净亏损在冲抵2015年的应纳税所得后已经用尽，2018年的应纳税所得全额征税。

如果该公司在2018年继续亏损1000美元，但在2019年盈利并产生应纳税所得1000美元，根据2017年税法，只有80%的2019年应纳税所得可以被2018年的运营净亏损冲抵，即800美元，剩下的200美元运营净亏损可以无限期递延，直到完全用尽为止（往前冲抵的规定被取消了）。

2020年，为了帮助中小公司在疫情期间渡过难关，白宫和国会联合通过2020年法案，再次允许公司在2018～2020年间产生的运营净亏损往前递延5年，往后无限期递延，并且暂时取消了这三年间产生的运营净亏损递延80%的限制。

因此，运营净亏损扣除至少有四个方面：2018年前产生的亏损，2018～2020年间产生的亏损，2020年后产生的亏损，以及属于SRLY或法条388的亏损。公司必须明确分年度详细记录，因为这几个时间段和种类的运营净亏损处理方式不一样，否则公司将会张冠李戴，该冲抵的没有冲抵，失去由运营净亏损带来的减税好处；不该冲抵的却冲抵，导致IRS稽查时欠税，加上处罚和利息，造成不必要的资金流失。

对于有关公司税前扣除的规定，暂时介绍到这里，在后文中，还会提到一些其他类型的税前扣除，但主要税前扣除的种类应该已经在这里概括了。之后，笔者大致介绍一下美国普通公司的几个特殊属性，包括人尽皆知的双重税，以及替代性最低税和合并申报等。

双重税制

大家知道，公司在所得税方面最大的特点或者弊端就是公司利润和分红的双重征税（double tax）。有关双重征税的规定，个人股东和公司股东的处理方法不尽相同，下面主要介绍个人股东和公司股东的不同税务对待，以及境外公司向美国股东分红的处理方法。

个人股东

双重征税就是指公司的同一笔经营利润被征两次所得税，一次在公司层面（21%法定税率），另一次则在个人股东层面（法定递进税率10%～37%不等）。公司的税后利润如果按比例分配给个人股东的话，大多为正常股息（ordinary dividend），即公司将其保留盈余（retained earnings）定期分配给股东。正常股息按个人所得税率征税，即个人股东把分配的股息纳入其全年应纳税所得，并按个人相应的所得税率纳税。

如果个人股东分得的税后利润符合持股周期的要求，则可以被视为合格股息

(qualified dividend)，一般被动投资人、从股市购买股票的投资人，以及公共基金投资人，只要他们在120天内持股60天以上，从除息日（ex－dividend date）前60天算起，股息分红可作为合格股息，合格股息可以享受资本利得税的优惠税率。个人所得处于递进税率12%以下的话，合格股息税率为0；个人所得税率为22%～35%，合格股息税率为15%；个人所得税率在35%以上，合格股息税率为20%。

为了避免双重征税，各种形式的管道公司（conduit）应运而生，如合伙制公司、有限责任公司等。关于管道公司，已经在第三章里有过详细的介绍，这里我不再重复了。总之，管道公司是避免双重征税的一个很好的选择，值得考虑。

公司股东

如果普通公司的股东不是个人而是公司的话，双重征税依然有不同程度的存在，除非一公司（母公司）持有另一公司（子公司）80%以上的股份。为什么说是“不同程度的存在”呢？因为公司股东可以将分配到的股息扣除一部分，通常称为“股息获得扣除（dividend received deduction，DRD）”①，只有扣除后的股息才征税，税率为公司所得税率21%。

股息获得扣除减轻了公司股东的实际税负，也使双重征税的弊端并不像传说中那样严重。那么，公司股东在收到股息后能扣除多少呢？扣除的比例是按照股东对普通公司持股的比例来计算的。按照联邦税法，如果股东A公司持有B公司少于20%的股份，A公司的股息获得扣除比例为50%，股息的实际所得税率是10.5%［即公司所得税率21%×（1－50%）］；如果股东A公司拥有B公司的比例为20%～80%，A公司的股息获得扣除比例为65%，股息的实际所得税率是7.35%［即公司所得税率21%×（1－65%）］；如果股东A公司持有80%以上的B公司股份的话，那么A公司所获得的股息就可以100%扣除，完全避免了双重征税。

为了减轻双重征税的负担，公司在允许的情况下，可以考虑在结构上做一些调整。比如，原本A公司和B公司各控股C公司50%，A公司和B公司从C公司分配到的股息应纳7.35%的股息税；如果A公司控股80%的C公司，而B公司只控股20%的C公司，那么A公司免征股息税，而B公司只缴纳2.1%的股息税（50%×20%×21%）。

现在以具体数字加以说明。如果在本年度，C公司向其公司股东分派总共2000美元的股息，在结构调整前，A公司和B公司各分得1000美元，产生一共147美元的股

① Internal Revenue Code, Section 243.

息税［即2000美元股息－1300美元（65%股息获得扣除）×21%所得税率］，实际税率为7.35%。结构调整后，A公司分到的1600美元免缴股息税，而B公司的400美元股息只征税42美元［即400美元分配到的股息－200美元（50%股息获得扣除）×21%所得税率］，实际税率为2.1%。这只是一个说明问题的例子而已，请读者不要用它来做公司的税务安排，税务安排和筹划必须以实际出发，严谨且周全地考虑。

公司之间的相互持股或关联（affiliates）比例在80%或以上，就可以申请合并申报（consolidated return），合并申报的公司称为关联集团（affiliated group），而关联集团内的关联公司成员（affiliated members）之间分配的股息视为“合格股息（qualified dividend）”，分配到合格股息的公司可以作100%税前扣除，因此，公司的重复征税特征在关联集团之内并不存在。关于关联集团和申报，将在下文专门讲解。

来自外国公司的股息①

如果外国公司分发股息给美国国内股东公司，而股息是源于美国境内的，那么美国国内股东公司也可以享受股息获得扣除，但股东必须持股外国公司10%或以上。源于美国境内的股息等于外国公司分发的股息×（未分配的美国利润 ÷ 未分配的全球所有利润）。

来自外国公司的股息没有100%税前扣除优惠，因为外国公司不是合并申报的关联成员，不能参与美国公司的合并申报。另外，外国公司必须要有有效源于美国商贸的收入（income effectively connected with U. S. trade or business或ECI）才能符合股息扣除规定。

对于源于美国境外的外国公司股息，2017年税法规定自2018年起不征税，但对外国所属公司的利润征收10.5%的全球无形资产低税收入税［GILTI，详情请参阅第九章“美国公司境外（出境）交易”］。

替代性最低税制

美国2017年税法废除了“古老”的公司“替代性最低税（Alternative Minimum Tax②，AMT）”，自2018年1月1日起不再适用。但由于AMT历史久远，很多的公司在历史上曾经有过AMT的经历，甚至在今天（或今后的一个时间段里）仍然保留着

① Internal Revenue Code, Section 245.
② Internal Revenue Code, Section 55.

AMT 的影响，所以在这里对 AMT 做个简单的介绍，供读者参考。

大约在 1969 年，美国有一些高收入的个人通过综合利用各种排除、豁免和扣除等政策规定，把自己的应纳税所得降得非常低，甚至降到 0。这种虽然合法但是非常激进的税务筹划，引起了美国国会的注意。国会觉得自己制定的税务法律遭到公开挑战，同时也觉得对其他广大纳税人不公平，于是审议通过了一个法案，规定纳税人最低纳税底线或称最低税（minimum tax），无论纳税人按税法计算的普通所得税（regular tax）有多低。后来，同样的逻辑和法律被应用到公司所得税。关于 AMT 的计算，首先在公司计算出的普通应纳税所得（regular taxable income）的基础上，把计算应纳税所得时一些扣除的项目加回来，得到替代性最低应纳税所得（AMTI）。其次，将 AMTI 乘以 20% 的替代性最低税率，得出 AMT。最后，将公司的 AMT 与正常步骤计算出来的普通所得税额比较，两者哪一个高，就按照哪一个数额缴税。

AMT 超出公司普通所得税（regular tax）部分是 AMT 抵免（AMT credit），可以递延到以后的年度里使用。如果在以后的年度里，公司普通所得税高于 AMT，公司就可以用 AMT 抵免来冲抵公司普通所得税。如果公司有以往年度的运营净亏损，而在当年有应纳税所得的话，公司只能用 90% 的 AMT 运营净亏损（AMTNOL）递延来冲抵当年的 AMTI。因此，即使公司的普通应纳税所得完全被其运营净亏损抵销，其 AMTI 也只能被抵销 90%，剩下 10% 的 AMTI 必须以 20% 的税率纳税。

比如，2020 年，某公司有普通所得税的递延运营净亏损 2000 美元，AMT 运营净亏损 2000 美元，当年的应纳税所得为 2000 美元，没有 AMT 调整项目。该公司的 2020 年普通应纳税所得为 0（2000 美元的应纳税所得 - 2000 美元递延的运营净亏损），但是 AMTI 则仍有 200 美元［即 2000 美元 AMTI -（2000 美元 AMT 运营净亏损 × 90%）］，故它的 AMT 为 40 美元（200 美元 AMTI × 20% AMT 税率），实际 AMT 税率为 2%。公司在 2020 年支付的 40 美元 AMT 可以作为抵免往后递延，如果 2021 年公司产生普通所得税 50 美元的话，则在抵免后只需要缴纳 10 美元的公司所得税。

上文中说过，有些公司至今还留有 AMT“后遗症”，主要就是指 AMT 抵免规则，如果那些公司以前支付过 AMT，就可以在以后的年度里用 AMT 抵免来冲抵普通公司所得税。2017 年税法还规定，2018～2020 年度，50% 的 AMT 抵免可以现金退还；从 2021 年度开始，AMT 抵免可以全额现金退还。AMT 系统就是美国为防止不合理避税而设定的，2017 年税法虽然废除了公司 AMT 制度，但是个人 AMT 制度依然存在，其规则与公司所得税非常相似。

合并申报

如果两家或两家以上的公司间的关联程度达到80%或以上，那么它们在公司所得税申报时可以选择合并申报（consolidated return）。比如，A公司投资持股B公司80%或以上，那么A公司就是母公司，而B公司就是子公司，A和B两家公司就可以合并申报[①]。符合80%或以上的投资持股关系的公司被定义为关联公司（affiliated corporations），所有符合持股比例的关联公司总称为关联或所属集团（affiliated group），集团里能包含的关联公司的数量没有限制，只要符合比例，就可以在所属集团内与其他关联公司一起合并申报。

一个公司加入关联集团，或几个公司合并成关联集团进行合并申报，并不是那些公司的权利和义务（right），而是它们的特权（privilege），要享受这个特权就必须符合相应规定：首先，一家公司必须持有另一家（或多家）公司80%或以上的股权；其次，加入关联集团进行合并申报的所有公司都必须同意成为其中的一员，并受关联集团合并申报的各种法规约束[②]。前一年没有进行合并申报的关联公司，可以在当年同意加入，与其他关联公司一起合并申报，但已经合并申报的关联公司，除非得到IRS事先同意，否则不可以在下一年度选择独立申报。由于关联集团和合并申报的税法相当复杂，在此，仅强调以下最关键的几点。

母子公司要求合并申报

正如上文所说，一家公司必须持股另一家公司80%或以上，才可以组成关联集团并进行合并申报。持股80%或以上的意思是一公司（母公司）拥有所属公司80%或以上的有选举权的股份（普通股），以及拥有所属公司80%或以上的股份的价格[③]，这两个条件必须同时符合，缺一不可。母公司可以同时拥有一个以上的此类子公司并形成关联或所属公司集团，作为一个纳税实体进行合并申报。所有参与关联集团合并申报的子公司必须书面同意（1122表）合并后，才能归入合并申报。

关联集团内各关联成员的税务年度末（tax year end），必须以母公司的税务年度末为准。合并申报时，如果母公司的申报税务年度末是12月31日，而子公司却是不一

---

① Treasury Regulation Section 1. 1502 – 75.

② Internal Revenue Code, Sections 1501 through 1505.

③ Internal Revenue Code, Section 1504 (a).

样的税务年度的话，子公司必须要做相应的调整，并在会计和法律程序上做出会计年度更改，与母公司保持一致。如果一个关联成员的会计年度周期改变，导致其重大税项的变化，那么这个成员就必须申报 3115 表（Application for Change in Accounting Method 或会计方法变动申请），集团母公司也要同时代表整个集团提出申请。

合并申报的一个主要好处就是集团内成员公司的税项，尤其是亏损或税额抵免（credits）等可以用于整个集团，冲抵其他成员公司的应纳税所得或应纳税额。比如，A 公司、B 公司和 C 公司三家公司组成关联集团合并申报，A 公司当年有 1500 美元应纳税所得，B 公司有 200 美元运营净亏损，C 公司有 800 美元运营净亏损和 100 美元税额抵免，集团税率为 34%。作为一个申报实体，集团的合并申报结果是应纳税额为 70 美元［即（1500 美元 A 公司应纳税所得 - 200 美元 B 公司运营净亏损 - 800 美元 C 公司的运营净亏损）×34% - 100 美元税额抵免］。

有一些实体种类的公司，不管所属比例如何，均不能被归入所属集团并参与所得税合并申报。不能参与合并申报的实体类型包括：合伙制公司、小型公司、税务豁免公司（tax - exempt corporations）、保险公司、境外公司、法定投资信托（regulated investment trusts）、房地产投资信托（REITs）等。有限责任公司（LLC）如果在税务上是合伙制公司的话，就不可以参与合并申报；如果在税务上选择普通公司的形式，那么它就可以参与合并申报。

所属集团内部交易和盈亏

关联集团内部的成员公司之间交易往来，在计算合并所得、费用、扣除、利润和亏损时一概不包括在内（内部互相冲抵），成员公司在互相交易中不实现利润和亏损，直至产生利润和亏损的成员公司离开关联集团或被并购、重组或清算。成员公司之间的交易盈亏必须单独建立账目，在合并申报中披露并加以剔除。

单独申报限制年度[①]

如果所属集团内加入一个新成员公司，或者母公司购买集团外的另一家公司，新成员公司如果带入其加入集团前的运营净亏损，则此运营净亏损不能用于冲抵集团内其他公司的应纳税所得，只能用于冲抵新成员自己往后年度的应纳税所得。这种情况通常称为“单独申报限制年度”，简称“SRLY”。有些公司希望能让运营亏损的公司

① Treasury Regulation Section 1. 1502 - 1.

加入营利的公司组成关联集团，或加入已经存在的营利关联集团，以减少集团总体税负，那些公司在采取行动前必须考虑 SRLY 的规则，并做具体的分析。

《法典》第 382 条限制[①]

《法典》第 382 条限制（简称“382 条限制”）与 SRLY 规定有很多相似之处，也有可能重复，如果这两个规定产生重复的话，则只用 382 条限制，忽略 SRLY 规定。

作为财务筹划的一个手段，有些公司刻意去寻找亏损的公司（loss corporations），以低价购入，并入自己的关联集团内，以获取亏损公司的运营净亏损，冲抵其他公司的应纳税所得，从而减低集团总体税负。这种收割亏损的方法，必须首先要做好相关规定的详细分析，弄清楚 382 条限制是否适用，如果适用，则这种设计很多时候得不偿失。但是，只要筹划做得到位，收割亏损也不失为一个行之有效的财务手段。

有些时候，公司在不知情的情况下，会突然失去自己长期积累的运营亏损，而这种情况常常发生在外国的子公司身上。比如，一家中国赴美公司（简称“中企”）在美国长期亏损，积累了很多“有价值”的运营亏损。由于中国国内的商务需要，母公司将中企转让给了它的另一家中国子公司。中企事先并不知道，因为都是在同一个大“家庭”内，母公司也没有觉得是一件大不了的事。但是，对于美国联邦公司税法来说，一件大事发生了，那就是中企的持有者变了（ownership change），这一变动激发了 382 法条限制。

中企以往积累的运营净亏损和其他可以冲抵应纳税所得的各项属性，由于公司的持有者的变化，都瞬间蒸发，不存在了。唯一的希望就是中企作为一家公司还保留着自身的价值（如果多年的运营亏损没有消除本身价值的话），因为 382 法条规定，在公司的持有者改变，运营亏损由此失去的同时，必须对公司做市价估值。如果还有市价的话，那么公司仍然会有一些计算出来的运营净亏损可供使用，计算的公式是公司的市价（或估值）乘以美国联邦长期免税利率（long - term tax - exempt rate），所得结果则是受限制的公司运营亏损，可以向后递延，但每年的使用仅限于计算出来的亏损。

赴美企业的中国母公司在转让美国子公司时，必须预先知会子公司，这样子公司就有可能做提前安排，尽量避免不必要的负面影响。周全的筹划，有可能绕过拥有者变化的规定，从而避免运营亏损的流失。

---

① Internal Revenue Code, Section 382.

税额抵免

最后，来谈谈联邦所得税的税额抵免（tax credits）。税额抵免要比税前扣除有价值得多，因为扣除是税前扣除，而抵免则是税后一抵一的扣除，如1000美元的税前扣除让公司少缴210美元的所得税（21%税率），而1000美元的抵免就让公司少缴1000美元的所得税。美国的税额抵免名目繁多，种类多达几十种，如AMT抵免、研发抵免（R&D credit）、境外所得税纳税抵免（foreign tax credit或FTC）、投资抵免、新能源电力和清洁煤炭抵免、生物柴油抵免、电力机动车抵免、二氧化碳隔离抵免，以及为员工提供的家庭和医疗假期福利的抵免等。公司在申报时，必须把合格的税额抵免填在相应的税表上，然后再把所有可以使用的抵免汇总到3800表上（General Business Credit）。下面，我向大家介绍最常见的三种税额抵免：AMT抵免、研发抵免和境外所得税纳税抵免。

AMT抵免

关于AMT抵免[①]，已在上文中提到过，其实它的概念很简单，就是如果在某一年度里，公司缴纳的是AMT，而在下一年度缴纳普通所得税的话，那么它在该下一年度就可以把前一年缴纳的AMT来冲抵普通所得税，冲抵部分是AMT超出普通所得税额部分，也就是AMT抵免。由于2017年税法取消了联邦公司AMT制度，自2018年起，公司可以申请退回50%～100%的AMT抵免[②]。

例如，2016年，某公司产生普通所得税1000美元，1500美元AMT，那么该公司的2016年应纳所得税额是1500美元AMT，因为AMT比普通所得税额高。AMT抵免是普通所得税额与AMT之间的差额，即500美元（1500美元AMT－1000美元普通所得税）。如果在2017年，该公司的普通所得税额是1200美元，而AMT是800美元的话，那么该公司的实际缴纳所得税额应为700美元（普通所得税1200美元－2016年递延的500美元AMT抵免）。

尽管联邦公司AMT制度已经取消，联邦个人所得税和一些州税的AMT制度依然存在，并且在概念和计算上都与联邦AMT相似。此外，AMT制度沿用至今，也确实展现了一些优点，如避免营利公司利用运营利亏躲避税负等，所以今后的联邦AMT制

---

① Internal Revenue Code, Section 53.

② Internal Revenue Code, Section 53（e）.

度还是有可能恢复的。

研发抵免

关于研发抵免[①]（R&D credit），在第四章里作为例子已经提到过。研发抵免是美国为了鼓励公司进行科研活动而设立的税务鼓励政策，据 IRS 最新数据显示[②]，在2014 年，有超过10 万家美国公司申报了研发抵免，共计金额超过120 亿美元。使用研发抵免最多的行业分别是制造业（61%），包括计算机和电子产品制造、化工制造、机械设备制造、电子设备零部件制造，以及其他制造；信息业（16%）；专业和科技服务业（10%）；批发和零售业（7%）；金融保险业（2%）等。研发抵免申报填写6765 表（Credit for Increasing Research Activities），当年产生的研发抵免可以往前递延3年，或往后递延20 年，其使用方法类似于运营净亏损递延。

中国赴美公司中，有很多是制造业公司，如海尔集团；也有很多是科技公司，如联想集团；还有一些销售公司，如电商阿里巴巴和京东等；无论公司从事哪一种行业，或者业务规模和收入高低如何，都会发生可以用来计算研发抵免的各种费用。为了符合研发抵免要求，公司的业务活动必须符合《法典》中的“合格服务（qualified service）”[③] 或“合格研究（qualified research）”[④] 的定义，由合格服务或合格研究所产生的费用才可能符合“合格研究费用（qualified research expenses）”[⑤]，包括工资、物资、合同研究和计算机租赁等支付的金额。要指出的是，并不是所有合格服务和合格研究产生的费用都是合格研究费用，所以对所有研究的费用进行细化分析至关重要。

合格研究。什么是合格研究？如果一家电子家用产品销售公司，为了让其产品更加吸引顾客，精心设计了华丽精美的产品包装，那么设计产品的精美包装是否符合合格研究的要求呢？所谓的合格研究必须符合以下四个方面：

1. 研究是为了消除不确定性——公司的研究活动必须是为了消除产品或程序开发和升级的不确定性；

2. 研究是一个实验的过程——公司必须为了实现既定的研究目的，对多个可选工艺进行了评估，测试了各种模式，以及系统性地进行了试错等；

3. 研究活动的科技本质——公司实验研究的工艺必须依赖于硬科学，如工程、物

---

① Internal Revenue Code, Section 41.

② IRS Statistics of Income (2014). “Corporations Claiming a Credit by Industrial Sector” [DB/OL]. (2014) [2021-02-14]. https://www.irs.gov/uac/SOI-Tax-Stats-Corporation-Research-Credit.

③ Internal Revenue Code, Section 41 (b) (2) (B).

④ Internal Revenue Code, Section 41 (d).

⑤ Internal Revenue Code, Section 41 (b).

理、化学、生物学或计算机学等；

4. 研究成果的合格性——公司的科研目的必须是创制新的或改良现有的产品和程序，以达到产品和程序的性能、功能、可靠性和质量的一个大的飞跃。这里要注意的是，公司对产品的流行式样、品位、装饰及季节性的设计等所进行活动不属于合格研究活动。

合格研究活动不包括：（1）对产品商业生产以后的研发；（2）复制现有的产品或程序；（3）社会调查研究；（4）公司内部电脑软件研究；（5）美国境外发生的研究；（6）社会科学、艺术和人文学研究；（7）其他由第三方资助的研究等。

合格研究费用。如果公司的研究活动符合合格研究的规定，那么是否所有由合格研究产生的费用都是合格研究费用呢？答案是不一定。公司内部的研究费用和公司协议研究费用属于合格研究费用①，除此以外就不属于合格研究费用。

公司内部研究费用②包括进行合格研究活动员工的工资、研究必需的材料和器械、使用他人电脑（包括大型电脑）支付的使用费等；协议研究费用③是指65%的协议方费用金额支付。以上费用包括已经支付的和已经产生但还没有支付的费用。

研发抵免计算。合格研究费用确定后，就可以计算研发抵免了。研发抵免由三个部分组成④：（1）当年合格研究费用与基础金额（base amount）相比较，20%的超出部分；（2）20%的基础研发支付款额（basic research payments）；（3）20%为了公司的业务运营而支付给任何一个能源研究财团的款额（energy research consortium）。

基础金额⑤等于固定基础百分比（the fixed - base percentage）乘以当年度前四年的毛收入（gross receipts）；固定基础百分比是指1983年12月31日至1989年1月1日期间的合格研究费用的总额与总收入之比⑥。基础研发支付款⑦是指公司支付给合格研究机构所进行的基础研究，但仅限于合约中限定的金额。能源研究财团⑧是指专门从事能源研究的免税实体，不包括私人基金会（private foundation）。

对于研发抵免的各种要求和计算规定，可能比较枯燥乏味，希望大家对研发抵免有了一个基本的了解。很多公司，包括中国赴美公司，由于对研发抵免的规定不甚了解，以为自己只是一个普通的公司，也没有研究室或研发部门，所以根本没有把研发抵免放在心上，以致错过抵免的优惠。实际上，我们现在应该知道，科研活动发生在

---

① Internal Revenue Code, Section 41 (b) (1).

② Internal Revenue Code, Section 41 (b) (2).

③ Internal Revenue Code, Section 41 (b) (3).

④ Internal Revenue Code, Section 41 (a).

⑤ Internal Revenue Code, Section 41 (c) (1).

⑥ Internal Revenue Code, Section 41 (c) (3).

⑦ Internal Revenue Code, Section 41 (e) (2).

⑧ Internal Revenue Code, Section 41 (f) (6).

哪里并不重要，它可以发生在生产车间或厂房，重要的是只要这些活动符合以上列出的四个方面，就有可能符合研发抵免的条件。另外值得一提的是，科研活动不一定是对整个行业的创新，对公司的创新就足够了，前提是符合合格研究的条件。

由于 IRS 对研发抵免的管控越来越严格，公司必须建立起研发活动和每年的合格研究费用的详细文档，完整的文档在 IRS 稽查时的作用是不可估量的。文档最起码应该包括研发活动的目的、活动从事者的工资记录、公司财务费用记录、项目清单和笔记、实验结果，以及相关电子邮件和其他各种非正式文件等。

境外所得纳税抵免

接下来是本章最后一个话题——境外所得纳税抵免（foreign tax credit，FTC）[①]。理论上讲，美国的税务居民在境外所在国进行业务活动所产生的利润，在所在国纳税是天经地义的，但是这同样的利润在美国还要纳税一次，那就不太合理了。美国的公司所得税制是对公司的全球所得进行征税，也就是说，美国公司的境外所得不管是否在境外所在国已经纳税，都必须在美国纳税。这样的话，美国公司的同一个境外所得会被征两次税。作为避免双重征税的机制之一，《法典》规定，公司在计算全球所得税时，境外缴纳的所得税可以冲抵全球所得税，从而有效地避免了境外所得重复征税的问题。公司在年度申报时，必须填 1118 表（Foreign Tax Credit—Corporations）申报境外所得纳税抵免。境外所得纳税抵免可以往前递延 1 年，或者往后递延 10 年，使用方法类似于公司的运营净亏损递延。

境外所得纳税实际缴纳的（paid）和已经发生但还没有缴纳的（incurred）都可以用来计算境外所得纳税抵免，但抵免的金额和使用受到繁复的限制[②]，一般来说，境外所得纳税抵免不能超过一定的额度，这个额度就是境外所得纳税（foreign income tax）乘以境外所得与全球所得的比例。比如，中国赴美公司从中国境内产生所得 1000 美元，缴纳公司所得税 250 美元，假设中国的所得是公司唯一的境外所得，而公司在美国境内产生的所得是 9000 美元，那么这家中国赴美公司的境外所得纳税抵免只有 25 美元［即 250 美元中国所得税 × （1000 美元中国产生的所得 ÷ 10000 美元美国产生的所得）］。

另外，境外所得纳税抵免还分几个类别，俗称“篮子（baskets）”，包括主动篮子和被动篮子，2017 年税改又加了一个 GILTI 篮子，各篮子里的所得不能互相混淆，必须单独计算各自的抵免限额。对于 GILTI 篮子限制，将在第九章向大家介绍。

---

① Internal Revenue Code, Section 901.

② Internal Revenue Code, Section 904.

除此之外，公司在境外缴纳的税必须是实质上的所得税（income tax），其他税种不符合抵免要求。另外，在境外缴纳的所得税必须是非自愿的，如果与所在国产生税收争议的话，公司必须尽最大的努力争取对自己有利的解决方案，而不是对所在国的税务机关无原则妥协，妥协下缴纳的所得税不符合抵免原则。

境外所得纳税抵免有直接抵免（direct FTC）和间接抵免（indirect FTC）之分，直接抵免是指美国居民公司的分公司（branch）在境外缴纳的所得税，或者是通过扣缴的形式直接缴纳的所得税（如知识产权使用费扣缴税）等计算出来的抵免；间接抵免是指美国居民公司的外国子公司在境外缴纳的所得税，或者是被视为缴纳的所得税（deemed paid）计算出来的抵免。

境外所得纳税抵免的计算机制非常复杂，各种限制繁多，在第九章中还会介绍，这里不再深入展开。希望读者对境外所得纳税抵免有一个大概的了解，以便公司在以后的实际运营中懂得如何尽量避免被双重征税。

对于美国联邦普通公司所得税，暂且介绍到这里。在下面几章里，将向读者讲解几个特殊的领域的公司所得税及其对股东的影响，包括公司成立、公司股份退还、公司清算以及各种形式的重组等。

随着本书内容的逐渐深入，技术性的话题和术语也会增多，希望读者不要纠结于某些细节，钻牛角尖。重要的是，希望读者通过阅读本书，对美国联邦公司所得税有个整体和系统的了解，当然，笔者会竭尽所能，把晦涩的美国联邦税务法通俗化，同时增加一些简单的例子，帮助读者理解。

第五章
公司成立、退股和清算

中国赴美企业，如果计划在美国寻求商机并且进一步发展的话，第一步通常是在美国设立公司，或是控股全资子公司，或是与他人合股的股份公司，甚或其他形式的公司。在第二章里，已经详细介绍了在美国成立公司的各种法律和行政程序，在这一章里，主要从美国联邦公司税务法的角度来讲解公司的成立。另外，公司成立运行后，会有各种公司层面上的结构和股份变动。比如，总公司抽调子公司的部分资本去支持另一子公司（内部资源分配、股权收回），或者母公司出让或清算持续运营不良的子公司等。在本章中，还会就公司未来可能涉及的退股和清算等事宜，以及它们在美国联邦税务上的各种处理逐一讲解。

公司成立

中国赴美投资企业是自己独家在美国成立全资控股公司，还是与在美国的其他个人或合作公司一起成立合资公司？以什么样的方式成立公司，在税务处理上是有区别的。首先，假设在这里所说的公司是指普通公司，即前几章提到的 C 公司。

公司成立涉税问题

一般来说，中国母公司在美国成立子公司没有多大问题，因为大多数中国母公司都是以资金注资，子公司的价值（或基数）和母公司收到的子公司股份的价值（或基数）相同，均等于母公司投资的资金额，而成立公司的交易为免税交易。但是，如果母公司除了资金外还有其他资产注资的话，包括固定资产或无形资产，那就比较复杂了。尤其是无形资产，因为免税交易其实是资产基数（basis）的互换，而资产基数的确定有一定的不明确性。如果中国母公司与其他投资者一起成立合资子公司，各投资者投资的方法也不同，既包括现金、银行存款等货币性资产投资，也有房产、知识产权、股权等非货币性资产投资，且投资后对美国子公司所占有的股份比例也不同，在这种情况下，免税交易的税务处理的方式就会变得错综复杂，若处理不当，将会导致意想不到的后果。下面用一个例子分析一下美国联邦所得税对多方以多种资产成立公司的处理。

例如，中国母公司先在美国注册一家公司 A，然后 A 公司在美国找到合作者 B 公司和自然人 C，三方经协商后决定成立一家普通合资公司 ABC。

A 公司同意出资 17 万美元；B 公司愿意出让一块土地注资，那块土地市场价是 20 万美元（银行贷款剩余 3 万美元），几年前的购入价是 4 万美元；C 是美国当地高科技人才，C 的科技专长对公司非常有利，所以 C 以技术入股，包括转让他的专利，并服务于即将成立的 ABC 公司（C 的服务估价约每年 10 万美元，C 的专利估价为 7 万美元）。

ABC 公司将颁发 1500 万股普通股，定价 0.01 美元一股。另外，公司还将平均分发给股东 3 万美元现金和 9 万美元的其他资产。

公司免税成立规定

在我们一头扎进数字里之前，先来看看美国联邦税法在公司成立（corporation formation）方面是怎样规定的。《法典》第351条规定[1]，在成立公司时，只要各投资方（转让方）转给公司的资产完全是为了换取公司的股份，并在转让后即刻获得对公司实现控股，那么各转让方均不确认由转让交易带来的利得或利亏（nonrecognition of gain or loss），这种投资行为是免税行为。

这一规定有三个组成部分：第一，资产的转让必须是合格的资产转让；第二，资产的转让必须只是为了交换受让方的股份；第三，资产换股以后，转让方必须对受让方控股，如果有一个以上的转让方，则各方合起来必须对受让方控股。只有同时符合这三个部分的要求，转让方与受让方的公司成立交易才能免税。下面来看看这三个部分的具体要求。

第一个要求是资产必须是合格资产，而合格资产包括：（1）现金；（2）转让方的股票；（3）转让方自己的应收款项。合格资产不包括：（1）服务；（2）债务；（3）转让方的应收利息。如果转让方同时转让服务和资产，那么只要资产的价值不是很微小，同时服务加资产的组合不是为了避税的目的而设计的，所转让的资产应该视为合格资产，否则该转让的资产连同服务被视为不合格资产。[2]

第二个要求是转让方转让的资产必须全部用来换取受让方的股份，这里的股份不包括股权（stock rights）和认股权证（stock warrants）。如果转让方在交换同时还获得证券、现金或其他资产的话，转让方就必须计算转让利得或利亏，利得确认（recognize）应税，而利亏则不被确认。转让方所获得的证券、现金和其他资产定性为“利益”（boots），涉及利益的交换必须实现（realize）利得，利得确认部分则不超过利益的市价。

比如，纳税人A转让固定资产给他的受控公司，该固定资产的市场价为5万美元，调整后的基数为1万美元。A以该固定资产交换3万美元的公司股票、1万美元的现金和1万美元市价的其他资产。A的交换获取共5万美元，减去转让给公司的固定资产基数1万美元，故实现利得4万美元。这里的利得实现不一定应税（或确认），《法典》[3] 规定计算出来的利得不能超过转让方从公司获得的利益。这里A从公司获得的利益为2万美元（1万美元现金加上1万美元其他资产），所以A在这个交易中的利得确认为2万美元。具体计算步骤见表5-1。

但是，如果上面A转让的固定资产基数是4万美元，那么表中的利得实现则为1万美元（交换获得5万美元减去4万美元基数）。将利得实现1万美元与获得的利益2万美元相比，取其小，故A应税的确认利得是1万美元。又如，A转让的固定资产基

① Internal Revenue Code, Section 351（a）.

② Revenue Ruling 64-56.

③ Internal Revenue Code, Section 351.

表 5 – 1 转让利得计算表

利益利得计算	
1. 根据《法典》1001（b）条计算利得（亏）	
a. 股票	$ 30000
b. 现金（利益）	$ 10000
c. 其他资产（利益）	$ 10000
d. 合计	$ 50000
2. 减去：转让资产调整后的基数	（10000）
3.《法典》1001（a）利得实现	$ 40000
4. 确认利得（1b 加上 1c，或者 3，两者相比取其小）	$ 20000

数为 6 万美元，那么 A 就会实现利亏 1 万美元，但这 1 万美元的利亏不予确认。

第三个要求是转让方在换股以后，即刻对受让方控股。这里控股是指转让方持有受让方 80% 或以上的股份和价值，转让方可以是一方或多方，也可以是个人或公司。受让方获得的资产的基数等于转让方在转让前所持有资产的基数，而转让方持有公司股份的基数等于其转让给公司的资产的基数。基数随着确认利得而增加，随着确认利亏而减少。

公司免税成立案例

关于免税成立公司，还有一些细则，本书虽然没有面面俱到，但相关的《法典》基本精神已经体现。现在分析一下最前面的例子，把例子中的数据整理成表 5 – 2。

表 5 – 2 股东成立公司投入表

投资/股东	A 公司	B 公司	C 个人
现金	17 万美元		
土地		市价 20 万美元（未还清贷款 3 万美元），购入价 4 万美元	
专利、服务			专利市价 7 万美元、服务市价 10 万美元
总投资额	17 万美元	17 万美元	17 万美元
持股	500 万股	500 万股	500 万股
股份价格	5 万美元	5 万美元	5 万美元
调整后股份基数	17 万美元	8 万美元	4 万美元

成立 ABC 公司，A 公司投入现金 17 万美元；B 公司投入市价 20 万美元土地，连带银行未付清贷款 3 万美元，净投入为 17 万美元（土地市价 20 万美元减去贷款 3 万

美元)；投资者 C 投入市价 7 万美元专利，再加上他向 ABC 公司提供服务，估值 10 万美元，共 17 万美元。三方投资者等价投入，假设他们从 ABC 公司得到的唯一交换是公司股份，共 1500 万股普通股，每方平均获得 500 万股普通股（股值 50000 美元 = 5000000 股 × 0.01 美元/股）。因此，ABC 公司成立后的瞬间，三方投资者共同持有 ABC 公司股份 100%（税法规定 80% 或以上），ABC 公司免税成立。

但是，上例稍加变动，如果投资者 C 的专利价值在 1.5 万美元或以下，情况则大相径庭。按照《税典》第 351 条规定，要符合免税成立公司的条件，投资方（转让方）转给 ABC 公司的资产必须全部用来交换 ABC 公司的股份，同时又规定所谓资产不包括服务，如果一方同时转让专利和服务，而专利的价值相较服务的价值过低的话（低于服务价值 10%），专利的价值将会被忽略，不包含在 80% 控股的计算上。

那么，在我们变动后的例子里，投资者 C 所投入的资产就不包括在计算整体控股之内，A 公司和 B 公司对 ABC 公司的控股只有 66.67%，低于法定的至少控股 80% 的要求。因此，ABC 公司的成立或将不符合免税要求，投资者和 ABC 公司间的转让将被视为销售或应税交易（sale or exchange）。

另外，ABC 公司颁发给新股东 1500 万股普通股（0.01 美元一股），附加 3 万美元现金和 9 万美元的其他资产。假设 ABC 公司成立符合免税条件，但由于投资三方在获得 ABC 公司普通股票以外还同时获得其他资产和现金，所以必须计算交易盈亏。

从表 5 - 3 可知，投资三方各从 ABC 公司交换得 500 万股的股票（价值 5 万美元），现金 1 万美元，以及其他资产价值 3 万美元，合计共得 9 万美元。美国联邦税法规定投资者投资交易中必须交换获得新公司的股份，如果在交易中获得现金和其他资产，那么现金和其他资产均视为利益实现，可能作应税利得处理。

表 5 - 3　　股东成立公司投入利得计算表　　（单位：美元）

	A 公司	B 公司	C 投资者
股票	50000	50000	50000
现金	10000	10000	10000
其他资产	30000	30000	30000
合计	90000	90000	90000
转让资产调整后基数	(170000)	(40000)	0
实现利得（亏）	(80000)	50000	90000
利益实现	40000	40000	40000
利益或利得实现（取其小）	(80000)	40000	40000
利得确认	0	40000	40000
利益实现			
现金	10000	10000	10000
其他资产	30000	30000	30000
既得利益合计	40000	40000	40000

注：投资者 C 必须把 10 万美元的服务收入当作应税报酬处理。

A 公司在投资过程中从 ABC 公司得到 9 万美元价值的资产，与投资额 17 万美元相比，亏损 8 万美元（9 万美元交换所得减去 17 万美元投入）。另外，A 公司从 ABC 公司得到的现金 1 万美元、其他资产价值 3 万美元，共既得应税利益 4 万美元。将既得应税利益与亏损相比较，两者取其小，但如果比较结果是亏损，则视同确认利得为 0。A 公司在 ABC 公司成立的交易中实际亏损 8 万美元，确认利得等于 0。此外，A 公司的投资基数是原始现金投资额，即 17 万美元，如果 A 公司在 ABC 公司成立后出售 ABC 股票，A 公司则会产生 12 万美元的资本损失（5 万美元股价减去 17 万美元的现金投资基数）。

B 公司也在投资过程中从 ABC 公司得到 9 万美元，减去投入 ABC 公司的土地原始购入价格 4 万美元（假设等于调整基数，adjusted basis），获得收益 5 万美元。B 公司同样从 ABC 公司得到 1 万美元现金和价值 3 万美元的其他资产，共 4 万美元既得应税利益。将 4 万美元应税既得利益与 5 万美元实际收益相比较，两者取其小。B 公司在交换中确认应税利得 4 万美元。另外，B 公司获得的 ABC 公司股票基数由起初的 4 万美元（土地原始购入价格）加上 4 万美元的应税利得，调至 8 万美元。如果 B 公司在 ABC 公司成立后马上出售 ABC 公司的 500 万股股票，将会产生 3 万美元资本损失（5 万美元股价减去 8 万美元基数）。

最后，投资者 C 从 ABC 公司得到 9 万美元现金和其他资产，但其投入的专利和服务没有计税基数，所以收益为 9 万美元。投资者 C 同样从 ABC 公司得到的现金 1 万美元、其他资产价值 3 万美元，共应税利益 4 万美元。将得到的 4 万美元应税利益与 9 万美元利得相比，两者取其小。所以，投资者 C 在投资过程中确认应税利得 4 万美元。同时，投资者 C 还必须将其 10 万美元的服务收入纳入应税报酬。此外，其所获得的 ABC 公司股票基数从 0 上调至 4 万美元，如果投资者 C 在 ABC 公司成立后马上出售 ABC 公司的股票，则会实现 1 万美元资本利得（5 万美元股价减去 4 万美元基数）。

公司股份退还

当一家上市公司的股票市场交易价格下跌到一定程度，公司认为其股价有上升的空间，或者为了拉动交易的股价而缩小市场上流通的股票数量，在有足够的现金的前提下，通常会从市场上回购一些自己的股票。未上市的公司从股东手里赎回股票也很常见，其目的五花八门，如股东发现新的更好的投资机会，从而缩小已有的投资规模，更换投资方向，或由于被投资公司不景气，股东转让、退还股票，或公司为了清理管理层，出高价从一些股东手里收回股份，以及公司清算股票回收等。

正常股息与资本利得

美国《法典》[1] 将股票赎回（stock redemption）定义为被投资公司（或者签发股票的公司）以资产作为补偿从股东手里换回自己的股票，无论换回的股票是否被取消、退休或者当作库存股（treasury stock）。这里的资产是指现金、债券以及其他资产。

股东退股所得必须视不同的情况以股息（dividend）或资本利得处理。如果股东通过第三方投资公司出售持有的公司股票，而购买者正好是颁发该股票的公司，那么股东出售股票所得按照资本利得进行税务处理。如果退股方是公司唯一的股东，其退股所得就会被当作股息，按照正常所得税率进行税务处理，个人股东的最高正常所得税率为37%；公司股东视持股份额适用“股息获得扣除”的优惠。

资本利得分短期和长期。短期（short term）是指资产持有期少于1年，出售短期资产获得的资本利得适用个人正常所得税率，即最高边际税率37%。长期（long term）是指资产持有超出1年，转让长期资产所获得的资本利得适用资本利得税率，即如表5－4所示，有0、15%和20%三档（2020年，夫妻合报的资本利得税率）。

表5－4　　资本利得税率表

应纳税所得	短期资本利得：个人正常所得税率	长期资本利得：资本利得税率
80000美元以下	12%以下	0
80001～496600美元	22%～35%	15%
496601美元以上	35%以上	20%

从上述税务处理规则看，对于个人股东来说，退股所得被视为资产销售，按照资本利得处理税负较低。个人股东正常所得税率等于或低于12%的，资本利得税率为0；绝大多数的个人股东适用15%的资本利得税率（对应个人正常所得税率22%～35%）；个人资本利得税率最高20%。如果个人股东是唯一股东，那唯一的股东退股所得则按照股息处理，该股东必须以个人正常所得税率申报并缴纳个人所得税，最高边际税率为37%。所以，个人股东偏好以资产销售处理股票退回所得。

当然，公司股东也许会希望股票退回所得以股息处理，因为公司股东可以适用股息获得扣除的优惠政策，从而降低所得的实际税负率。在第五章，我们已经讨论过公司的股息所得扣除比例分别是50%（20%以下的所属关系）、65%（20%～80%的所

① Internal Revenue Code, Section 317（b）.

属关系）以及100%（80%或以上的所属关系）。也就是说，全资子公司的股东从母公司那里得到的退股所得免税；20%～80%的所属公司股东从控股公司那里得到的退股所得的实际税率只有7.35%［即（100%－65%）×21%］；小于20%的所属公司股东从控股公司那里得到的退股所得，也有10.5%的实际税率［即（100%－50%）×21%］。由此看来，对公司股东而言，股份退还所得按照股息处理税负更低。

什么是正常股息？

正常股息（ordinary dividend）的定义是公司按股份比例分配给股东的公司利润（profit and earnings），适用于正常收入（ordinary income）税率，超出利润的部分视为投资返还（return of capital），再剩余部分就是资本利得①。比如，公司年终分配给股东5000美元现金，股东原始投资额1500美元，公司累积利润为3000美元。那么，股东得到的5000美元中，3000美元是股息（公司累积利润3000美元），剩下的2000美元中有1500美元是投资返还，另外500美元是资本利得（5000美元出售股份所得＝3000美元红利＋1500美元投资返还＋500美元资本利得）。如果公司的累积利润高出5000美元的话，股东所得则全部按照股息处理（这跟国内对出售股份所得的处理方式有所不同，需要引起大家的注意）。股息按照以上处理方法处理。

退股所得归类处理

公司赎回自己的股票无非就是两种归类，即正常股息和资本利得，然后按照不同类型征税。通常来说，股东希望将退股所得作为资本利得处理，尤其是个人股东，因为资本利得税率要比正常股息税率低很多。但有时候股东希望能将退股所得归类于正常股息，尤其是公司股东，因为正常股息有可能适用于股息所得的扣除，所以实际税负较低。在下面的四种情况中②，如果其中一种符合规定，公司退股分配（redemption distributions）就可以被当作销售或交换，作资本利得处理，股东的退股所得也因此视为资本利得。

第一，退股必须从根本上不同于（not essentially equivalent）股息③。

第二，退股对股东而言基本上不成比例（substantially disproportionate）④。

---

① Internal Revenue Code, Section 301.

② Internal Revenue Code, Section 302.

③ Internal Revenue Code, Section 302（b）（1）.

④ Internal Revenue Code, Section 302（b）（2）.

第三，股东退还所有股份（all shareholder's stock）[①]。

第四，因公司部分清算造成的个人股东退股（partial liquidation）[②]。

如果公司股东希望所得是股息的话，那么可以与公司沟通，考虑退股分配归类筹划，在筹划中也必须考虑其他潜在因素，不能捡了芝麻丢了西瓜。

退股必须从根本上不同于股息。首先，按比例退还单一类股票视为正常股息，按个人正常所得处理；如果退还的是无选举权的优先股，退还所得则视为销售（sales），作资本利得处理。另外，如果公司唯一的股东退股，那么股东退股所得基本视作股息处理。

“根本上不同于”可以用“有意义减少测试（meaningful reduction test）”[③] 来衡量。为了符合销售处理要求，退股必须造成股东对公司持股比例的有意义减少，有意义减少是指股东退股后对公司的持股比原来减少超过50%。股东退股符合“有意义减少测试”的，则满足“根本上不同于”的规定，退股视为资产销售，所得则为资本利得（或利亏）。

“有意义减少测试”是一个案例法规（judicial doctrine），源于美国最高法院的判决。在这个案例里，纳税人布朗（Brown）开了一家公司并持100%的普通股。为了增加公司的营运资本，布朗计划向银行贷款，同时又花了25000美元买了公司的优先股，打算在偿还银行贷款后，向公司退还优先股。在年度税务申报时，布朗将优先股退还的所得归类于资本利得，理由是他的优先股的基数等于他的退还所得，而股份退还是一项资本交易。但是，IRS不同意，认为优先股的退还根本上类似于股息，并判定布朗退股所得为正常收入，必须补税。补税后，布朗向美国田纳西州中区地方区域法院起诉要求退款，地方区域法院裁定纳税人胜诉，第六巡回上诉法院确认了地方区域法院的判决。

IRS在1970年进一步将案例上诉到美国最高法院，最高法院推翻了第六巡回上诉法院的判决，驳回了地方区域法院裁定。最高法院的裁定推理是，如果要符合资本利得，公司股份退还必须实质上不等于股息，股东在退股后对公司的持股比例必须要有意义地减少。此后，“有意义减少测试”就被当作衡量“根本上不同于”股息的标准。一般股东在退股后持股减少50%或以上就会被视为符合这一标准，从而得到资本利得优惠处理。

确定股东持股是否减少50%或以上，股东对公司股份的拥有确定尤为重要。这里

① Internal Revenue Code, Section 302（b）（3）.

② Internal Revenue Code, Section 302（b）（4）.

③ United States v. Davis, 397 U. S. 301, 90 S. Ct. 1041（1970）[EB/OL].（1970）[2021-02-14]. https://supreme. justia. com/cases/federal/us/397/301/.

所谓的拥有不仅指实质上的股份持有（包括直接和间接持股），还包括“推定所有（constructive ownership）”[①]或译为“视为拥有”。“视为拥有”不同于间接持股，间接持股是通过中间媒介持股，如A公司持股100% B公司，而B公司持股60% C公司，那么，A公司间接持股C公司60%。从实质上看，间接持股还是属于实际上的持股，因为A公司实际上拥有C公司的60%的股份。但“视为拥有”则不同，比如，妻子持有某公司股份，丈夫就视为拥有该公司相等的股份，即使他实际上并没有持股；父母（祖父母）视为拥有儿女（孙儿女）的实际持股[②]，等等。另外，如果纳税人拥有一家公司股份50%或以上，那么那家公司对其他公司的持股视同纳税人对该其他公司的按比例持股[③]。

比如，纳税人A和B（非关联个人）各持股M公司70%和30%的股份，而M公司持有O公司50股普通股（占50%），剩下50股由A持有。那么，M公司就持有100股O公司的普通股（M公司自己实际持股50股，加上股东A视为拥有50股），而纳税人A持股85股（A实际持股50股，加上视为拥有的70%的M公司持有的50股）[④]。“视为拥有”的规定比较繁复，在这里不进一步展开了，但我们必须要注意的是，这里所谓的拥有，并不仅仅是狭义上的实际拥有。

退股对股东而言基本上不成比例[⑤]。为符合这个要求，以下三个条件必须同时满足：（1）退股后瞬间，股东必须拥有少于50%的选举权（各种类型有选举权的股份总合），以避免持股50%在行使选举权时造成僵局；（2）股东在退股后瞬间必须持有少于80%的原持股（有选举权的股份）比例；（3）退股后，股东持有的普通股（不管是否有选举权）必须少于80%的原持股比例。为了说明问题，在下面举个例子，见表5-5。

表5-5　股东退股后持股比例计算表（一）

	股东平均持股				
	A	B	C	D	合计
持股比例	25.00%	25.00%	25.00%	25.00%	100.00%
持股股数	100	100	100	100	400
退股数	(55)	(25)	(20)	0	(100)
退股后持股数	45	75	80	100	300
退股后持股比例	15.00%	25.00%	26.67%	33.33%	100.00%
80%退股前持股比例	20.00%	20.00%	20.00%	20.00%	
是否符合要求	是	否	否	否	

① Internal Revenue Code, Section 318.
② Internal Revenue Code, Section 318 (a) (1).
③ Internal Revenue Code, Section 318 (a) (2).
④ Treasury Regulation Section 1.318-2 (c), Example (4).
⑤ Internal Revenue Code, Section 302 (b) (2).

首先，假设例子中的股份都是有选举权的普通股，表中四位个人股东，A、B、C、D，各平均持股25%，均符合以上条件（1）规定的少于50%。如果符合各股东退股后瞬间持股少于80%的原持股的比例，那么就满足基本不成比例的规定，退股所得可以享受资本利得优惠。假设公司发行普通股总数为400股，股东A、B、C和D每人平均持股100股，各占股份25%。股东A退55股，股东B退25股，股东C退20股，股东D没有退股，一共退股100股。在退股后瞬间，股东A持45股，股东B持75股，股东C持80股，而股东D依然持有100股，合计300股。退股后瞬间各股东持股比例变化为：股东A持股比例15%（45股÷300股），股东B持股比例25%（75股÷300股），股东C持股26.67%（80股÷300股），股东D持股33.33%（100股÷300股）。根据上面条件（2）和（3），股东在退股后瞬间必须持有少于80%的原持股比例，只有股东A符合要求，退还前持股比例25%，只要退还后瞬间持股比例低于20%（25%×80%）就符合条件（2）和（3），而股东A的退股后瞬间持股比例是15%，少于20%。所以，股东A的退股按照资产销售处理，所得为资本利得，而其他股东的退股所得均以股息对待。

假如上例中股东D也退还75股，那么情况就不同了，见表5－6。

表5－6　　股东退股后持股比例表（二）

	股东平均持股				
	A	B	C	D	合计
持股比例	25.00%	25.00%	25.00%	25.00%	100.00%
持股股数	100	100	100	100	400
退股数	(55)	(25)	(20)	(75)	(175)
退股后持股数	45	75	80	25	225
退股后持股比例	20.00%	33.33%	35.56%	11.11%	100.00%
80%退股前持股比例	20.00%	20.00%	20.00%	20.00%	
是否符合要求	否	否	否	是	

其他股东退股数相同，但股东D退还75股，剩余持股25股，退股后持股比例为11.11%，少于80%的原持股比例20%，符合以上（2）和（3）要求。股东A退股后瞬间的比例是20%，等于80%的原持有比例，不符合（2）或（3）中少于80%的原持有比例的要求。因此，此例中股东D的退股行为按照资产销售处理，退股所得视为资本利得，而其他股东退股所得均以股息对待。

假设其他条件不变，股东D退还股票从75股改变为55股的话，将会发生什么？如表5－7所示。

表 5-7 股东退股后持股比例表（三）

	股东平均持股				
	A	B	C	D	合计
持股比例	25.00%	25.00%	25.00%	25.00%	100.00%
持股股数	100	100	100	100	400
退股数	(55)	(25)	(20)	(55)	(155)
退股后持股数	45	75	80	45	245
退股后持股比例	18.37%	30.61%	32.65%	18.37%	100.00%
80%退股前持股比例	20.00%	20.00%	20.00%	20.00%	
是否符合要求	是	否	否	是	

股东 D 退还 55 股，剩余 45 股，退股后持股比例为 18.37%，符合低于 80% 的原持股比例（20%）的要求。同时，由于股东 D 退股的变化，股东 A 持股的比例也发生了变化，尽管其退股后持股数不变。股东 A 退股后瞬间持股 18.37%，小于 80% 的原持股比例。因此，股东 A 和股东 D 的退股行为按照资产销售处理，退股所得为资本利得，而其他股东退股所得均以股息对待。

通过上述例子可知，股东 A 在同样的持股前提和同样的退 55 股的情况下，由于其他股东的不同退股行为而造成退股归类认定上不同的结果。第一种情形股东 D 不退股和第三种情形股东 D 退 55 股，股东 A 的退股行为按照资产销售处理，退股所得为资本利得，而第二种情形股东 D 退 75 股，股东 A 的退股所得则以股息对待。可见，多股东同时退股时，会产生相互的牵制影响。

股东退还所有股份①。这个规定相对来说比较容易符合，如果股东退还公司所有的股份并终止拥有任何利益，那么股东的退股所得应为资产销售，退股所得为资本利得（亏）。股东退股后保持公司债权人身份不妨碍“终止全部利益”，在终止全部利益后 10 年内，股东不可再次获得。如果股东在退还所有股份后，依然存在着家庭归属（family attribution），即家庭成员对该公司持股，那么只要股东已经终止了公司的利益拥有，该家庭归属将不影响退股所得作为资本利得的处理。比如，妻子和丈夫持有同一公司的股份，丈夫退还持有的全部股份，同时终止了在这家公司的全部利益，即便妻子仍持有该公司股份，这种家庭归属通常忽略不计。另外要注意的是，股东在退还所有股份后仍然就职于公司的管理层，即使没有工资也将被视为持有公司的利益，退股所得也会按股息对待。

公司部分清算②。公司部分清算只适用于非公司股东的退股，如果个人股东符合

① Internal Revenue Code, Section 302 (b) (3).

② Internal Revenue Code, Section 302 (b) (4).

这个要求，那么他的退股行为按照资产销售处理，退股所得为资本利得。部分清算退股（partial liquidation redemption）必须是非股息分配（由公司层面确定），并且遵照公司章程在当年内进行，取得所有股东的批准；部分清算退还给股东的资产必须是合格商贸资产。公司股东在部分清算中获得的退股所得视为股息，股息所得扣除的政策可用于减轻公司股东的税收负担。

公司清算

公司清算（liquidation）的原因有很多，如公司策略调整，资源重新分配等，但最常见的是因为经营不善造成持续亏损。为了止损，股东可以决定停止公司业务，对公司进行清算，把公司剩余的资产收回后再投资别处或者偃旗息鼓。前文讨论的股东退股一般是指公司赎回自己部分或全部股票，即便是全部股票赎回（complete redemption），原股东退出，但公司仍然持续经营。而清算则是股东以公司的全部股份来交换公司仅剩的资产或资本，彻底清算（complete liquidation）后，公司解散（dissolve），不再经营。

公司清算是把公司所有的剩余资产全部归还给股东，同时股东承接公司现存的所有债务（除非公司破产）。公司清算通常有个过程，清算后不一定要马上按州法律完全解散，有些公司在清算后一直延续几年才按州法律解散。清算对被清算公司和个人股东而言属于应税交易（taxable transaction），以资产销售处理，个人股东的清算盈亏按资本利得或利亏对待。对于公司股东，母公司对子公司的清算属于免税交易（non－taxable transaction）。

个人股东清算的盈亏处理

股东的盈亏是指股东从清算公司分配到的资产市价超出（或低于）股东投资调整基数（investment adjusted basis）的部分，个人股东清算产生盈利需要按照资本利得纳税。如果产生资本损失（capital loss），个人股东可以用它来冲抵其他资本利得，剩余损失部分可以在以后年度个人应纳税所得核算中每年固定扣除 3000 美元，直至扣完。比如，个人股东 A 持有 X 公司的全部股份，股份投资调整基数为 25 万美元。清算时，X 公司累积利润 10 万美元，净资产 15 万美元。X 公司彻底清算过程中，把剩余的所有资产全部分发给股东 A。那么，此次公司清算，股东 A 产生 10 万美元股息所得（X 公司 10 万美元累积利润）和 10 万美元资本损失（分发给股东 A 的 15 万美元剩余净资产减去股东 A 的 25 万美元股份投资调整基数)。股东 A 的 10 万美元股息按个人所得税率纳税，另外 10 万美元资本亏损在当年冲抵其他资本利得，剩下部分可冲抵 3000 美元的个人应纳税所得，每年 3000 美元的个人所得税扣除递延至完全用完。

在股东清算过程中，盈亏计算是按其持有的股票不同购入时间的每股价格为基础（per share basis）计算得来的。比如，股东 A 在第一年年初花 3000 美元从 X 公司购入 100 股股票（30 美元 1 股），第二年年初又以 6000 美元购入 100 股（60 美元 1 股）。如果股东 A 在第二年 6 月对公司进行彻底清算，按照 50 美元 1 股给股东 A 做清算现金分配，那么，股东 A 两年购入的股票各实现收入 5000 美元。第一年购入的 100 股，股东持有时间超过 1 年，实现长期资本利得 2000 美元（5000 美元清算收入减去 3000 美元购入成本）；而第二年购入的 100 股，股东持有时间低于 1 年，产生 1000 美元的短期资本亏损（5000 美元清算收入减去 6000 美元购入成本）。短期资本亏损可以冲抵长期资本利得，得出股东 A 清算净长期资本利得 1000 美元，股东 A 需要按照资本利得纳税。

此例如果变成股东 A 在第一年年初花 6000 美元从 X 公司购入 100 股（60 美元 1 股），第二年年初又以 3000 美元购入 100 股（30 美元 1 股），同样在第二年 6 月对公司进行彻底清算，按照 50 美元 1 股给股东 A 做清算现金分配，则产生 1000 美元的长期亏损和 2000 美元的短期盈利。短期盈利超出长期亏损而产生净短期资本利得 1000 美元，那么股东 A 必须将 1000 美元短期资本利得归入个人普通所得（ordinary income)，以个人所得税率纳税。

公司股东清算的盈亏处理

公司符合相关条件可以免税成立，但是清算就没有这么简单了。公司清算盈亏按照市价出售资产的方式计算，如果出售资产所得高于资产本身的调整基数，那么公司就产生资本利得；如果出售资产所得低于其调整基数，公司产生资本损失。比如，一家公司同时持有升值和贬值的资产，资产总市价 200 万美元，调整基数 50 万美元，公司在清算时就会实现利得 150 万美元（200 万美元市价减去 50 万美元调整基数)。如果公司连同其 30 万美元债务一并分配给股东的话，公司实现的利得不改变，仍然是 150 万美元（只是股东收到的分配会减少 30 万美元)，除非资产连带的债务超出资产的市价。在债务大于市价的情况下，市价按照债务同价处理（见表 5 – 8)。

以上例子将各种升值和贬值的资产合并计算是为了方便理解，其实资本利得和资本亏损的计算必须按每一个资产（asset – by – asset basis）逐一计算，所产生的利得和亏损也必须逐一分析，如有些资产附带债务大于资产本身市价，另一些资产清算分配

表 5－8　　混合资产清算表　　（单位：美元）

单独资产核算	各资产市价/基数	利得（亏）/无债务	利得（亏）/债务超出市价（资产附带债务 30 万）
升值资产	185 万/25 万	160 万（185 万－25 万）	160 万（185 万－25 万）
贬值资产	15 万/25 万	－10 万（15 万－25 万）	5 万（30 万－25 万）
合计	200 万/50 万	150 万	165 万

时产生不允许冲抵的资本亏损，如清算中将剩余资产分配给关联公司或者以避税为目的而产生的资本亏损等。表 5－8 是一个混合资产清算的例子，显示公司清算中以每一资产为基础计算盈亏的规则。

由表 5－8 可知，升值资产在清算分配时实现利得 160 万美元，贬值资产则实现亏损 10 万美元，合计 150 万美元利得。如果两个资产分别附带债务 30 万美元，对于升值资产来说，利得计算不受影响，仍然是利得 160 万美元；但对于贬值资产来说则不同，因为 30 万美元债务超出 15 万美元的市价，而税法规定①市价必须至少等同于债务，所以贬值资产的市价以 30 万美元来计算利得（亏），结果贬值资产产生利得 5 万美元。两个资产合计利得 165 万美元，比无债务或债务小于市价的情况多 15 万美元利得。在无债务的情况下，如果由于关联交易等原因，贬值资产的 10 万美元利亏不被承认的话，这两个资产清算分配利得则为 160 万美元。

子公司的免税清算

母公司清算子公司对于母子公司双方通常都是免税的②。为了符合免税条例：（1）母公司必须拥有子公司 80% 或以上的具有选举权的股份和 80% 或以上股份的价值；（2）母公司不能是外国公司；（3）清算不能分配给少数股东。另外，如果子公司在清算时资不抵债（insolvent），免税法条则不适用。违反以上规定将迫使清算子公司实现清算利得，而在清算时产生的资本亏损则不被承认。在免税清算分配时，母公司继承被清算子公司的资产基数，在往后的资产销售时以所继承的基数来计算母公司的利得（亏）。以表 5－9 为例，以便说明。

母公司在清算子公司 A 时产生 2 万美元利亏（资本亏损，8 万美元资产清算分配市价减去 10 万美元母公司股份投资基数），但该利亏不实现，因为是免税清算。母公司同时继承子公司的资产基数 4 万美元，在母公司出售子公司 A 资产时，母公司实现 4 万美元应税利得（8 万美元资产市价减去 4 万美元子公司 A 资产基数）。

① Internal Revenue Code, Section 336.

② Internal Revenue Code, Section 332.

表 5 – 9　　子公司免税清算后出让利得（亏）计算　　（单位：美元）

	子公司 A	子公司 B
母公司股份基数	10 万	10 万
子公司资产基数	4 万	16 万
子公司资产市价	8 万	12 万
清算分配不实现利得（亏）	(2 万)	2 万
母公司出售子公司资产实现利得（亏）	4 万	(4 万)

母公司投资子公司 B 依旧是 10 万美元，在清算中产生利得 2 万美元（12 万美元子公司 B 资产市价减去 10 万美元母公司股份投资基数），但该利得也不实现，因为是免税的清算。子公司 B 的资产基数 16 万美元转给母公司继承，在母公司出售子公司 B 的资产时，母公司则实现 4 万美元应税利亏（12 万美元资产市价减去 16 万美元资产基数）。

如果母公司在清算子公司时子公司资不抵债，免税条例则不适用，因为母公司有可能在清算时得不到任何净资产。在这种情况下，母公司可以申报无价值股票扣除（worthless stock deduction）①。子公司的无价值股票扣除可以当作正常亏损（ordinary loss），以抵销公司的正常商业收入。但一般来说，无价值股票扣除必须是实实在在的毫无价值，在进行无价值股票扣除后，子公司必须清算和解散，否则无价值股票扣除会被当作资本损失，而资本损失只能冲抵公司的资本利得。

关于普通公司的成立、股份退还和清算，暂时先介绍到这里，虽然没有面面俱到，但大体的重点、要点都已经展现出来了。在接下来的第六章中，将简单介绍一下各种类型的重组，把重点放在免税重组上。

① Internal Revenue Code, Section 165 (g).

第六章 公司重组

至此，本书已经介绍了很多有关在美国成立公司，包括成立公司的各项程序和美国联邦税法在公司成立中的应用。中国赴美公司以什么样的方法落地美国是一个公司的商务决策，根据公司自身的需求、策略和资源相应定夺。比如，为了方便在美国营运和管理电子商务业务，中国母公司可以在美国成立一家全资子公司。又如，中国公司为了在美国硅谷开一个高科技窗口，利用当地的人才和科技环境搞科研开发，或者为了在美国上市，符合美国证监会对上市公司的运营历史和业绩的要求，可以在美国收购或合并一家有历史、有业绩的高科技公司（甚至壳公司）。

在美国收购或合并公司就涉及了公司重组问题。那么，用什么去收购或合并美国的本土公司呢？当然，最直接便利的方法就是用现金，其次是用其他公司的债券或股票，甚至还可以用自己的股票去换取美国公司的控股。在公司所得税方面，用不同形式和方法的并购会造成不同税务的处理和对待。

另外，中国企业一旦在美国成立或收购了子公司，该子公司就有了永久性的属性。开办公司的目的就是持久运营盈利，并一代一代地传下去。虽然公司的永久性也许会受到质疑，有些公司确实会在短暂的周期里经历以上提到的退股、清算和解散，但这些并不能改变公司的持续经营的属性，世界上运作了几十年、几百年的老牌公司比比皆是。在这样一个漫长的生存期间，公司无可避免地会经历很多结构上的变动，如多家公司（关联的或非关联）间的合并，为求发展而进行的收购，以及为优化资本结构而进行的资本重组等。

在这一章里，着重介绍公司多种形式的重组。公司重组主要有两大类：应税重组和免税重组。免税重组比较复杂，所涉及的税法条款较多，计算也较为繁琐。因此，在这里先花一点篇幅谈谈几种常见的免税重组形式，然后简单介绍一下应税重组，最后向大家介绍一下美国公司的跨境重组。

免税重组

美国联邦税务《法典》中的免税重组主要有以下六种①：（1）A类重组；（2）B类重组；（3）C类重组；（4）D类重组；（5）E类重组；（6）F类重组。以上重组种类编号是采取《法典》中的条款编号，如A类重组是在《法典》条款第368（a）（1）（A）里规定的，而B类重组则是在《法典》第368（a）（1）（B）条里所规定的，C类、D类、E类和F类重组则依此类推而得。下面我就每一类重组依次作简单介绍，另外，在这里所指的重组均为免税重组，除非有特别注明。

A类重组

A类重组又称"法定合并重组（statutory merger or consolidation）"②，也就是法律上的公司合并，如把母公司和子公司或多家子公司合并起来。合并重组有四种重组交易方式：兼并（merger）、合并（consolidation）、三角兼并（triangular merger）和反向兼并（reverse merger）。下面具体说明前两种结构，即兼并和合并，三角兼并和反向兼并是前两种的变异而已，不再赘述。兼并和合并必须符合美国联邦、州或外国的公司法律。

兼并。兼并（merger）是两家司合并，收购公司合并被购公司，结果收购公司生存，而被购公司消失。在美国大多数州的公司法里会罗列很多种形式的兼并，最常见的有以下两种：

第一种涉及收购公司（acquirer或A公司）转让股票、证券或其他对价（consideration），如特殊支付或利益（boot）给被购公司或目标公司（target或T公司），以换取被购公司的资产和债务。被购公司收到股票、证券和其他对价后分配给它的股东以交换股东持有的被购公司的股票和债券，然后被购公司清算或法律上解散。

图6-1显示这种兼并的三个步骤：第一步，收购公司A转让自己的股票给被购公司T，以换取T公司全部资产；第二步，T公司用获得的A公司股票从T公司股东那里换回T公司股票；第三步，T公司清算解散。最终，原来T公司的股东持有A公司股票，而A公司持有T公司所有资产。至此，免税兼并完成。

---

① Internal Revenue Code, Section 368（a）（1）.

② Internal Revenue Code, Section 368（a）（1）（A）.

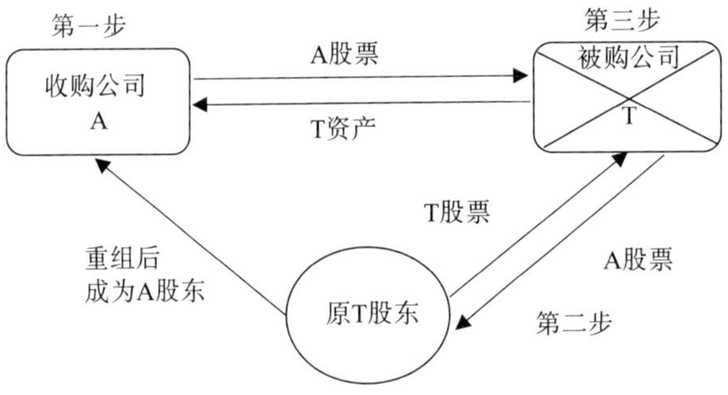

图6-1 公司兼并步骤

第二种是收购公司A用自己的股票、证券和其他对价，直接向被购公司T的股东交换T公司的股票和证券持有者持有的证券。A公司在从原T公司股东那里收到T公司的股票后，成为T公司的股东，然后，发起对T公司的清算。T公司将所有的资产连同债务清算分配给A公司，T公司清算分配后解散，免税重组就此完成。第二种兼并的最终结果与第一种形式相同。

合并。合并（consolidation）是两家或以上的公司合并形成一家新的公司。收购公司A以股票、证券和其他对价收购两个或两个以上现存的被购公司T，每个T公司向其股东或债务人转发A公司股票、证券和其他对价以换取T公司的股票和债券。随后，T公司清算解散。

图6-2所示A公司以股票、证券或其他对价交换T1公司和T2公司的资产，然后，T1和T2公司分别将获得的A公司股票、证券转让给其相应的股东（T1和T2股东）以换取T1和T2公司的股票和债券。交换后，T1和T2公司清算解散。最终，T1和T2公司的资产连带债务合并到A公司，原T1和T2股东成为A公司股东，免税合并完成。

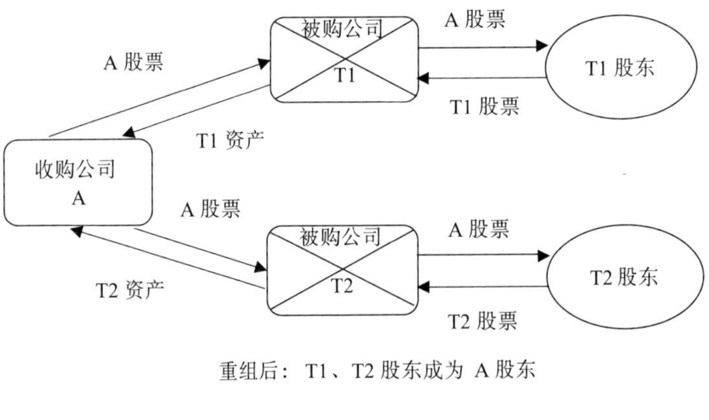

图6-2 公司合并步骤（一）

A类重组给公司提供了很大的弹性，对于兼并和合并所支付的对价形式没有硬性规定，但收购方的股票必须占对价支付的大部分。另外按规定，兼并必须符合相应联邦、州和外国公司兼并法，被购公司被兼并或合并后必须解散。否则，这种兼并与合并不符合A类重组要求，会被当作应税重组。

例如，被购公司T转让给收购公司A所有资产和债务，资产的市价200万美元，其调整基数（adjusted basis或AB）是130万美元，债务40万美元。A公司支付T公司价值100万美元的普通股票，另加60万美元现金。A公司有积累利润100万美元，T公司的积累利润是75万美元。T公司将从A公司得到的价值100万美元的股票和60万美元现金转手给T公司股东，以交换T公司股东的所有T公司股票。T公司股东手里的T公司股票调整基数是18万美元（见图6－3）。

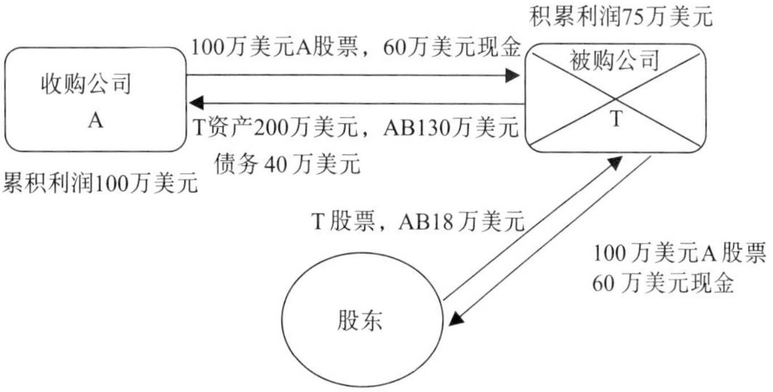

图6－3 公司合并步骤（二）

那么，A公司在重组中不实现利得（亏）。T公司从A公司收到价值100万美元的股票加60万美元现金，它的40万美元的债务由A公司承担（视为收入），共计收入200万美元。T公司转让给A公司的资产调整基数130万美元，T公司或许有70万美元的利得（200万美元收入减去130万美元资产调整基数）。但是，因为A类重组免税，这70万美元的利得税在重组环节没有实现。

T公司转手把得到的A公司价值100万美元的股票和60万美元现金转给T公司股东，以交换股东持有的T公司股票。股东从T公司收到总金额160万美元（100万美元的股票和60万美元现金），而股东所放弃的T公司股票调整基数是18万美元，利得142万美元。这里如果没有现金的话，整个利得应该是免税的，因为股东以股换股，T公司和股东在转让中都没有应税交易。但是，因为T公司转让给股东除了A公司的股票外还有现金60万美元。现金在整个免税重组中视为应税利益（boot），142万美元利得中，60万美元应税。再则，应税60万美元视为正常股息，按照T公司股东的个人所得税率征税。如果获得的现金是80万美元的话，股息收入则只有75万美元（限于T公司的累积利润）。

除此以外，在A类重组中，收购公司必须延续被兼并和被合并公司的商务，继续进行绝大部分的商务运作，这个规定是为了防止利用免税重组来逃避应税销售。如果收购公司中断被购公司的业务，免税重组就视为应税交易，兼并和合并活动视为应税资产销售，然后应税清算被购公司。

B 类重组

另一种收购式重组是 B 类重组①，是各类重组中最简单的收购式重组类型，指收购公司（A 公司）用股份去交换被购公司（T 公司）的股份，并在交换后瞬间控股 T 公司。

B 类重组主要有两个要求：第一，必须以股换股；第二，必须在换股后瞬间对被购公司控股。重组双方必须严格遵循以股换股原则，即收购公司不能以股票以外的支付来交换被购公司的股份②。然而，IRS 在这方面却允许一点弹性③，如果收购公司用股票同时支付少量现金将不影响 B 类免税重组。

控股是指收购公司用有选举权的股票交换 80% 或以上的被购公司的选举权股票。换取 80% 或以上的股票意味着控股被购公司，80% 控股是指收购公司持有被购公司 80% 或以上的股票数量和 80% 或以上的股票价值（stock voting power and stock value）。换言之，被购公司在重组后仍然可以作为少数股东（minority shareholders）保留 20% 或以下的股份。根据各州公司法，被购公司的少数股东对持有的股份进行评估和出售不会影响整个 B 类重组。另外，在重组之前或重组期间，收购公司不能以现金收购少数股东的股份，否则整个重组将会被视为应税重组。如图 6－4 所示。

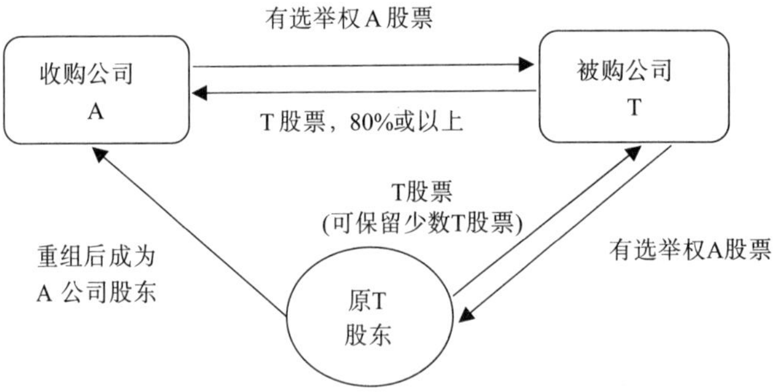

图 6－4　B 类重组步骤

---

① Internal Revenue Code, Section 368 (a) (1) (B).

② Helvering v. Southwest Consolidated Corp., 315 U. S. 194 (1942) [EB/OL]. (1942) [2021－02－14]. https://supreme. justia. com/cases/federal/us/315/194/.

③ Revenue Ruling 66－365, 1966－2 C. B. 116.

A公司转让有选举权的股票给T公司，以换取80%或以上的T公司有选举权的股份。T公司在收到A公司有选举权的股票后转让给原T公司股东，原T公司股东退还T公司股票（可以保留少数），并在重组后成为A公司股东，T公司可以继续存在，成为A公司的子公司，参与A公司关联集团的综合申报。

A公司也可以用其控股的其他公司的股票去交换T公司的股份。这类以股换股的重组方式是B类免税重组。B类重组一般不改变被购公司的运营地位，被购公司内部资产的基数和税务特征也不变化。如果重组后被购公司被合并到收购公司的话，IRS会把这两个先后步骤当作C类重组，一步到位。

被购公司的股东在B类重组中不实现利得或利亏，他们获得的收购公司的选举权股票的基数等于被购公司股票的基数，收购公司股票的持有期（holding period）包括被购公司股票的持有期。收购公司在B类重组中也不实现利得或利亏，在交换中所得到的被购公司股票基数等于被购公司股东的股票基数，持有期包括被购公司股东的持有期。

C类重组

C类重组是指以股票交换资产的收购形式，即收购公司以自己或母公司的选举权股票去交换被购公司的“几乎所有（substantially all）”资产。“几乎所有”虽然在税务《法典》和法规里没有定义，但一般指市价70%的总资产和90%的净资产[①]。在C类重组中，作为重组的一部分，被购公司必须将其得到的股票、债券和其他资产分配给股东。虽然被购公司不一定要法律上解散，可以继续持有公司注册证书（corporate charter）以防公司的名字被第三方使用，但在实际操所中，重组后的被购公司基本都清算解散（dissolved，见图6－5）。

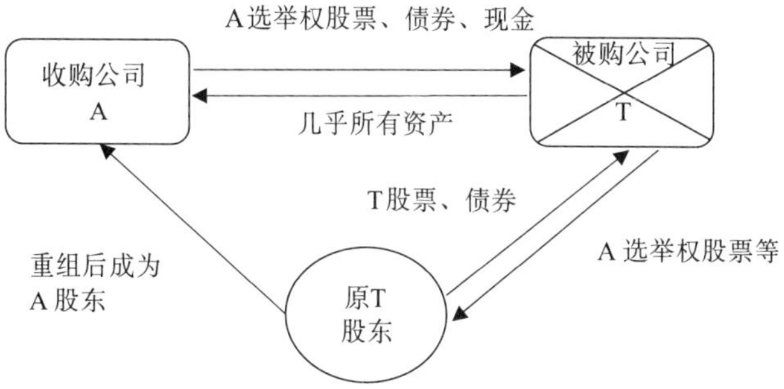

图6－5 C类重组步骤

① Revenue Procedure 77－37, 1997－2 C. B. 568, Section 3. 01.

C类重组要求收购公司必须用有选举权的普通股（solely for voting stock）去交换被购公司的几乎所有资产。虽然收购公司也可以用其他形式支付，但必须使用有选举权的股票去交换起码80%的被购公司的资产，也就是说收购公司可以用包括非选举权股票、债券、现金等去交换被购公司最多20%的资产。另外，如果收购公司接手被购公司的债务超过被购公司资产的20%，只要收购公司没有支付现金、债券或其他资产，交换仍然符合C类免税重组要求[①]。

以表6－1中四种情况说明收购公司（A公司）在C类重组中用选举权股票交换被购公司（T公司）的资产和债务。

表6－1　　C类重组的免税要求　　（单位：美元）

	情况1	情况2	情况3	情况4
T公司资产市价（FMV）	200000	200000	200000	200000
A公司承担的T公司债务	0	30000	60000	40000
A公司支付（consideration）：				
A公司有选举权的股票	160000	160000	140000	150000
现金	40000	10000	0	10000

情况1：A公司支付T公司价值16万美元有选举权的股票和4万美元现金，以换取T公司市价20万美元的资产。这里A公司完全用自己的有选举权股票交换T公司资产，而有选举权股票占T公司交换资产的80%（20万美元资产×80% ＝16万美元价值的选举权股票）。因此，情况1符合C类免税重组规定。

情况2：其他与情况1相同，只是A公司承担T公司3万美元债务（15%的T公司交换资产价值），以及支付了T公司1万美元的现金。A公司承担的3万美元债务减少了A公司的现金支付，但A公司支付T公司的有选举权的股票价值仍然等于80%的T公司资产价值，所以情况2符合C类免税重组。

情况3：其他与情况1相同，只是A公司不支付T公司现金，取而代之的是承担了T公司6万美元的债务（30%的T公司交换资产）。虽然A公司接受了大于20% T公司交换的资产的债务，但由于A公司除了向T公司转让价值14万美元的有选举权的股票（70%的交换资产）以外，没有支付现金、债券和其他资产，所以情况3依然符合C类免税重组。

情况4：T公司资产市价依然是20万美元，但A公司承担了T公司债务4万美元（20%的T公司交换资产），支付现金1万美元，转让有选举权股票价值15万美元（75%的T公司交换资产）。因为A公司支付了现金，并且债务承担和现金支付超过了20%的T公司交换资产，再加上A公司转让有选举权的股票不到80%，所以，情况4

---

① Internal Revenue Code, Section 368（a）（2）.

不符合 C 类免税重组。

D 类重组

D 类重组[①]包括收购式（acquisitive）或分离式（divisive）两种。分离式 D 类重组是转让公司（Distributor）转让部分资产给受控公司（The Controlled），然后受控公司转让自己的股份给转让公司的股东，结果是转让公司的股东同时持股转让公司和受控公司。分离式 D 类重组主要属于分拆（spinoff）税务法条[②]范畴。下面主要介绍收购式 D 类重组。

笔者曾经有一个美国客户（USP），它的主营业务是电子游戏。在 2000 年前，电子游戏行业相对比较原始，当时最具有影响力的电子游戏平台是任天堂 64（Nintendo 64）和世嘉土星（Sega Saturn）。USP 旗下的全资子公司（USS）也是当时竞争者之一。1999 年，USS 重金开发了一款崭新的游戏平台机，其功能强大，图像逼真，以及可以通过网络实现多人游戏，这在当时可谓是一大创新。USP 决定在 2000 年初向市场大力推广新产品（比索尼的 PlayStation 早半年多）。为了集中资源，及时把产品推向市场，USP 决定成立一家新公司（NewCo），以新的形象专门在国内外推销新款游戏产品。

我们已经讨论过了公司成立的几种方式，如公司免税成立，USP 以投入资产和（或）资金的方式成立 NewCo 以换取对 NewCo 的控股。可是 USP 并没有多少资产，实际的资产都在它的子公司 USS 里。当然 USP 也可以通过换股的形式来控股 NewCo，即 B 类重组，可是还是这个问题，NewCo 是新公司，没有资产。C 类重组也面对这个问题。最后，USP 决定把它的子公司 USS 参与进来，具体的操作是：首先，USS 将其所有的资产转让给 NewCo，以换取对 NewCo 的控股；其次，USS 将获得的 NewCo 股份从 USP 手里换回自己的股份；最后，USP 清算解散 USS。这就是典型的收购式 D 类免税重组，结果是 USP 控股 NewCo。下面我们来看看相关规定。

收购式 D 类重组必须要有重组协议，根据重组协议，被购公司 T 转让“几乎所有”（substantially all）的资产给收购公司 A，以换取收购公司 A 的股票和债券。在清算计划下，被购公司 T 必须将交换得来的收购公司 A 的股票和债券分配给被购公司 T 的股东或债权人，在分配结束后立即对被购公司 T 进行清算。重组后，原被购公司 T 的股东必须对收购公司 A 控股，见图 6 - 6。

---

① Internal Revenue Code, Section 368 (a) (1) (D).

② Internal Revenue Code, Section 355.

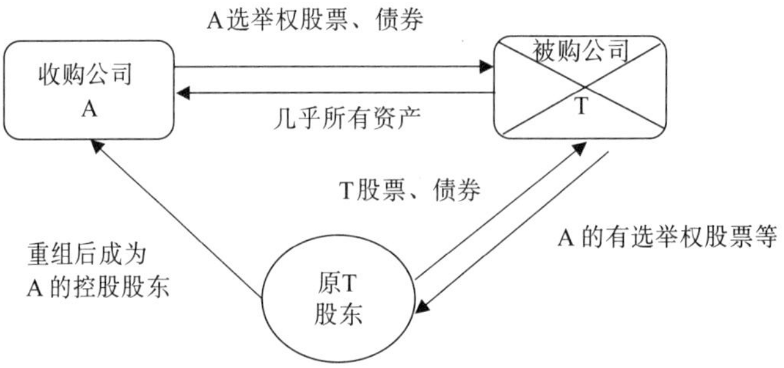

图 6－6　D 类重组步骤

如图 6－6 所示，收购式 D 类重组分两个步骤：第一，收购公司 A 转让股票和债券给被购公司，而被购公司则 T 转让给收购公司几乎所有的资产 A；第二，被购公司 T 转让给其股东收购公司 A 的股票，然后清算被购公司 T。

在第一个步骤中，收购公司 A 在以股换资产时不实现利得或利亏[①]，被购公司 T 在交换中也不实现利得或利亏[②]。收购公司 A 获得的资产基数等于被购公司 T 持有时的资产基数[③]。在第二个步骤中，被购公司 T 在分配收购公司 A 股票给股东时不实现利得或利亏[④]，但被购公司 T 股东则需确认利得，如果股东同时获得利益（boot）的话，那么他们确认的利得则是实现的利得或者利益，两者取其小（类似公司免税成立时的利得确认规定）[⑤]。被购公司 T 的股东获得的收购公司 A 的股票基数等于他们手中的 T 股票的基数[⑥]。

需要注意的是，收购式 D 类重组与 C 类重组相似，“几乎所有”的定义也相同，即指总资产市价的 70% 和全部净资产市价的 90%。不同的是 C 类重组没有控股要求，而收购式 D 类重组有控股要求，但又不同于 B 类重组的 80%，一般只要求 50% 以上的有选举权的各类股票，或 50% 以上的所有股票的价值[⑦]。另外，C 类重组要求必须用有选举权的普通股去交换被购公司的几乎所有资产，而 D 类重组就没有这个要求。在实际操作上，如果重组同时符合 C 类和 D 类免税重组，《法典》将把该重组视为 D 类重组。

---

① Internal Revenue Code, Section 1032.
② Internal Revenue Code, Sections 361 (a) and (b).
③ Internal Revenue Code, Section 362 (b).
④ Internal Revenue Code, Section 361 (c).
⑤ Internal Revenue Code, Section 354.
⑥ Internal Revenue Code, Section 358.
⑦ Internal Revenue Code, Section 368 (a) (2) (H).

E 类重组

E 类重组又称资本重组（recapitalization），只涉及一家公司的调整或改组[①]。为了符合免税条件，资本重组必须要有充足和正当的商业动机，如为了减轻借贷利息支出和免除破产危机、调整借贷和资本的比例（debt - equity ratio）等，但没有“持续商业利益”（continuity of business interest）要求。资本重组常见的方法是用普通股或优先股向债权人交换债务。还有一种经常被用在筹划遗产税上，就是在封闭家庭式公司里用新发行的优惠股向已经退休的或者控股的股东交换普通股，目的是把公司的实际管理权转移到下一代。资本重组一般有三种形式：以股换股，以债券换股和以债券换债券。因为这三种形式除了股东和债主获得现金和其他资产外，并不影响公司的价值，因此 E 类重组为免税重组。

美国联邦法规提供了 5 个免税资本重组交易的例子[②]：

1. 公司有 20 万美元面值的流通债券，但没有用现金付清，而是向债权人发放优先股抵债；

2. 公司用无面值的普通股抵销 25% 的优先股；

3. 公司发行先前授权但没有发行的优先股，以交换普通股；

4. 公司以优先股交换普通股，优先股有公司清算分配资产和股息的优惠，而普通股则没有这些优惠；

5. 公司以优先股交换其他类型的股份。

F 类重组

F 类重组是指公司身份、形式或者注册地点等改变。通常 F 类重组用在改变公司注册地或者公司名字等。除此之外，F 类重组也包括旧公司的资产和债务转让给新公司，以交换新公司的股票和债券，股东和债主在交换前后的实际地位不能改变，这种交换属于“微小变化（mere change）”，而微小变化不足以造成应税结果。另外，F 类重组没有“持续商业利益”的要求。联邦法规就微小变化提出了 6 点要求[③]：

1. 在 F 类重组瞬间后，结果公司（resulting corporation）所有（包括重组前颁发

---

① Helveing v. Southwest Consolidated Corp., 315 U.S. 194 (1942) [EB/OL]. (1942) [2021 - 02 - 14]. https://supreme.justia.com/cases/federal/us/315/194/.

② Treasury Regulation Section 1.368 - 1 (e).

③ Treasury Regulation Section 1.368 - 2 (m).

的）股票必须用来交换转让公司（transferor corporation）的股票；

2. 同样的纳税人必须在重组前持有所有转让公司的股票，以及在重组后持有所有结果公司的股票，持有的比例必须相同；

3. 在重组前，结果公司不能持有任何资产或税务属性（tax attributes）；

4. 转让公司必须在重组中完全税务清算；

5. 在重组后瞬间，任何其他公司（非结果公司）不可以持有转让公司的资产；

6. 在重组后瞬间，结果公司不可以持有非转让公司的资产。

关于各种类型的免税重组，暂时谈到这里，在很多情况下，公司或股东希望使用免税重组，尤其是：（1）被购公司的股东是个人股东，而且股东转让的资产或股票有潜在的盈利，即收购公司的出价高于股东的资产或股票的基数；（2）被购公司喜欢接受收购公司的股票，尤其是收购公司的股票被认为有很大升值空间股票；（3）收购公司缺乏资金储备并希望用股票收购，等等。但有些时候，免税重组并不一定理想，而应税重组则反而会给重组各方带来更多的好处。下面简单介绍一下应税重组。

应税重组

应税重组把重组交易视为销售或应税交换（sales or exchange），销售或交换就会产生利得或利亏，而利得（一般不实现利亏）则是应税利得，交易中使用的现金部分则一般作为正常股息处理。交易各方对转让的资产和（或）股票进行利得（亏）和股息（获得的利益视为股息）计算，而应税交换的资产和（或）股票的基数是交换的市场（或交付）价格。

上文提到的各种免税重组，如果没有符合税法的各种免税规定，免税重组则会变成应税重组。应税重组交易参与方各以出售或资本交换处理，实现并确认资本利得，在某些情况下还会产生正常股息。利得按资本利得税征纳，而正常股息则按照正常收入处理。如果交易参与一方是个人股东的话，实现的股息则按照个人所得税率征纳个人所得税；如果是公司的话，则有可能享受股息所得扣除优惠，但除非是控股80%或以上，股息所得不会完全扣除，所以还是会有重复征税现象。

如果交易中的参与公司有当年的资本亏损，或者有往年资本亏损递延（公司资本亏损一般往后递延5年），那么参与公司则希望在交易中能够产生资本利得，用资本亏损来冲抵资本利得（资本亏损只能冲抵资本利得）。这样，参与公司既能使用资本亏损，又能提高交易中获得的资产或股票的应税基数，在今后转让这些资产和股票时减少应税利得。

同样的道理，如果重组参与公司有营运净亏损递延（net operating loss carryforward，或 NOLC），那么参与公司也可以考虑设计应税重组交易，用交易中实现的股息与营运亏损相抵，同时增加所获得的资产或股票的应税基数，为将来的可能再交易减少可能的应税利得。

应税重组相对简单，我们也已经讨论了很多，比如上一章谈到的公司退股和清算等。通常人们觉得免税要好于应税，所以对各种交易和安排的筹划都要求免税，其实，有些时候应税交易比免税交易更有好处。因此，做税务筹划必须对具体情况进行具体分析，应税重组在某些情况下反而可以提供更好的效果，如提高交易方的资产和股票的基数，以便在今后的转让中降低税负。

跨境重组

以上各类重组的免税待遇基本只适用于在美国境内的公司重组，如果中国企业在美国设立子公司后，想让它的子公司去收购境外公司，那么以上所讨论的各种免税重组也许不再适用，境外收购活动会成为应税重组活动。重组对象是境外公司的跨境重组，即使符合以上免税重组的条件，也有可能被认定为应税重组[①]。

当然，如果跨境重组的对象是境外公司，而重组活动是在境外进行的话，那么重组的免税对待还是有可能的。比如，境外重组交易经常用"打钩法则（check－the－box rules）"来进行 D 类免税重组。最典型的是，当一个美国股东同时拥有两家控股外国公司，即"外国收购公司（foreign acquirer 或 FA）"和"外国被购公司（foreign target 或 FT）"，按照重组方案把 FT 的股份转让给 FA，然后将 FT 打钩视为忽视实体（disregarded entity）。

从公司所得税的角度看，重组交易前，股东有两家独立的公司，外国收购公司 FA 和外国被购公司 FT，而在重组后，股东就只剩一家公司了，即 FA。FA 视为获得 FT 的所有资产，因为 FT 的实体已经被忽视并归入 FA 成为一个部门。当然，这种跨境免税重组筹划必须全面慎重考虑，以免弄巧成拙。

另外，2017 年底的税改中明确规定，用无形资产去交换外国公司的股份应视为应税交易。跨境重组中美国公司如果用资产购买外国公司股份，而使用的资产中包含无形资产，那么这项重组（即使符合 D 类免税重组）会被认定为应税重组。另外，美国公司在使用无形资产购买外国股份时，必须对该无形资产作价值评估，然后根据评估

① Internal Revenue Code, Section 367.

的价值与所获得的外国公司资产（或股份）的价值相比，核算应税利得或利亏。

关于无形资产的价值评估，通常是按照转让定价的原理来进行的，转让定价的专业人员可能会比较感兴趣（请参阅有关转让定价章节）。无形资产在 2017 年税改前不包括商誉（goodwill）和持续经营（going concern），因为对它们的价值评估会非常主观。但是，现在的税法将这两项资产包括在无形资产内，也就是说，如果某超级大公司（如微软、苹果等）用自己的商誉来购买境外公司的话，这个收购则视为应税重组，因为商誉是一种无形资产，而新税法规定，用无形资产购买境外公司属于应税重组。

至此，本书对美国公司所得税的国内税务（domestic tax）部分的介绍暂告一段落，虽然无法在有限的篇幅里做到巨细无遗，但美国国内税的基本框架已经呈现，有兴趣的读者可以针对某个（些）领域或事项做更深入的研究。

在本书的下半部分，将介绍美国公司所得税的国际税务（international tax）部分，包括联邦国际税法基本概念和中美税收协定、中国公司赴美（入境）交易、美国公司境外（出境）交易、产品和服务的定价、转让定价，以及转让定价案例分析。在下面的几章里，一半的篇幅涉及关联交易和转让定价，因为这些内容非常重要。

当中国企业决定入美交易并在美国成立子公司时，那个子公司不可能完全脱离国内的母公司而进行独立运作，它需要来自母公司的各方面支持，包括资金、资产（有形和无形资产）、人员、和管理等方面，而这些支持都必须跨越中美边境。交易一旦跨境了，就会受到所涉国家法规对交易的限制，母子公司间的跨境交易就是所谓的关联交易，而所涉国家（中国和美国）法规对关联交易的限制就是我们通常所说的转让定价。在这本书的最后三章里，将用较大篇幅来讲解关联交易和转让定价。但在第七章里，将首先介绍美国国际税务和中美税务协定。

第七章 国际税务总括

本书前半部分简单但系统地向大家介绍了中国企业在美经营目的、根据不同的目的应该采取的在美落地方式和在美启动的各种行政程序、美国各种实体形式的选择、美国联邦税务体系以及美国联邦公司税国内税的一些主要法律和法规等，同时也在这些介绍中穿插了一些中国赴美公司必须注意的事项和税务安排的考量。

从本章开始，将主要介绍美国的公司所得税国际税务部分，包括国际税的概念介绍、中美税收协定、入境外国公司和出境美国公司的联邦国际税务规定。另外，由于中国赴美投资公司与国内母公司之间的频繁交易，加上世界经济合作与发展组织（简称"经合组织"或"OECD"）在各国不遗余力地推动防止跨境关联交易引起的税基侵蚀和利润转移（Base Erosion and Profit Shifting，BEPS），母子（或其他）关联公司间的交易合规性问题成为热门话题，所以本书将在最后三章专门探讨关联公司间的交易和转让定价问题。

此外，中国内地和中国香港的税制并不相同，国际上对内地和香港在税务方面也有不同的处置，为避免读者误解，本书案例中在中国香港注册成立的公司均简称"香港公司"。

“三明治”税务影响

在进入主题之前，笔者先举一个例子，然后对这个例子逐层加以讨论，以向读者引入美国国际税务的基本概念。笔者曾经有一个客户，是一家中国电子商务公司，它的总部在中国深圳，最大的一个股东是美国个人税务居民（持股51%）。深圳公司是母公司，100%持有1家在四川成都的公司（又称“成都公司”），成都公司主要从事整个集团的管理和产品研发，旗下有1家全资香港公司和3家美国公司。香港公司负责海外营销，美国公司负责在北美地区的销售和物流，其中，美国公司A控股1家墨西哥销售公司（又称“墨西哥公司”），而墨西哥公司又持股100%的加拿大销售公司（又称“加拿大公司”）。

集团公司的主要产品是家庭电器，主要生产地是在中国内地，市场却大部分都在北美，包括美国、加拿大和墨西哥。香港公司向内地其他关联公司或第三方购买产品，然后出口给美国销售公司A和B，产品进入美国后大部分由亚马逊公司代售（Fulfillment by Amazon，FBA），一部分卖给美国超市，如沃尔玛等，剩下一部分零售。美国物流公司负责美国境内的产品输送和协助加拿大和墨西哥第三方物流。

出于更高效地管理整个集团的运营，以及在香港上市的需要，公司上层决定对公司集团的结构进行重新调整。图7－1是集团公司结构调整前的结构图。

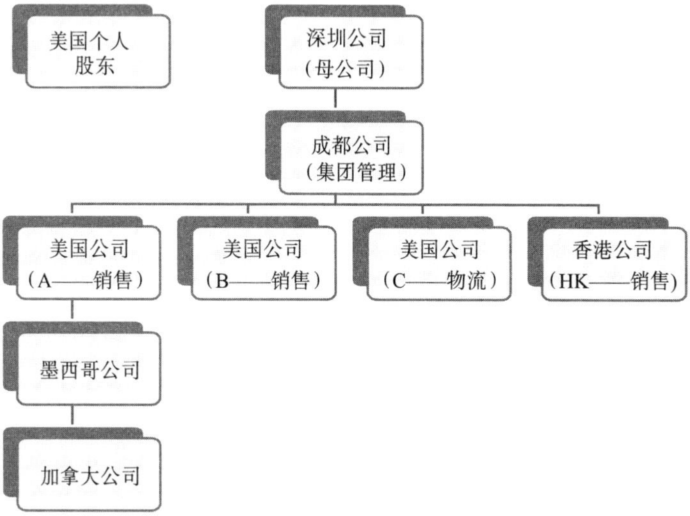

图7－1　深圳集团公司调整前的结构图

截至2020年底，成都公司没有累积利润（earnings and profits，E&P），香港公司的累积利润约为310万美元，三家美国公司的总体累积利润约为320万美元。在2020年，成都公司将美国的三家公司（含美国公司A属下的两家外国公司）有偿转让给香港公司，香港公司按当时市场价格支付现金给成都公司。同年，美国公司A具备了管理加拿大销售业务的能力，于是跟墨西哥子公司一起与加拿大第三方签署了出售加拿大子公司的协议，协议在2020年底前生效。

图7-2是集团公司在2020年结构调整后的结构图。

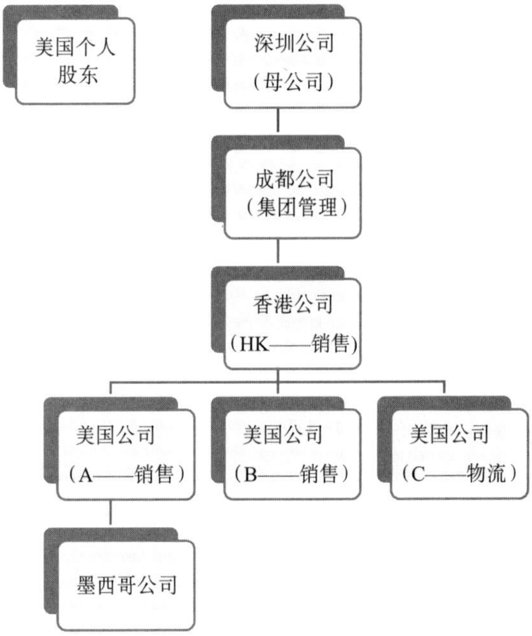

图7-2 深圳集团公司调整后的结构图

在税务申报上，按照美国公司所得税规定，三家美国公司进行年度所得税综合申报，并在5472表格（25%外国人持股的美国公司或从事美国商贸的外国公司的信息申报表）中披露成都公司和香港公司的信息，两家公司在2020年同一年度内先后都是美国公司的母公司，同时在综合申报中还得填5471表格（美国纳税人对某些外国持股公司的信息申报表）申报墨西哥公司和加拿大公司，包括出售加拿大公司。

按照以上的描述，请读者先考虑以下两个问题：

1. 成都公司出售三家美国子公司给香港公司，以换取香港公司的股票，是否会产生美国税影响？如果转让是以现金作为交换的，是否构成应税交易？

2. 墨西哥公司出售加拿大子公司，对美国公司A来说，是否会有应税收入？

“三明治”架构

首先从公司的架构入手，美国公司的上面有成都母公司（架构调整前）和香港公司（结构调整后），要服从母公司的指示和管理，下面控股墨西哥和加拿大子公司。美国公司夹在这上下两层之间，像个三明治，这种架构通常称为“三明治”架构。美国公司从中国采购货物和服务属于入境交易（inbound transaction），而与它的墨西哥和加拿大子公司的交易则是出境交易（outbound transaction），设计这种架构必须谨慎筹划。

一方面，成都公司或香港公司的一些商务活动，尤其是公司架构调整等，会对美国公司产生税务影响；另一方面，墨西哥和加拿大公司的境外商务活动也会反馈到美国公司，如墨西哥公司出售它的所属加拿大公司，如果处理不当，出售所得会在美国视为正常股息所得，缴纳正常所得税。上面提出的两个问题，第一个是针对“三明治”的上层，而第二个则是讨论“三明治”的下层，下面分层看看这两个问题。

美国公司境外易主

首先，看一看这“三明治”的上层。在公司结构调整前，成都公司全资拥有美国三家公司。在结构调整中，成都公司将美国的三家公司出让给香港公司以换取现金，出让后的瞬间，香港公司全资持有美国公司，美国公司易主完成。

《法典》382 条限制。第四章谈到过公司拥有者的变更（ownership change）会引起《法典》382 条限制，即美国公司的累积运营亏损和其他应税冲抵属性（tax attributes，如税额抵免等）会瞬间消失，取而代之的是，美国公司必须重新计算可冲抵亏损。计算的公式是公司的自身价值乘以美国联邦长期免税利率。一般来说，计算出来的亏损要比实际上的可冲抵亏损（或其他应税利益）小得多，因为如果一家公司有累积运营亏损，它的价值就会较小，而较小的公司价值乘上同样的利率所得也就小很多。

因此，美国公司在易主后会失去很多应税利益。为了避免这一损失，事先仔细筹划很重要，如可以预先筹划在易主前转移部分或全部应税利益，或提前使用或延后实现应税利益等。筹划的关键是要保持交流渠道畅通、交易透明，允许美国子公司参与国内母公司的重大商务安排，尤其是结构重组等安排。

以现金换股应税。一般来说，美国公司在美国境外发生的交易，不会在美国产生什么税务影响。但是，《法典》第 304 条规定，如果外国母公司将美国子公司出售给它的境外控股公司的话，外国母公司所得的现金收入则视为源自美国的正常股息①，并通过扣缴形式缴纳所得税②，而那个境外收购公司则为扣缴义务人。

《法典》第304条是一项反滥用条款，旨在防止控股股东通过出售一家子公司的股份给另一家子公司以换取现金或其他财产来规避税负。在国际税务筹划中，必须充分考虑到这一法条的存在和应用。更具体地讲，《法典》第304条将关联方股份转让所得视为收购方的股份退还分配（redemption distribution）。第五章已经详细介绍过退股所得的归类处理③，符合条件的退股所得视为资本利得。但是，如果母公司促使两家子公司转让股份，自己获得收购子公司的现金支付，那么，即使该转让符合资本利得处理要求，收购子公司支付给母公司的现金视为股份退还，而母公司的现金所得视为正常股息分配（受子公司累积利润限制），适用公司正常收入税率。

上文提及的母公司是成都公司，收购公司是成都公司控股的香港公司，而被购公司则是三家美国公司。成都公司全资控股香港公司（子公司），并把美国子公司（子公司）的全部股份出让给香港公司，以换取现金。在做税务处理时，成都公司被视为向香港公司提供免税贡献（tax free contribution）④，然后成都公司“假定退股（hypothetical redemption）”给香港公司以换取现金。成都公司退股现金所得视为正常股息，股息等于香港公司累积利润的部分是境外收入，超出部分如果在美国子公司累积利润之内，则视为源自美国的股息收入，应纳美国正常所得税。

本书用例子中的数字进一步说明。假如成都公司以400万美元的价格出让美国三家子公司，香港公司的累计利润为310万美元，美国子公司的综合累计利润是320万美元。那么，成都公司收到的400万美元，其中310万美元来是源自境外的股息（等于香港公司的累计利润），其余90万美元视为源自美国的股息，因为美国子公司的综合利润为320万美元。源自美国的股息按10%的中美税务协定税率缴纳，香港公司作为代扣代缴人在支付款中扣除10%并在限定时间内上缴IRS。值得注意的是，成都公司收到的400万美元实际上都来自香港公司，不是从美国境内获得的，但是其中的90万美元收入在美国子公司的累积利润之内，所以不管实际上成都公司的收入是来自何方，出自美国公司的累计利润皆被视为源自美国的股息收入，必须在源泉扣缴⑤。

以股换股免税出让。如果成都公司出让美国公司所有股份给香港公司，以换取香

---

① Internal Revenue Code, Section 304.

② Internal Revenue Code, Section 1442.

③ Internal Revenue Code, Section 302.

④ Internal Revenue Code, Section 351.

⑤ Internal Revenue Code, Section 304（b）（5）. 在实际运用《法典》304条时，IRS也许会比较迁就，因为成都公司的收入毕竟不是实际意义上源自美国的收入，而且IRS对成都公司缺乏征收能力（但也不排除对美国子公司的替代征收可能）。

港公司的股份，并在出让后的瞬间对香港公司控股80%或以上的话，那么成都公司就不产生源自美国的股息[①]，因此免税。《法典》304条不适用以股换股的交换，因为香港公司没有实际上支付成都公司，况且成都公司本来就控股香港公司，所以不存在滥用和避税现象。如果出让还具有实际意义的商业目的，包括为了简化集团的全球业务流程，完善对整个集团的有效管理，以及准备在香港上市等，则滥用的意图也不存在。因此，成都公司出让美国子公司给香港公司，如果以股换股的话，则应该被视为免税交易。在年度申报上，无论应税与否，境外"上层"公司间的交易都必须在5472表里充分披露。

入境美国交易

深圳公司是一家中国电商企业，为了开拓多元化市场，几年前进军美国，成立了美国子公司A、B和C，直接开发北美市场，包括墨西哥和加拿大的市场。2020年，属下的成都公司又在香港特区成立销售公司，专门负责中国海外的销售业务，并把美国的营销公司出让给了香港公司。

在香港公司和美国公司建立之前，深圳公司都是通过第三方平台向境外销售产品，如亚马逊货物代发平台（Fulfillment by Amazon，FBA）等。利用第三方平台销售的好处就是方便，产品在美国境外进行过户完成销售，也可以让第三方代为销售。如果产品是在进入美国前完成销售的话，深圳公司在美国就没有任何法律和纳税义务，所有的义务都在产品销售地产生（如中国境内或其他国家和区域）。但是，如果深圳公司委托美国第三方在美国境内（或整个北美地区）销售产品，那么在美国就有可能形成常设机构（permanent establishment，PE），因而在美国有纳税义务。

顺便提一下，美国公司所得税没有常设机构这个概念，而是有效关联美国商贸活动（effectively connected with U. S. trade or business）概念，下一章将专门对此进行详细讲解。有效关联美国商贸活动与常设机构相似，但在中美税务协定里还是使用了常设机构，凡是涉及中美税务居民间的交易，都可以启动中美协定。

作为全面负责的总公司，深圳公司应该尽量避免涉入美国的法务和税务。建立一个独立的对外销售香港公司是明智的举措，即使香港公司涉及美国税务，也穿透不到深圳公司。香港公司出口产品到美国，如果清关后再由美国公司接手的话，香港公司是有申报和缴纳美国所得税义务的，因为销售行为发生在美国境内。即使在美国境内没有常设机构，香港公司也必须就源自美国的收入进行申报，填写1120－F表（外国

① Internal Revenue Code, Section 304（c）（2）; Treasury Regulation 1. 304－5（b）.

公司的美国所得税申报）。另外，如果在美国的第三方是实际意义上的香港公司代理人的话，该公司也可能被视为委托人而产生有效关联美国商贸活动，从而具备在美国申报和纳税义务。

利用美国第三方销售产品的缺点，除了利润被分割外，产品一旦进入美国或在美国的第三方仓库，香港公司就对产品的流向失去了掌控，所有的信息都是通过第三方公司传递的，这种间接传递的市场产品信息通常不够及时且大打折扣，使出口公司无法全面和快速地了解美国市场对产品的反馈，很难及时把准市场脉搏，对产品和市场放送等做出及时有效的调整，结果往往造成反应滞后，很容易失去市场先机。

在美国设立营销子公司，在很大的程度上解决了这一问题。在第一章中，已经详细说明，要直接了解产品和市场、及时调整公司生产和营销策略，最佳的方法就是在美国设立子公司，与终端客户零距离接触。在美国成立子公司，正式建立美国境内实体，通常属于入境交易范围；而在美国公司成立后，由美国公司向美国境外延伸业务，在其他国家进行商务活动，则属于出境交易。

美国公司出境交易

中国母公司在美国成立子公司后，由于子公司与北美其他国家实际距离比较近，且沟通起来也比较方便，经常会授权美国子公司负责北美地区的业务，或者直接由美国子公司控股其他北美国家的子公司（如墨西哥和加拿大公司）。下面谈谈“三明治”的下面一层，即美国境外子公司的商务活动对美国公司的税务影响。笔者还是用同一个例子来解释，虽然不能囊括全部境外交易类型，但大家对美国公司境外交易应该有初步了解。第九章会详细介绍美国公司出境交易。

受控外国公司出售子公司。首先，来看例子中的墨西哥子公司出售加拿大公司的交易。经过几年的运营，美国销售公司对北美市场逐渐熟悉，尤其是加拿大市场。进过审慎斟酌和美国公司 A 的允许，墨西哥公司出售加拿大公司给加拿大的第三方。

从美国国际税务来看，墨西哥公司出售加拿大公司的所得视为美国公司 A 的受控外国公司（controlled foreign corporation，CFC，即墨西哥公司）的附篇 F（Subpart F）收入[①]，而这里的附篇 F 收入或被视为“外国个人持股公司收入（the foreign personal holding company income，FPHCI）”[②]，为正常股息，因此，美国公司就出售所得以正常收入缴纳联邦所得税。但是，如果加拿大公司在出售前做了打钩（check－the－box）选择“忽略实体（disregarded entity）”，那么出售的所得就会免于美国联邦所得税。

---

① Internal Revenue Code，Section 952.

② Internal Revenue Code，Section 954（c）.

为什么会有这样不同的结果呢？现在再来看看最典型的依据——美国税务法院2004年的案例裁决①。该案例涉及美国全资子公司出售它的境外所属公司给不相关的第三方，出售后，美国母公司向IRS补交申请对出售公司的打钩选择，IRS批准了申请。美国母公司在年度申报中对出售所得做了免税处理，IRS不同意，认为境外子公司的出售所得属于美国公司的外国个人持股公司收入，应该以正常股息对待，以正常收入纳税。美国母公司与IRS产生了异议，于是将案例上诉到美国税务法院。

具体情况如下：上诉人是美国特拉华Dover公司（简称“美国Dover”），全资拥有特拉华资本形成公司（Delaware Capital Formation，DCF），而DCF又全资控股Dover英国持股有限公司（Dover U. K. Holdings Limited，简称“英国Dover”）。英国Dover又拥有英国公司Hammond & Champness Limited（简称“英国H&C”）。英国H&C是美国DCF的第二层外国子公司，从事电梯安装和维修业务。

1997年6月30日，英国Dover和美国Dover与在英格兰注册的德国公司Thyssen及它的母公司Thyssen Industrie AG签订了出售英国H&C的协议。1997年7月11日，出售交易顺利完成。

在英国H&C出售后的1998年12月3日，美国Dover代表向IRS提出申请延期打钩选择，将英国H&C视为忽略实体，打钩选择追溯至英国H&C出售以前。IRS批准申请后，英国H&C在1999年10月10日打钩选择为忽略实体，并于1997年6月30日（英国H&C出售前）生效。

2000年9月14日，IRS向美国Dover发出了1996年和1997年纳税年度的联邦所得税补税通知。美国Dover同意就其他税项补税，但就打钩选择和忽略外国实体的外国个人持股公司收入与IRS有争议。IRS认为，英国H&C出售的资产并不是英国Dover运营资产②，所以应该视为附篇F收入③。

一般来说，美国股东就其外国公司在境外的收入不纳税，除非境外收入通过股息分配、清算以及对美国固定财产的投资等形式回归美国。例外就是，当外国公司是受控外国公司时，拥有股份10%或以上的美国股东必须对受控外国公司产生的附篇F收

① Dover Corporation and Subsidiaries v. Commissioner, 122 T. C. No. 19 (May 5, 2004) [EB/OL]. (2004-05-05) [2021-02-14]. https://www.leagle.com/decision/2004446122stc3241428.

② Reese v. Commissioner, 615 F. 2d 226 (5th Cir. 1980) [EB/OL]. (1980-04-08) [2021-02-14]. https://law.justia.com/cases/federal/appellate-courts/F2/615/226/415929/; Azar Nut Co. v. Commissioner, 94 T. C. 455 (1990), aff' d 931 F. 2d 314 (5th Cir. 1991) [EB/OL]. (1990-03-20) [2021-02-10]. https://www.leagle.com/decision/199054994ytc4551525; Acro Manufacturing Co. v. Commissioner, 39 T. C. 377 (1962), aff' d 334 F. 2d 40 (6th Cir. 1964) [EB/OL]. (1964-07-08) [2021-02-10]. https://law.justia.com/cases/federal/appellate-courts/F2/334/40/108926/; and Ouderkirk v. Commissioner, T. C. Memo. 1997-120 [EB/OL]. (1997-03-10) [2021-01-31]. https://www.courtlistener.com/opinion/4553793/welch-v-commissioner/.

③ Internal Revenue Code, Section 954 (a) (1).

入按所持股份比例纳税。

所谓附篇 F 收入包括被动收入和一些来自关联公司的收入，也包括 2018 年生效的全球无形资产低税收入（详情请参阅第九章）。通常来说，受控外国公司出售其子公司的股份所得视为被动收入，归入附篇 F 收入，股东按正常股息收入纳税。

为了避免附篇 F 收入，英国 H&C 打钩选择为忽略实体，打钩选择有效地将英国 H&C（美国联邦税法意义上的）清算[①]，清算的结果就是英国 Dover 拥有所有英国 H&C 的资产[②]，而英国 H&C 也视为英国 Dover 的一个部分。

美国 Dover 的观点是，由于英国 H&C 被打钩视为忽略实体，而英国 Dover 因此接手英国 H&C 所有资产，所以英国 Dover 出售的不是英国 H&C 的股票，而是英国 Dover 的资产（对于当地法律来说，出售仍被视为股份出售）。根据受控外国公司制度，出售商业运营资产不产生附篇 F 收入，因此，作为母公司的美国 Dover 在这次英国 H&C 出售中不产生正常股息。另外，美国 Dover 还利用 IRS 自己的裁定[③]，坚持认为英国 Dover 的商务与已经清算的英国 H&C 的业务一模一样，英国 H&C 被视为清算的结果是英国 Dover 出售自己的商业资产，而不是出售英国 H&C 的股份，英国 Dover 商业资产的出售所得并不构成附篇 F 收入，所以美国 Dover 没有正常股息收入。

美国 Dover 上诉到美国税务法院后，法院站在了美国 Dover 一边，认为由于英国 H&C 的清算，英国 Dover 应该被视为从事英国 H&C 清算前的业务，而英国 H&C 的资产应该属于英国 Dover 的商业资产。法院还认定，既然 IRS 同意了补交的打钩选择申请，那么根据打钩原则，选择的忽略实体应该视为母公司的一部分，清算子公司的业务历史和活动均由母公司继承。法院最后裁定，由于英国 H&C 的资产是英国 Dover 的商务资产，而英国 H&C 在联邦税务上已经清算，所以，英国 H&C 的出售不构成它的股份出售，而是英国 Dover 的商业资产出售，出售所得不属于外国个人持股公司收入[④]，即不构成附篇 F 收入，所以美国 Dover 对英国 H&C 出售所得作免税处理是正确的。

在例子中，如果在出售加拿大公司之前，将加拿大公司打钩选择为忽略公司，那么加拿大公司就视为清算并入墨西哥公司，加拿大公司的资产也视为墨西哥公司的商务资产，而出售加拿大公司的股份则会视为等同于出售墨西哥公司的商业资产。因此，加拿大公司出售所得不构成附篇 F 收入，美国公司 A 不产生视为正常股息收入，整个交易为免税交易。

---

① Internal Revenue Code, Section 332.

② Internal Revenue Code, Section 334.

③ Revenue Ruling 75 – 223.

④ Internal Revenue Code, Section 954 (c) (1) (B) (iii).

跨境关联交易

最后，探讨一下跨境交易所涉及的问题。前面已经讲了“三明治”架构的上下层中的交易，但是在中间的美国公司与上层和下层之间的交易也是一个必须引起重视的问题，即通常所说的跨境关联交易。先在这里把这个概念提出来，在本书的最后三章里，会专门探讨关联交易的问题。

在本章的例子中，深圳公司在成立初期，从国内第三方收购一些简单的产品，卖给国内的出口贸易公司，通过贸易公司将产品销往国外。后来，为了求发展，减少中间环节，公司就直接找美国的零售商，零售商派代表到国内看产品样品，下订单，销售交易还是在国内完成。到这一步为止，公司的交易一直没有跨越国境。

后来，电子商务出现了，商品销售开始了革命性的变化，产品也开始直接抵达终端客户，市场瞬间成倍扩大。深圳公司为了掌握市场先机，一面在国内扩大供应链，同时自己投资设厂开始生产产品；一面在香港特区成立专门销售公司（香港公司），负责对海外市场的营销，同时在美国成立了全资子公司，美国公司又进而在加拿大和墨西哥成立了控股公司。至此，公司在北美地区的布局基本完成，公司的营运也从根本上得到了改变。

香港公司从内地关联制造商那里获得最终产品，卖给美国关联销售公司。产品因此两次跨境交易，即从深圳公司（或成都公司）先跨境到香港公司，然后再从香港跨境到美国销售公司。另外，美国销售公司 A 与它的加拿大和墨西哥子公司之间也存在着互相交易。这几次跨境交易皆属于关联交易，因为是在关联公司之间完成的，所以各公司都必须遵守相应的中国内地、香港特区或美国的有关制约关联交易的规定（转让定价法规）。笼统地说，这些规定都是按照“独立交易原则（arm’s length principle）”制定的，而独立交易的意思就是关联各方的跨境交易必须遵守非关联的独立公司间的独立交易原则，或“愿买愿卖”原则。

关联交易不仅限于产品交易，还包括其他各种各样形式的交易，比如香港公司对美国销售公司的技术、资金、管理、物流以及无形资产等方面的支持，只要交易跨境发生在关联公司之间，独立交易原则就必须遵守。虽然，这个例子所涉及的国家和地区有中国内地、香港特区、美国、加拿大和墨西哥，而且各地对关联交易都有自己的法规，但世界各国家都基本使用独立交易原则。由于世界经济组织积极地在世界范围内努力协调，它们之间即使存在着一些细则上的不同，大原则也基本相似，这就给跨国集团在关联公司之间的交易提供了一些方便和保障。

综上所述，国际税收包括两大方面，入境交易和出境交易。交易进入美国（“请进来”）是入境交易，交易离开美国（“走出去”）称出境或离境交易，关联交易则同时存在于入境交易和离境交易中。中美跨境各种交易除了要遵循中美两国的国内税法的规定之外，中美税收协定中的各种条款也不容忽视。比如，按照美国国内法的税务法规规定，出境股息应实施源泉扣缴，在出境前扣缴30%的预提所得税（withholding tax），而税收协定则规定中美两国税收居民之间的股息所得可以适用10%的预提所得税优惠税率，那么在两国间实际股息分配时则可以适用10%的优惠预提所得税率。税收协定按其本质具有互换性（reciprocity）。

中美税收协定

税收协定，指两个国家之间通过谈判而商定的有关个人和公司所得税的协定，涉及两国税务居民在协定国的所得税税项处理，在很大程度上缓解了协定国之间税务居民被两国重复征税的程度，中美税收协定的官方全称为《中华人民共和国政府和美利坚合众国政府关于对所得避免双重征税和防止偷漏税的协定》[①]（简称“中美税收协定”或“税收协定”），税收协定于1984年4月30日在北京签订。

税收协定最基本的目的是促进协定国之间的贸易和投资，减轻所得税负担，为两国的经贸和商务交流清除税务障碍。比如，中美税收协定把固定的、确定的和周期性的收入预提所得税率从美国联邦国内税法定的30%减低到10%，这类预提所得税税项包括股息、利息、特许权使用费等。税收协定的本质具有双边性和互惠性（reciprocity），所以中美税收协定既适用于在美国进行商务活动的中国公司，也同样适用于在中国进行商务活动的美国公司，但不适用于在美国或中国境内成立的公司。

不同国家之间签署的双边税收协定的内容并不完全相同，它们通常是两国基于某个税收协定的范本（model treaty），经双方协商调整后确定下来的。目前，国际上最重要、影响力最大的两个国际税收协定范本——经合组织的《关于对所得和财产避免双重征税的协定范本》，即《OECD协定范本》；联合国的《关于发达国家与发展中国家间避免双重征税的协定范本》，即《UN协定范本》。这是两个国际组织为了协调和指导各国签订双边税收协定或多边税收协定而制定并颁布的示范性文本。各国在签订协定的活动中，不仅参照两个税收协定范本的结构和内容来缔结各自的税收协定，而且在协定大多数的税收规范上，都遵循两个协定范本所提出的一些基本原则和要求。美国财政部在1977年颁布了自己的模板协议，并在1981年对模板进行了更新，1987年

① 国家税务总局（2011年3月28日）：《中华人民共和国政府和美利坚合众国政府关于对所得避免双重征税和防止漏税的协定》。http://www.chinatax.gov.cn/chinatax/n810341/n810770/c1153055/content.html.

生效的中美税收协定就是按照美国模板协议商定签署的。

所有税收协定都是互惠协议，中美之间的税收协定也不例外，可以视为一个协定两种语言的版本，中文版与英文版的税收协定毫无差异。中美税收协定主要内容包含纳税人定义、税种（所得税）、税务居民定义、常设机构定义、营业利润、股息、利息、特许权使用费、财产收益等。这里有一点需要指出，虽然在中美协定中有关于“常设机构”的相关规定，但是在美国联邦所得税法中并没有“常设机构”的概念，与“常设机构”类似的是“有效关联美国商贸”的概念。常设机构和有效关联美国商贸两者最大的区别在于：前者注重于实际存在（physical presence），如管理场所、分公司、办公室、工厂等；后者除了实际存在以外还注重经济和商务活动实质，即是否存在有效关联美国商贸活动，后者比前者更注重实质，相似于现在流行的“经济常设机构（economic PE）”。

税收协定的税收优惠只适用于协定缔约国的税务居民，非协定国的税务居民不能享受协议优惠和保护，实际操作中要避免“协定滥用（treaty shopping）”问题。协定滥用是指位于非协定缔约国的公司（或个人）试图将其收入转移到位于协定国的公司（或个人），以便利用税收协定的优惠和保护。协定滥用是一种较为普遍的现象，IRS通过一些法院案例和行政裁定（administrative rulings）来打击税收协定滥用，最典型的法院案例是1971年美国税务法院对艾肯工业（Aiken Industries）案做出的判决①。

案例中的美国特拉华公司（简称“MPI”）在1963年向其巴拿马的母公司（简称“ECI”）借贷225万美元，并在1964年和1965年开始支付贷款利息。当时，美国与巴拿马没有税收协定，如果MPI向ECI直接支付利息的话，MPI就必须向IRS代扣代缴30%的利息预提所得税。为了避免这30%的预提所得税，ECI把借贷的票据（note）转让给了洪都拉斯子公司（简称“Industrias”），并指示MPI向Industias支付利息。美国与洪都拉斯在1964～1965年有生效的税收协定，协定第九章明确规定借贷利息豁免所得预提所得税。所以MPI向Industrias支付的利息不用在美国代扣代缴所得税；另外，因为Industrias欠ECI款项，所以Industrias将利息转手支付给ECI也不应缴税，这样，ECI的借贷利息收入就完全免税。

美国税务法院对这一利息支付交易的判决是MPI必须向IRS代扣代缴30%的ECI利息所得税。美国与洪都拉斯的税收协定不能免除MPI的利息预提所得税，因为借贷是在MPI和ECI之间发生的，利息的法定和实质所有人应该是ECI，而ECI安排让Industrias接受利息完全是为了逃税的目的，是滥用税收协定。美国税务法院对此案判决的理由是：

---

① Aiken Industries, Inc. v. Commissioner, 56 T. C. 925 (1971) [EB/OL]. (1971 - 08 - 05) [2021 - 01 - 20]. https: //casetext. com/case/aiken - indus - inc - v - commr - of - internal - revenue.

1. 就税收协定而言，利息获得不能只是短暂的拥有；
2. 获得要求对资金的完全控制；
3. 交易三方皆为同一个关联集团的成员；
4. 该交易安排没有经济和商务实质，只是为了获得税收协定的优惠；
5. 洪都拉斯公司（Industrias）实际上只是一个款项代收人而已。

1984 年，IRS 还颁布了两个裁定，有关背对背贷款（back - to - back loans）交易①。每个裁定都涉及美国公司向外国关联公司借贷，支付给外国关联公司的利息受到美国与外国关联公司所在国的税收协定的豁免优惠，但是该外国关联公司的资金却都是从非税收协定国纳税人那里转借而来的。这样绕了一个圈子，目的就是避免美国预提所得税。IRS 引用了艾肯工业一案，裁定美国公司向外支付的利息必须扣缴 30% 的美国预提所得税，因为那个外国关联公司只是一个管道公司（conduit），它只是暂时拥有利息，对这笔资金并没有实质性的控制，所以它的存在忽略不计，实质上的借贷交易是在美国公司和处于非协定国的外国借贷人之间发生的。

关于中美税收协定就大致介绍到这里。因为这个协定实际上是一个版本两种语言，即中文和英文，而这两种语言具有同等的效力，大家可以在国内查询中文版的中美协定。至此，对美国联邦国际税务的概念介绍暂告一段落。在接下来的第八章里，将围绕中国企业赴美经营活动，专门探讨外国公司到美国入境交易所要涉及的联邦公司所得税问题。

① Revenue Rulings 84 - 152, 1984 - 2 CB 381; 84 - 153, 1984 - 2 CB 383; 85 - 163, 1985 - 2 CB 349; 89 - 110, 1989 - 2 CB 275.

第八章 中国公司赴美(入境)交易

中国公司入美交易就是通常所说的入境（inbounds）交易，会受到美国联邦税务法律的制约。中国母公司在美国设立的子公司，必须按照美国居民公司纳税规定履行纳税义务；如果中国公司没有在美国设立子公司，而是与美国客户有直接的商贸关系并从中获得收入，作为美国的非居民公司，也必须为获得源自美国的商贸收入履行美国税务申报和纳税义务。因此，中国公司在两种情形下会产生美国联邦税的应税义务：第一，收入来源自美国，但不是从美国积极商贸活动中获得的，即非有效关联美国商贸收入；第二，收入来源自积极从事美国商贸活动，即源自有效美国商贸收入。下面就这两种情况展开说明。

非有效关联美国商贸收入

中国境内公司如果持有美国公司的股份，则会产生源自美国的股息类收入，这些股息收入属于源自美国的收入，基本上是消极所得，不构成公司的主营业务，所以这类收入称为非“有效关联美国商贸收入（effectively connected income with U. S. trade or business，ECI）”。因为是源自美国的收入，应该在美国纳税，通常是以源泉扣缴的方式履行纳税义务的，股息在支付环节会按照30%扣缴预提所得税（中美税收协定将股息支付按10%扣缴预提所得税）。美国联邦所得税法规定，那些符合固定、明确和周期性属性的跨境收入在支付环节必须扣缴预提所得税①，包括股息（dividends）、利息（interest）和特许权使用费（royalty）等。

股息

股息被定义为一种固定、明确和周期性的收入，而所有具有这种属性的源自美国的收入皆符合源泉扣缴条件，预提所得税率为10%（中美税收协定税率）②。股息的支付不限于现金，也可以用资产（property）来支付，如果是资产支付，则股息额等于资产的公允价值（fair market value 或 FMV）。另外，如果美国公司符合80/20规定，那么它支付给中国公司的股息仅按源自美国的收入比例在美国担负纳税义务，因为80%股息被视为非源自美国的股息。所谓的80/20规定是指境外积极商务活动占所有商务活动的80%或以上，而且80%或以上的收入源自境外的积极收入。这个比例计算是按照公司三年的平均值来计算的，请看下面的例子：

比如，一家美国国内公司（简称“USC”），支付其两个股东各100美元股息。一个股东是非美国居民个人，而另一个股东则是中国境内公司。在过去的三年时间里，USC的总收入是1000美元，其中50美元是来源自美国的收入（U. S. －source），150美元是源自境外的利息收入，800美元是所谓的积极境外商务收入（active foreign business income）。USC符合80%积极境外商务规定（800美元积极境外商务收入÷1000美元的总收入），于是它支付给股东的股息免税比例是95%［即（150美元境外利息收入＋800美元境外商务收入）÷1000美元的总收入］。因此，USC支付给两个股东的100美元股息中95美元是免税的，应税的股息只有5美元。如果USC三年的收入中

① Internal Revenue Code, Sections 1441 and 1442.

② Internal Revenue Code, Sections 871 (a) (1) (A) and 881 (a) (1).

有来源自美国收入50美元，源自境外投资收益200美元，以及750美元的积极境外商务收入，那么USC就不符合80%境外积极商务收入的要求，其结果则是非美国居民个人和中国境内公司从USC获得的所有股息都应税。

另外，所谓资本利得股息（capital gain dividend）虽然是源自美国的收入，但并不属于固定、明确或周期性所得，所以免征美国联邦所得税。资本利得股息是由受监管的投资公司（regulated investment company，RIC）分发给其股东的，要使股息符合资本利得股息，RIC的基本要求必须要满足，如果没有满足，RIC分发的股息在做税务处理的时候就不会被视为资本利得股息。

利息

利息收入是一种固定、明确或周期性的收入，所以外国公司从美国获得的非有效关联美国商贸的利息收入必须应税，实行源泉扣缴①，税率为10%（中美税收协定税率）。外国公司源自美国境外的利息收入不纳税。

此外，外国公司从美国获得的三种利息可以免税，包括：（1）银行利息；（2）资产组合利息（portfolio interest）；（3）某些短期债务的原始发行折扣（original issue discount，OID）支付。这三种利息基本涵盖了外国公司在美国利息收入的大多数，因此美国被公认为利息收入的“避税天堂”。

银行利息收入就是外国公司从在美国的银行账户中获得的存储利息收入，包括储蓄等账户。银行利息免税的目的是鼓励外国纳税人在美国存款和储蓄，以帮助美国的国际收支差额平衡（balance of payments）。另外，遗产信托受益人从信托中获得的利息也同样不纳税，免税信托利息收入可在遗产税筹划中有效运用。

资产组合利息收入一般指外国投资人从美国的投资中所获得的利息，如从房地产按揭投资渠道（real estate mortgage investment conduit，REMIC）所获得的利息收入。1984年以前，美国很多公司通过自己在境外的全资金融子公司在海外进行借贷活动，利用境外金融子公司向境外金融机构借贷，而境外金融机构从美国境外子公司中获得的利息收入不向美国联邦政府纳税，这样就有利于鼓励境外金融机构向美国公司提供借贷。

美国国会在1984年的税改中增加了资产组合利息条例，允许符合条件的境内机构直接向国外借贷，而国外借贷方从美国境内所获得的利息收入免除所得税，该法律很大程度上减少了美国公司在境外设立全资金融子公司的需求。值得注意的是，资产组

① Internal Revenue Code, Sections 1441 and 1442.

合利息必须是非有效关联美国商贸的收入，如果是源自美国的有效商贸收入，那么资产组合利息就会失去免税优惠资格。比如，持有美国公司 10% 以上股份的境外股东收到的美国公司支付的利息则不属于资产组合利息，因此不符合免税条件，因为境外股东所获得的利息属于源自美国的有效商贸收入。

原始发行折扣（简称“OID”）一般指债券到期兑现价超出发行价部分。如果一公司发行 30 年债券，面值 1000 美元，账面年利率 2%（市场利率 5%），出售价 850 美元。那么这 150 美元的发行面值与出售价之间的差额是用来弥补低于市场的账面利率的，也就是 OID。对于债券发行者来说，除了利率 2% 以外，OID 是附加发行成本，在税务上可以扣除；而对于债券购买者来说，OID 是属于应税利息收入。

对于外国公司购买美国债券，如果是少于 183 天的短期债券，债券的 OID 是免税的。另外，总体 OID（150 美元）是根据债券有效期和利率来折旧（accrual）分摊，年分摊部分每年应税。但是，对于外国购买者分摊部分则不征税，只有等到债券到期兑现或出售时，才对总体 OID 征税。

特许权使用费

虽然美国联邦税法没有把特许权使用费列入固定、确定或周期性的收入，但 IRS 的法规和一些行政裁决以及法院案例都将特许权使用费归类于“其他固定、确定或周期性的收入和利润”[①]。因此，外国公司获得的美国公司支付的特许权使用费一般应税，按 30% 的预提所得税缴纳（中美协定税率 10%）。但是，如果美国公司向外国公司购买无形资产，那么美国公司向外国公司支付的就不是特许权使用费，而外国公司向美国公司转让无形资产，转让所得可以免除美国联邦所得税。

此外，有一种可能发生双重（或多重）征税的情形，俗称“级联（cascading）”现象。源自美国的特许权使用费一般都是因为无形资产在美国境内使用，对于同一资产的授权和再授权会产生对多个外国个人和（或）公司的多重征税。

比如[②]，一家香港公司授权（license）中国个人在美国的一项技术专利，中国个人专利收入的 80% 归香港公司。一家美国公司从中国个人那里得到这项专利的再授权（sublicense），并支付其特许权使用费 100 美元，从中扣除 10 美元预提所得税（10% 中美税收协定税率）[③]。但是，这个专利实际上是香港公司开发并授权给中国个人的，

---

① Treasury Regulation Sections 1. 871 – 7（b），and 1. 881 – 2（b）.

② Revenue Ruling 80 – 362，1980 – 2 CB 208；and Kuntz Joel D. & Peroni Robert J. U. S. International Taxation，Volume 2 [M]. Warren，Gorham & Lamont，Valhalla：NY，2002.

③ Internal Revenue Code，Section 1442.

所以中国个人在把源自美国的特许权使用费支付给香港公司时要扣除30%的预提所得税24美元（美国和香港特区没有税收协定）①。结果是美国公司为这一专利技术的使用共支付了双重税34美元，实际税率达34%。在实际运作过程中如果发生类似情况，所涉及的个人和公司可以启动多边多重征税减免申请机制。

除了以上三种应税收入以外，还有其他特定的收入，如租赁收入（rents）等。比如，笔者曾经的一个国内文化电影客户公司与美国好莱坞公司合作拍电影，合约规定收入三七开。在2020年电影上市后，国内电影公司每一季度分到的收入约1000万美元，源自美国的收入为每季度800万美元，扣除80万美元的预提扣缴税（中美协定税率10%），总收入为920万美元。好莱坞公司必须在支付国内公司后的几天时间里（一般三天内）向IRS支付扣缴的80万美元，并在年底申报1142表，向国内公司提供1142－S表以作凭证。

源泉扣缴纳税一般适用于外国公司源自美国的非有效关联美国商贸的收入，所以如果中国公司认为扣缴过高，可以在美国进行递交申报退税，申报的表格是1120－F表。这里有几点需要注意：第一，中国公司为了退税而申报1120－F表的，可以使用简易申报方法；第二，中国公司申报1120－F表时，对于不能确定是否发生在美国境内的费用，必须按收入的比例分摊；第三，在美国申报1120－F表会被视同为在美国存在有效关联美国商贸活动（类似常设机构），因此中国公司必须披露很多信息，包括公司的非税信息和公司主要负责人的个人信息；第四，如果存在有效关联的中国公司没有及时申报1120－F表，那么IRS就可以拒绝应税扣除、税额抵免等，因此中国公司实际上的税负就会是21%的毛利润（而不是扣除后的应税净收入）。

如果中国公司在美国存在有效关联美国商贸活动，那么这些活动所产生的收入属于有效关联美国商贸的收入，不在预提所得税的范围之内，必须以美国税务居民的收入同等对待，而中国公司则必须做年度外国公司的美国税务申报，即1120－F表。

有效关联美国商贸收入

本书反复地提到所谓有效关联美国商贸活动和收入，就是因为它们的重要性，但是它们究竟是指什么呢？怎样才算有效关联美国商贸呢？下文将做较为详细的介绍。

外国公司从事美国商业活动一般承担以下两种美国税务的义务：

第一，在美国从事商业活动的外国公司就其源自美国的非商务收入（non－busi-

---

① Internal Revenue Code, Section 1441.

ness income）进行纳税。源自美国的非商务收入视为固定、确定或周期性的收入，属于应税收入源泉扣缴范畴。就像刚刚讨论过的一样，这类收入在计税时没有扣除，税率是统一的30%预提所得税（除税收协定税率外）。

第二，如果外国公司的收入属于有效关联美国商贸的收入，那么外国公司从美国获得的净收入就必须在美国纳税，在计算净收入时允许扣除合理分摊到的费用。如果外国公司在美国没有设立子公司，那么外国公司就必须在1120－F表里申报其源自美国的有效关联美国商贸收入。

由此看来，有效关联美国商贸是一个关键点，不符合这一规定的中国公司只对源自美国境内的收入由扣缴代理人代扣代缴预提所得税，中国公司不要求在美国进行申报。但如果中国公司认为扣缴税过高，则可以选择通过1120－F表申报退税。如果符合有效关联美国商贸规定，那么中国在华公司就会被视同美国税务居民公司，必须在美国境内申报纳税。那么，究竟什么是"有效关联"？什么是"美国商贸"呢？

美国商贸

美国联邦所得税法对"美国商贸活动（the conduct of trade or business within the United States）"的定义很宽松，只在个人服务（personal services）①、证券交易（security trading）和商品贸易（commodities trading）方面有一些较为明确的规定②。所有没有明确规定的活动是否属于美国商贸活动由法院和IRS来裁定③，如果外国公司或个人发生有以下几种活动，法院和IRS一般都会裁定该外国公司或个人构成美国商贸活动：

1. 通过代理人在美国营销产品④；

2. 从美国出口产品，在美国的商务活动包括营销、产品检验、购买，以及办公室维护和银行账户拥有等⑤；

3. 在美国进行赛马活动⑥。

如果外国公司或个人有以下所列几种情况，法院和IRS通常裁定为不构成美国商贸活动：

① Internal Revenue Code, Section 864（b）（1）.

② Internal Revenue Code, Section 864（b）（2）.

③ Revenue Ruling 88－3, 1988－1 CB 268.

④ Revenue Rulings 70－424, 1970－2 CB 150 & 55－617, 1955－2 CB 774.

⑤ United States v. Balanovski, 236 F2d 298（2d Cir. 1956）[EB/OL].（1956－06－04）[2021－01－15]. https://casetext.com/case/united－states－v－balanovski.

⑥ Revenue Ruling 58－63, 1958－1 CB 624.

1. 从美国律师处租赁办公室空间，没有指定的房间或办公桌①；

2. 维持在美国的办公地点是为了收取美国的股息分红②；

3. 在墨西哥运营广播频道③；

4. 预付现金给美国合资公司，借贷或资本追加，现金或借贷等是用来购买船只，并且购入后不久再出售④；

5. 战争时期在美国购买货物，然后非自愿转让那些货物⑤；

6. 在美国偶尔出售两次货物⑥；

7. 收取股息分红，并在美国进行非常规性购买和销售货物⑦；

8. 获得允许进行商务的执照并有美国地址的信笺⑧；

9. 在捕捉鲸鱼后免费送鲸鱼油给美国的客户⑨；

10. 从美国购买货物，并从供货商处直接送到美国境外的客户⑩；

11. 投资美国证券，并设有美国办公室处理日常事务⑪；

12. 在美国有个人投资账户⑫。

此外，IRS 规定纳税人向美国承保人购买保险或在美国实施保险合约不构成美国商贸活动⑬；另外，如果外国公司投资美国公司，外国公司在美国聘用人员监督美国

---

① Recherches Industrielles, S. A., R. I. S. A. v. Commissioner, 45 B. T. A. 253 (1941) [EB/OL]. (1941-09-30) [2021-01-20]. https://www.courtlistener.com/opinion/4718502/recherches-industrielles-s-a-v-commissioner/.

② Aktiebolaget Separator, v. Commissioner, 45 B. T. A. 243 (1941), in Duke, Steven. Foreign Authors, Inventors, and the Income tax [J], The Yale Law Journal, 1963, 72 (6): 1093-1169.

③ Piedras Negras Broadcasting Co., v. Commissioner, 43 B. T. A. 294 (1941) [EB/OL]. (1941-01-14) [2021-01-20]. https://www.ravellaw.com/opinions/3f0d587848b91f83ab769a7cf17ccbf3.

④ Jorge Pasquel, P-H Memo. TC (1953) [EB/OL]. (1953-12-23) [2021-01-20]. https://www.leagle.com/decision/1953144312oftcm143111048.

⑤ European Naval Stores Co., 11 TC 127 (1948) [EB/OL]. (1948-08-05) [2021-01-20]. https://casetext.com/case/european-naval-stores-co-v-commr-of-internal-revenue.

⑥ Linen Thread Co., 14 TC 725 (1950) [EB/OL]. (1950-04-28) [2021-01-20]. https://casetext.com/case/linen-thread-co-v-commr-of-internal-revenue-3/.

⑦ Continental Trading, Inc. v. Commissioner, 265 F2d 40 (9th Cir. 1959) [EB/OL]. (1959-03-10) [2021-01-20]. https://law.justia.com/cases/federal/appellate-courts/F2/265/40/63388/.

⑧ Consolidated Premium Iron Ores Ltd., 28 TC 127, 147, 150 (1957) [EB/OL]. (1957-04-23) [2021-01-20]. https://www.courtlistener.com/opinion/4699644/consolidated-premium-iron-ores-ltd-v-commissioner/.

⑨ Commissioner v. Spermacet Whaling & Shipping Co., 281 F2d 646 (6th Cir. 1960) [EB/OL]. (1960-08-10) [2021-01-20]. https://law.justia.com/cases/federal/appellate-courts/F2/281/646/60421/.

⑩ Amalgamated Dental Co., 6 TC 1009 (1946) [EB/OL]. (1946-05-09) [2021-01-20]. https://www.leagle.com/decision/194610156dytc10091887.

⑪ Scottish American Investment Co., 12 TC 49 (1949) [EB/OL]. (1949-01-27) [2021-01-20]. https://casetext.com/case/scottish-american-inv-co-v-commr-of-internal-revenue.

⑫ Edward A. Neuman de Vegvar, 28 TC 1055 (1957) [EB/OL]. (1957-08-27) [2021-01-20]. https://casetext.com/case/de-vegvar-v-commr-of-internal-revenue.

⑬ Revenue Rulling 70-304, 1970-1 CB 163.

公司的运营情况也不构成美国商贸活动[①]。

上文提到，除了在个人服务、证券交易和商品贸易方面有明确规定外，美国联邦税法对于外国公司是否存在着美国商贸活动基本上由法院或 IRS 来裁定，而法院或 IRS 在裁定中则考虑以上所列各项因素。

下面介绍个人服务、证券交易、商品贸易和其他方面的规定。外国公司或个人凡是符合规定的则被视为有美国商贸活动，否则商贸活动就不存在。

个人服务。外国公司或个人在美国提供个人服务（personal service）的一般都被当作从事美国商贸活动[②]，其收入则必须按美国税务居民的规定申报纳税。个人服务含意比较广，包括法律、医学、工程、设计、金融、会计甚至表演艺术等。个人服务活动的重点是向个人或团体提供个性化服务，如法律咨询或税务申报等。

符合以下三种情况的外国公司或个人，在美国提供的个人服务不属于从事美国商贸活动：第一，外国公司或个人是非美国居民、合伙公司合伙人或普通公司的员工，或是为了履行与这些非美国居民个人和公司的合约而在美国进行的个人服务；或者外国公司或个人是美国税务居民、合伙公司合伙人或普通公司的员工，但其服务是为了在美国境外的美国居民个人、合伙公司或普通公司[③]；第二，外国个人在美国滞留的时间一年内不超过 90 天；第三，外国公司或个人的个人服务年度总收入不超过 3000 美元[④]。

股票、证券交易。一个外国公司或个人可以进行美国股票和其他证券交易而不被视为从事美国商贸活动。外国公司或个人可以通过美国居民经纪人、佣金代理人、监护人或者其他独立代理人在美国进行买卖股票和证券活动，交易金额的多少不是决定因素，但是不得在美国有任何办公室或其他固定场所进行股票和证券的交易，否则就会被判作从事美国商贸活动。

外国公司或个人也可以用自己的投资账户来进行股票和证券交易，他们的员工、经纪人、佣金代理人、监护人或其他代理人也同样可以进行股票和证券交易，即使那些员工或代理人有自主交易的决定权，交易金额多少不是决定因素。但是，这一条款不适用于证券交易商，也不适用于那些在美国有办公室并且主业是股票和证券交易的外国公司。

大宗商品交易。这里的大宗商品是指在类似芝加哥商品交易所（the Chicago Mercantile Exchange）里面进行交易的各类商（货）品（commodities），包括农产品、矿产

---

① Treasury Regulation Section 1. 864 – 3（b）, Example 2.

② Treasury Regulation Section 1. 864 – 2（a）.

③ Internal Revenue Code, Section 864（b）（1）（A）; Treasury Regulation Section 1. 864 – 2（b）（1）（i）.

④ Internal Revenue Code, Section 861（a）（3）（B）.

品、石油以及其他非通常意义上的货品和产品，交易形式包括期权和期货（options and futures）。在判定大宗商品交易是否构成美国商贸时，股票和证券交易的相关条款同样适用于大宗商品交易。

合伙公司的合伙人。因为合伙公司是一种特殊的公司，俗称“管道公司”，它本身不是纳税实体，纳税实体是合伙公司的合伙人，而合伙人可以是个人，也可以是公司或其他合伙公司，所以从事美国商贸公司的合伙公司，其外国合伙人也应该被视作从事美国商贸活动①。同理，从事美国商贸的有限合伙公司（limited partnership）的普通合伙人和有限合伙人也都被视为从事美国商贸活动的合伙人。

如果中国公司是一个外国合伙公司（即“第一个合伙公司”）的合伙人，而那个外国合伙公司又持有另一个从事美国商贸的有限合伙公司（即“第二个合伙公司”）的股份，那么中国公司是否会被视作从事美国商贸活动的公司呢？答案是肯定的。因为合伙公司的纳税主体是合伙人，所以作为从事美国商贸的第二个合伙公司的合伙人——第一个合伙公司，也同样从事美国商贸；而作为第一个合伙公司的中国合伙人，则因穿透而被视为从事美国商贸活动。合伙公司合伙人的处理方法同样适用于其他管道公司的股东，如小型公司（S Corporation）公司、有限责任公司（LLC）等。

中国公司合伙人从事美国商贸的收入部分按其对合伙公司的持有比例计算。如果中国公司合伙人持股50%第一个合伙公司，而第一个合伙公司持股第二个从事美国商贸的合伙公司60%的话，那么中国公司合伙人的持股比例则是30%。因此，中国公司合伙人从事美国商贸活动的收入是30%的第二个合伙公司从事美国商贸的收入。此外，美国2017年底的税改提供合伙人20%合伙公司的收入减免，如果符合规定，中国公司合伙人从事美国商贸的收入只有24%应税（30%×80%）。从事美国商贸公司的收入必须按美国居民公司规定纳税，税率为21%。中国公司合伙人必须填报1120－F表，与从事美国商贸活动直接相关的费用可以在税前扣除。

从事美国商贸活动的遗产或信托受益人。遗产或信托像合伙制公司一样，本身不是纳税实体（或导管实体），受益人才是纳税主体。因此，对合伙公司的合伙人的处理方法同样适用于遗产或信托的受益人。如果外国公司是遗产（estate）或信托（trust）的受益人，而该遗产或信托从事美国商贸活动，那么该外国公司受益人从遗产或信托获得的收入也同样视为从事美国商贸活动的所得，属于有效关联美国商贸收入，必须与美国居民公司一样受到美国国内税法的约束。

如果中国公司是一个遗产或信托的受益人，而那个遗产或信托又持有另一个从事美国商贸的合伙公司的股份，那么这个中国公司受益人也会被视为从事美国商贸活

① Internal Revenue Code, Section 875 (1).

动，从遗产或信托获得的收入为美国商贸收入，按美国国内税法缴税。

出让美国房地产盈亏。外国公司转让或出售在美国的房地产，一般而言，属于美国商贸活动，出售房地产所产生的利得（亏）为有效关联美国商贸收入①。即使不构成有效关联美国商贸活动，外国公司也可以自愿选择作为有效关联美国商贸来处理②，用美国国内税法来计算缴纳所得税，以 21% 的公司所得税率申报纳税。

房地产折旧是税前扣除的重要组成部分，可以在计算管理房地产业务运营收入中扣除，但不能从出售房地产的资本所得中扣除。虽然公司的资本利得税率与其正常运营所得税率同为 21%，但如果外国公司是管道公司，而管道公司的合伙人是美国税务居民的话，管道公司的有效关联美国商贸的收入穿透到美国合伙人，合伙人可以用美国国内税来计税，并利用税率的差异来筹划房地转让交易（公司税率为 21%，个人所得边际税率最高为 37%）。另外，如果管道公司符合一定要求的话，合伙人只需申报 80% 的管道公司应纳税所得，这样就有效地降低了房地产交易资本利得税。

上文介绍了什么是美国商贸，外国公司什么样的商业活动会构成美国商贸活动，外国公司有了从事美国商贸活动会按什么样的规定进行纳税，以及导管公司股东、合伙人或受益人对导管公司分摊到的从事美国商贸活动是否会受到“牵连”等。但是，外国公司仅仅从事美国商贸活动还不足以构成美国税务居民，外国公司的商业活动必须与美国商贸紧密相连，这就是美国税法所讲的“有效关联”。

有效关联

美国联邦税法规定，外国公司符合有效关联美国商贸的收入必须按照美国国内税法履行纳税义务，仅仅符合“美国商贸活动”要求还不够，还必须同时符合“有效关联（effectively connected）”的要求。那么，什么样的收入属于有效关联的收入呢？美国税法对外国公司从事美国商贸源自境外的收入和源自境内的收入的税务处理是不同的。

从事美国商贸、收入源自美国境内。为了确定外国公司源自美国的收入是否属于有效关联美国商贸收入，美国税法将收入分成两大类：

第一类是源自美国的固定、确定和周期性收入，以及如组合利息、源自美国的销售或交换资产所得（亏）等其他收入。这种类型的收入如果符合两个测试就视为有效关联美国商贸的收入，这两个测试是资产使用测试和商务活动测试。

第二类是除了第一种类以外的所有其他源自美国的收入，也就是说，只要外国公

---

① Internal Revenue Code, Section 897 (a).

② Internal Revenue Code, Section 882 (d).

司有美国商贸活动，不管它是否有关联美国商贸收入，所有的收入皆被当作有效关联收入[①]。换句话说，除了第一种类型以外，如果外国公司在某年度里从事美国商贸活动，那么它所有源自美国的收入都会被当作有效关联美国商贸的收入。

刚才提到的第一类收入，如果符合资产使用和商务活动测试，就会被视为有效关联美国商贸收入。接下来看一看这两种测试：

资产使用测试。资产使用测试（asset - use test）主要测试外国公司的美国商贸活动是否占其总商贸活动的大部分，从而判断第一种类收入是否符合有效关联要求。如某一外国公司从事制造业，产品在美国销售，制造业务属于有效关联美国商贸业务；同时，如果该外国公司又从美国获得股息和利息，而股息和利息来自美国商贸活动所使用的资产，那么股息和利息也是有效关联收入。用于美国商贸的资产是指那些主要是为了促进美国商贸活动，并且是从美国商贸活动中获取的（如美国业务中产生的应收款）或者直接用于美国商贸活动的资产[②]。

比如，某一中国公司（简称“中企”）在中国从事工业设备制造，同时在美国设有一家分公司（branch），分公司主要是在美国分销中企在中国生产的产品。由于分公司的这些在美商务活动，中企应该是构成从事美国商贸活动。美国分公司必须有足够的现金从事在美国的分销活动，实际需求的金额则要看分公司实际分销情况。如果当年不需要大量资金，假设分公司用多余的现金购买美国联邦债券（U. S. Treasury bills, T - bills）。购入美国联邦债券是为了适应和调整分公司在美国的实际分销商务活动，所以持有该债券应该被视为与美国商贸有直接关系，而美国债券利息收入就是中企的有效关联美国商贸收入。

商务活动测试。有效关联美国商贸的另一个测试是商务活动测试（business - activities test），其重点在于外国公司在美国的商务活动是否对外国公司的收入起到关键作用。在应用商务活动测试时，投资组合的管理活动不是美国商贸活动，除非投资管理是外国公司在美国最主要的商贸活动[③]。

比如，某一中国公司（简称“中企 1”）是一家中国投资公司，经营范围是股票和证券。中企 1 的投资组合包括中国和美国公司的普通股票和大量投资级别较高的债券。中企 1 的商务活动包括管理这些投资组合，以及股票和证券交易等。中企 1 的主要办公室在美国，因为中企 1 在美国从事美国股票和证券交易活动，所以它在美国构成从事美国商贸活动。另外，中企 1 的投资组合管理活动也是美国商贸活动，因为它的管理对于源自美国的股息、利息和利得（亏）的实现起着关键作用，所以这些股

① Internal Revenue Code, Section 864 (c) (3); Treasury Regulation Section 1. 864 - 4 (a).

② Treasury Regulation Section 1. 864 - 4 (c) (2) (ii).

③ Treasury Regulation Section 1. 864 - 4 (c) (3) (i).

息、利息和利得（亏）都属于有效关联美国商贸收入。

又比如，另一家中国公司（简称“中企2”）在美国设有分公司（branch），而分公司在美国则扮演进口和分销产品的角色，由于分公司在美国的进口和分销商务活动，中企2则被视为从事美国商贸活动（分公司不是一个法律实体，而是总公司的代理人）。同时，中企2还将自己的专利授权给美国第三方公司在美国境内使用，美国第三方用专利生产的产品与分公司行销的产品很相似，但是中企2授权专利却跟美国分公司的主营业务没有直接的关系，分公司既没有参与中企2与美国第三方的专利谈判，也没有参加中企2的任何授权活动。另外，中企2的授权专利所获得的使用费没有对它的收入起到决定性作用。因此，中企2的专利使用费并不是有效关联美国商贸收入。

以上介绍的是第一类收入的两个测试，而第二类收入则涵盖了除第一类收入之外的所有源自美国的收入，包括源自美国的非固定、非确定和非周期性的，非组合利息收入，非出售或交换资产所得（亏），这些收入不管是否具备有效关联，只要有美国商贸活动，都会被视为美国商贸收入，这就是所谓的“强制归因（force - of - attribution）”。这一规定把外国公司正常出售美国库存或交易美国财产的利得（亏）等作为有效关联美国商贸收入，即使它所有商务活动都是在美国境外发生。

比如，某一中国公司（简称“中企”）从事销售电子设备的业务，在美国设立了分公司（branch）。分公司向客户行销电子设备，其中一部分客户在美国境内，行销谈判也在美国进行，中企因此被当作从事美国商务活动。中企同时还销售中国新疆产的葡萄酒，美国客户向中企的总部下订单，但是销售交易却在美国境内发生，分公司不参与葡萄酒的各种营销活动。很显然，中企销售葡萄酒的收入是源自美国的收入，进而被认定为有效关联美国商贸收入，即使美国分公司对葡萄酒的销售毫无关联，中企在美国也没有从事任何营销活动。

从事美国商贸、收入源自美国境外。假如有一家中国公司，遥控运营它在美国的业务，为中国企业在美国的子公司提供云端（cloud）数据处理服务，服务费由在中国的母公司支付。那么，这一中国公司的云端服务收入是否属于有效关联美国商贸收入呢？

一般来说，按照美国税收管辖权的规定，外国公司源自国外的收入、利得（亏）不属于有效关联美国商贸收入，外国公司既没有美国税收居民的身份，又不受收入来源地管辖权的约束，在美国没有纳税义务。但是以下两种情形是例外，属于美国的征税权延伸至外国公司源自境外的收入的情况[①]。

第一种例外是，在某种情形下，美国税法将境外收入归类于美国办公室收入，由此而判为有效关联美国商贸收入。比如，外国公司在美国有一个办公室或固定业务场

① Internal Revenue Code, Section 846（c）（4）.

所，并在整个税务年度内从事美国商贸活动，而源自美国境外的收入除了商贸收入外还包括利得（亏）、租赁、知识产权使用费、股息、利息以及库存类盈（亏）等，这些源自境外的收入则会被视为美国办公室收入，属于有效关联美国商贸收入。但美国办公室收入不包括来自控股公司的股息、利息、知识产权使用费和附篇 F 收入。

第二种例外就是保险收入。一般来说，外国保险公司在美国开展保险业务，其源自美国境外的收入视为有效关联美国商贸收入，不管该保险公司是否在美国有办公室或固定业务场所。但是，如果保险公司的收入只包含控股外国公司支付的股息、利息或知识产权使用费，那么这些收入就不是有效关联美国商贸收入。

上文较为详尽地解释了有效关联美国商贸和其收入的定义，中国公司涉美商贸交易凡是符合这一定义的，就必须按照美国国内税法尽纳税义务，与美国居民公司同等待遇。有些时候，在美国进行商贸活动的外国公司希望能符合这一定义，因为美国税法对待居民公司与外国公司相比还是有一定优惠的，如各种扣除。外国公司不符合有效关联美国商贸的收入就没有相应扣除，除了税收协定以外，很多所得都必须以 30% 税率支付预提所得税。

外国公司为了避免在美国申报和众多敏感信息的披露，在很多情况下，以成立美国子公司的形式在美国设立办公室或固定场所。美国子公司是美国的纳税实体，外国公司通过子公司在美国运营商务，就有效地阻止了美国政府对境外母公司的强制规定。下面着重探讨外国公司在美子公司的相关问题。

外国公司控股的美国公司

中国赴美投资公司在美国成立子公司要按照美国的国内公司所得税法尽纳税义务。如果中国公司不在美国设立子公司，而是作为外国公司在美国取得有效关联美国商贸收入，即使在美国没有实际业务场所，也必须在美国进行税务申报和纳税（1120－F表格系列）。但是，在很多情况下，外国公司都不愿意披露本身的信息，尤其是与美国业务无关的信息。如果中国公司被迫在美国申报，其在中国的很多本不应该也不会被披露的敏感信息就必须向 IRS 披露，尤其是那些与美国商务活动没有关联的商务信息，包括公司高层个人信息，这是一个非常头疼的事情。

为了避免这种被迫信息披露，以及合理享受同等美国居民公司的税收待遇，中国公司可以直接在美国设立一个全资或控股子公司。在美国设立的公司是美国居民公司，只披露和申报与美国商贸活动相关的信息，中国母公司在美国境外与美国商贸无关联的商贸活动就不需要申报和披露，同时享受在税务方面与美国本土公司的同等待遇。当然，如果中国母公司与美国子公司之间存在着关联交易的话，中国母公司的信息还是会被披露的，这个问题将在后面的篇幅里解释，并在本书的最后几章里详细说明。

在美国成立子公司，包括成立公司的形式、程序和联邦所得税的影响等，我们在前几章都已经详细阐述过了，不再重复了。在这里，介绍的是几个还没有涉及过的情况，包括在美国成立子公司时，以房地产交换新成立子公司的股权外，无形资产许可和转让，关联借贷，利润剥离、资本弱化和信息披露等。

美国房产换股份

前文解释过，外国公司出售或转让美国的房地产被视为有效关联美国商贸活动，所以出售或转让所得视为有效关联美国商贸收入，因此出售或转让外国公司在美国负有申报纳税义务。在美国国内税法章节里已说明，成立子公司时，母公司只要用现金或资产交换新公司的 80% 或以上的股权，母子公司在公司成立过程中都不应税。那么，外国公司用美国的房地产来交换新成立的美国子公司 80% 或以上的股份是否负有纳税义务呢?

比如，一家中国公司（简称“中企”或“母公司”）将其拥有的美国房地产转让给它新成立的美国子公司（简称“美子公司”）以换取美子公司的所有股份。美子公司是美国房地产持有公司，它的股份代表美国房地产利益（interest）。因此，在这里中企用它美国的房地产交换另一个代表房地产利益的新公司股份。假设，在没有中美税收协定的前提下，中企在成立子公司后立即转手出售美子公司股份，而出售股份的所得应税的话，美国免税公司成立条款适用，中企和美子公司在公司成立交易中免税。

但是，如果中企应用中美税务协定保护，在子公司成立后转手出让美子公司的股份时不应税的话，美子公司的成立就会被视为应税交易，母子双方都将计算在转让中的利润（亏）或利得（亏），并按投资设立公司当年的公司所得税率申报纳税，而交换资产和股份的基数也因此得到调整。

中国与美国的税收协定明确指出，中国公司出售股份的收入不应税，但协定并不免除中国公司出售美国房地产所产生的利得税。在这种情况下，本应母子双方免税的公司成立变成了中企必须在美子公司成立过程中实现应税利得[①]。只有在新公司成立过程中，母公司缴纳了“出售房地产”的利得税，未来母公司转让或出售美子公司股份时才能享受协定待遇，不再应税。当然，母公司也可以选择在成立美子公司时享受免税设立的待遇，同时放弃以后转让或出售美子公司股份时的免税好处。换句话说，

① Internal Revenue Code, Section 897 (e).

中国母公司既可以选择在成立美子公司时应税，将来出让美子公司股份时免税；也可以选择美子公司成立时免税，将来在转让美子公司股份时应税。但是不能同时享受成立和转让两个环节都免税。

无形资产转让或许可

外国公司在美国成立子公司后，如果子公司的商务涉及使用母公司的无形资产，包括利用母公司的专利和设计等无形资产来生产产品（制造型无形资产）或使用母公司的商誉等进行市场营销（营销型无形资产），外国母公司一般都希望给予子公司无形资产使用特许（license）来代替无形资产转让。这样母公司就不会丧失对其无形资产的控制，同时还可以获得美国子公司支付的特许权使用费（royalties）。

子公司跨境支付的特许权使用费可以在其公司应纳税所得中扣除，但对于境外母公司来说是属于非有效关联美国商贸的收入，需要子公司在支付时按 30% 的税率代扣代缴预提所得税（中美税收协定税率为 10%）。外国公司如果想要从美国子公司那里获得长期持续的现金流的话，无形资产特许是一个很好的选择，而且外国母公司不会失去对无形资产的所有权，可以持续对无形资产进行改良升级，改良升级后的无形资产则可以使母公司保持稳定持久的特许权使用费收入。

不同于无形资产使用特许，无形资产转让视同销售。一次性买断，对于境外母公司来说是一次性的现金回流，并就市价与成本基数的差额计算盈亏。美国是高科技发达的国家，加州硅谷地区的高科技企业尤为集中，中国公司可以利用美国子公司对其拥有的无形资产进行升级改良。子公司发生的升级改良费用可以用来减少向母公司支付的特许权使用费，也可以一次性向母公司报销，甚至可以加成一定比例向母公司收取委托研发费用（属于转让定价范畴），也可以视具体可行性就升级改良部分向母公司提供反向特许，亦称“交叉许可（cross - license）”。总之，外国母公司给予美国子公司无形资产使用许可是一个很普遍的商贸现象，值得中国赴美投资企业关注。

运营资金保障

中国公司在美国成立子公司后，如何在资金方面保证子公司的正常运行？母公司通常在子公司成立的时候已经提供了一部分资金来换取子公司 80% 或以上的股份，（关于免税公司成立详情，请参阅第五章），但是子公司持续运营仍需要资金支持，并且因为其在美国刚刚成立，没有足够的运营历史，难以得到美国金融机构的借贷，所以子公司持续经营的资金往往来源于母公司。那么，母公司应该以怎样方式向子公司提供资金援助呢?

外国母公司一般有两种方式向美国子公司提供持续运营必需的资金，一种是向子公司追加资本（capital contribution），另一种则是向子公司放贷（loan）。

资本追加。追加资本就是增加子公司的资本权益（equity），子公司可以发行自己的股票来交换母公司的资金，母公司此后的资金回流一般通过股息的形式。如果母公司持有子公司80%以下的股份，股息回流多少会产生双重税，造成不必要的资金损失。另外，如果子公司不是母公司的全资子公司，在追加资本时，母公司会增加对子公司的持股比例，而稀释其他股东的持股比例。如果其他股东不想改变持股比例，在追加资本前母公司必须与其他股东达成“优先购买权（pre - emptive right）”的协议，在母公司追加资本的同时，其他股东也相应地增加股份比例，否则，其他股东得允许母公司由追加资本而带来的股份比例增加。如果，母公司全资持有子公司，追加资本就不存在被双重征税和股权稀释问题。追加资本给母公司带来的后果就是对子公司的投资基数（investment basis）增加，如果以后母公司出售子公司的话，母公司的利得会减少，或者母公司在清算子公司时可能出现更大的税务亏损。

在实际操作中，外国公司通常钟情于向子公司放贷。放贷对外国母公司来说既可以在贷款到期时收回本金或续贷（掌握着子公司的资金主动权），同时又可以用利息形式获得资金回流。利息收入虽然应税，但子公司的利息支出也是应税扣除。对美国子公司来说，利息支出可以在税前扣除，除非利息属于下面要讲的“利润剥离”。母公司计入应税收入，子公司进行应税扣除，一进一出相抵，如果不考虑中美两国的税率差异，中国母公司从美国子公司那里得到的利润回流享受免税待遇。这个听上去有难以置信的好处，其实不然，下面具体介绍这个似是而非的免税利润回收。

关联借贷。如上所述，美国子公司向外国母公司支付利润最有效的方法就是通过利息支付的方法，因为在母公司获得海外利润回流的同时，子公司则可以在税前扣除支付的利息，所以境内外母子公司之间的借贷成为最为常见的跨境关联交易之一。这种以支付利息的形式受到有关“利润剥离（earnings stripping）”法规的限制。

按照税收原则，公司产生的利润是应税的，而利润剥离实质上规避了美国税负，这违背了美国所得税原则。为了防止在美国产生的利润被剥离，美国公司所得税法规定，美国子公司已经发生（incurred）但未实际支付（paid）的利息不能做税前扣除，即使该子公司使用的是权责发生制会计法（accrual method of accounting），只有等到利息获得方（外国母公司）将利息纳入应纳税所得时，美国子公司才允许利息税前扣除[①]。在实际应用这一法条时，即使外国母公司将美国子公司支付的利息纳入本国应

① Internal Revenue Code, Section 267.

纳税所得，因为该应纳税所得不在美国纳税，所以子公司支付外国母公司的利息基本不允许税前扣除。如果母公司就利息所得缴纳美国联邦所得税，那么美国子公司就可以扣除利息支出。另外，境内外母子公司之间的借贷交易还属于跨境关联交易，受到关联交易转让定价法则的限制。关于关联交易和转让定价，会在本书最后三章详细阐述。

关联方之间的借贷不仅受到转让定价的限制，还受到资本弱化的制约。资本弱化通俗地讲就是公司的关联借贷（或债务）相比较资本（或权益）而言很庞大，美国《法典》规定，外国公司的美国子公司的债权与股权之比（debt - to - equity ratio）不能超过 1.5∶1，如果超过了就具有资本弱化特征，美国子公司的利息支出税前扣除也因此受到限制；如果外国公司有多家在美子公司做年度综合申报，那么这个比例和限制则按照综合申报的办法计算①。

利息支出限制的计算方法：首先，计算出外国母公司在美国子公司的债权与股权的比例，如果债权大于股权 50% 或以上，那么子公司的借贷利息支出则受制于资本弱化的规定；其次，计算子公司的净利息费用（net interest expense），即所有利息收入减去所有利息费用，如果利息支出大于利息收入，那么它在符合第一项规定的前提下受制于利息扣除的规定；最后，如果子公司的净利息支出大于 50% 的亏损、净利息和折旧扣除前的应纳税所得，那么超出的部分则不予扣除。

不能扣除但已经支付的利息称为“过度利息费用（excess interest expense）”或“过度限额（excess limitation）”，可以递延到将来使用，该递延称为“过度限额递延（excess limitation carryforward）”。所以，在筹划美国子公司财务结构时必须关注债务和权益的比例，如果债务大于资本权益 50% 或以上的话，不仅利息扣除有限制，而且 IRS 很有可能将公司的债务强制分类归属到权益，其结果则有可能使被归类债务的利息费用不能在税前扣除。扣除不被允许，应纳税所得就会提高，应纳税额也会相应提高，而由于应纳税支付不足引起的罚款也会随之而来。

比如，某一中国公司（简称“中企”或“母公司”）于 2020 年在美国成立子公司（简称“美子公司”），美子公司的年度债务和资本权益比见表 8 - 1。

表 8 - 1　　美子公司的年度债务和权益表

债务	资本权益	比例
80000 美元	50000 美元	1.6∶1
债务超过资本权益 30000 美元，60% 的资本权益		

美子公司的年度债权超出股权 50% （1.5∶1），显示资本弱化，所以它的利息支出

① Internal Revenue Code, Section 163（j）.

受到联邦所得税法限制。同时假设，美子公司的年度利息收入是1000美元，支付母公司利息8000美元（10%利息率）；另外，美子公司年度费用包括办公室设备折旧800美元，电脑软件折旧1000美元，调整前应纳税所得20000美元。

由此，美子公司的净利息费用是7000美元（8000美元的利息支出－1000美元的利息收入），调整后应纳税所得为11200美元（20000美元应纳税所得－7000美元净利息支出－1000美元电脑软件折旧－800美元办公室设备折旧），50%的调整后应纳税所得为5600美元。因此，美子公司净利息支出7000美元，其中1400美元为过度利息费用（7000美元利息支付－5600美元调整后的应纳税所得），不能扣除。不能扣除的1400美元利息费用，或过度限额递延，可以递延到今后的年度扣除。

假如其他都如上所示，除了美子公司的调整前应纳税所得是25000美元。那么，它调整后的应纳税所得为16200美元（25000美元应纳税所得－7000美元净利息支出－1000美元电脑软件折旧－800美元办公室设备折旧），50%的调整后应纳税所得是8100美元，美子公司的7000美元净利息费用允许全额扣除，因为没有超过50%调整后的应纳税所得。

再假设，其他跟以上一样，除了美子公司向母公司借贷100000美元，因此利息支出为10000美元（10%利息率），那么美子公司的净利息费用是9000美元（10000美元的利息支出－1000美元的利息收入），调整后应纳税所得还是16200美元，50%的调整后应纳税所得为8100美元。因此，美子公司的净利息费用中900美元为过度限额费用（9000美元净利息费用－8100美元调整后的应纳税所得），不能扣除。不能扣除的900美元利息费用作为过度限额递延，可以递延到今后的年度扣除。

由此可见，债务越高，利息费用就越高，但不允许扣除的利息也就越多。再则，如果IRS强制将债务分类归属至权益的话，美子公司则有可能完全失去由利息扣除而带来的应税利益。另外，2017年税收允许小型公司不受资本弱化限制，而小型公司是指前三年连续平均总收入为2500万美元的公司。

越境股息分配

除了在美国与其他方合作，外国公司在美国的子公司一般以全资子公司为多。外国母公司来自美国子公司的资金回流的形式主要有两种，即利息支付或股息分配（dividend distribution）。前文已经介绍了利息支付，接下来把重点放在股息分配上。

跨国的股息（或红利）分配有一个最显著的特点就是双重税，即母公司获得的股息分配是子公司缴纳公司所得税后的分配，而母公司收到股息也必须纳税，另外，股息分配方没有股息支付扣除。收到股息的外国母公司（作为股东），在子公司将股息跨境汇给母公司的时候，通常要由子公司代扣代缴30%的股息预提所得税（中美税收协定税率为10%），而母公司所在国通常还会要求母公司将股息所得并入当年的收入中进行核算，再缴纳一次母公司的公司所得税。

如果不是用现金分红，而是用升值资产作为股息分配给外国母公司，则母公司以资产市值作为股息收入承担相关纳税义务，如果资产市值高于原先购入价（或调整价），子公司在分配时必须就升值部分实现利得；如果分配的资产市值低于原先购入价（或调整价），子公司在分配该资产时不能就贬值部分实现利亏[1]。

股息是指公司向股东的分配等于公司利润的部分（earnings and profits），子公司向外国母公司的分配中超出利润部分被视为资本归还（return of capital），剩余部分则是资本利得。比如，某一中国公司的美国子公司分配给母公司1000美元，子公司的年利润300美元，中国公司对子公司的投资是500美元。那么，子公司向母公司的分配只有300美元是股息，按规定缴纳预提所得税；500美元是母公司的投资返还，免税；剩余的200美元则是资本利得，按资本利得税缴纳。

但是，以上的200美元资本利得是否必须在美国纳税，需要判定该资本利得是否属于有效关联美国商贸收入。外国公司获得资本利得，如果是属于有效关联美国商贸的收入，就必须在美国纳税；如果不属于有效关联美国商贸的收入，那就不用在美国纳税。美国子公司向外国母公司分配的资金或资产超过其利润和投资部分，通常视为非有效关联美国商贸的收入。因此，以上例子中的中国母公司200美元资本利得在美国通常没有纳税义务。

外国公司申报披露

外国持股公司披露。美国税法规定，凡是美国居民公司被外国公司持股25%或以上，且在本年度内有“需报告交易（reportable transactions）”的，必须在年终申报5472表，与1120表一起提交。外国持股公司（或关联公司）持股25%或以上包括直接持股和间接持股[2]，申报披露的关键信息包括：（1）与申报公司（美国子公司）本年度有需报告交易的外国关联公司名称；（2）与外国关联公司的关系实质；（3）与外国关联公司之间需报告交易的实质与金额等。这里的关联公司是指任何25%或以上的直接或间接外国持股公司（或个人），也包括25%外国持股公司（或个人）的其他关联方。如果美国子公司漏报或迟报5472表，将受到每年10000美元的罚款，也就是说，如果美国子公司有5个25%或以上的外国持股公司，连续5年没有申报，那么一

---

① Internal Revenue Code, Section 311.

② Internal Revenue Code, Sections 6038A and 6038C.

旦被发现，子公司将面临 250000 美元的罚款，而且这类罚款很难以其他合理理由来解除。

外国金融资产披露。中国公司在美国的子公司如果有海外账户，就必须要遵循海外金融资产披露规定，该规定全称“海外账户税务遵从法案（Foreign Account Tax Compliance Act，FATCA）”，俗称“肥猫法案”。法案规定，如果美国公司符合美国“特殊居民实体（specific domestic entity）”，并且在税务年度最后一天直接或间接拥有外国金融资产 50000 美元以上，或在税务年度间任何时候拥有外国金融资产 75000 美元以上，那么该美国公司则必须向 IRS 申报 8938 表，披露其持有的海外金融资产信息[①]。特殊居民实体是指由美国税务居民持有的，并且 50% 或以上的总收入为被动收入，或者 50% 或以上的资产是用来产生被动收入的实体。

被要求披露的美国公司如果遗漏申报 8938 表，将会受到每年 10000 美元罚款，如果在收到 IRS 要求申报披露之后的 90 天内还没有申报的话，该美国公司将会面临每 30 天 10000 美元的附加罚款，直达最高累积罚款一年 50000 美元。中国公司的在美国的子公司主要商务活动是在美国，一般不应有美国境外的金融账户。但是，如果美国子公司积极参与了母公司的海外拓展计划，也有可能参与管理其他（南）北美和欧洲国家的商务交易，如中国母公司有可能利用美国子公司的地理位置和文化等优势要求其负责（南）北美和欧洲业务，因此也不完全排除在美国境外持有金融账户的可能。

关联交易。中国公司在美国建立子公司后所进行的母子公司间的各类交易皆属于关联交易范围，包括前文提到的母子公司之间的借贷等。关联交易就必须遵循转让定价原则，即所谓的“独立交易原则（arm’s length transaction principle）”，也就是说关联公司之间（包括母子公司之间）的交易必须要像与非关联的第三方交易一样来进行，愿买愿卖（详细请参阅本书最后三章）。

关于中国公司入境美国交易，就先介绍到此，在接下来的第九章里，将着重讲解美国公司出境交易。出境交易的有关法律法规非常繁复，不可能面面俱到，但笔者尽量把一个完整的美国出境交易规则框架摆在读者面前。如果读者对某些项目感兴趣的话，可以做进一步有针对性的深入学习和研究。

---

① Internal Revenue Code，Section 6038D.

第九章 美国公司境外(出境)交易

在第八章中，本书深入探讨了中国公司入境美国进行商贸交易所涉及的一般商务和美国联邦税收的一些典型问题。比如，在没有美国子公司的情况下，中国公司直接与美国交易面临扣缴预提所得税，包括股息、利息、特许权使用费扣缴等，或视为有效关联美国商贸等同美国居民公司；以及中国公司在美国子公司的一些交易特征，包括无形资产许可和转让、关联借贷、资本追加、利润剥离、资本弱化和信息披露等。

在本章中，主要介绍在第七章中提到过的“三明治”架构的下一层，即美国公司境外投资交易，以及相关的主要离境（outbound）联邦税务法律。在阅读本章时，请读者把第七章里“三明治”架构放在心上，把美国的子公司当作（区域）母公司，把美国境外的公司当作它的子公司，如第八章例子中的墨西哥公司和加拿大公司；当涉及美国公司和中国公司时，应视美国公司为母公司，中国公司为子公司。

为何要关注美国境外投资税法？

本书的宗旨除了为国内的专家、学者和同行提供一些可用的素材和浅薄的想法外，主要是帮助中国赴美投资公司了解在美国落地和运营过程中需要遵循的有关美国联邦税务法律，那么美国对外投资相关的国际税法对中国赴美公司究竟有何影响呢？为什么要了解适用于美国境外的美国跨国公司（multinational corporations，MNCs）的联邦所得税法呢？

首先，美国的联邦所得税体系是一个完整的体系，各部分都相互紧密关联，任何断章取义都会造成对税法的误解，从而导致在遵从上违规。要懂得美国联邦国际税务法，必须对它有个整体了解，包括与外国公司入境和美国公司境外商务活动相关的联邦税务法律。

其次，我们要知道美国的对外税法很大程度上促进了美国对外贸易，增强了美国MNCs的竞争力。早在1500年左右，老牌欧洲帝国通过殖民手段把资本输向境外，美国在1776年独立后，也建立了一些殖民地，到1800年左右，各殖民地独立运动风起云涌。随着殖民地的逐步消失，美国将其原先对殖民地的直接投资（outward foreign direct investment，outward FDI）转换成了通过其地区性的MNCs进行间接投资，并且在规模和涉及领域等方面都超过了包括英国和荷兰在内的老牌欧洲强国。

美国商务部的经济分析局（Bureau of Economic Analysis，BEA）数据显示，至1995年，美国通过MNCs出口的贸易要占美国总出口的62%，而通过MNCs进口的贸易占美国所有进口贸易的39%。实证研究表明，美国通过MNCs出口到境外的货物基本都是机械仪器零部件、产品原材料和技术服务等。零部件出口到境外的MNCs关联公司后，由关联公司组装成成品；原材料出口到境外关联公司后由关联公司或其协议方进行产品制造等①。这些MNCs出口贸易活动直接扩大了美国的全球贸易，促使其净出口的大幅增长，对提高美国的国民生产总值做出了很大的贡献，而美国的境外联邦国际税法在其全球贸易中起到了关键助推作用，任何研究机构和个人在研究美国税法对其经济的助推作用的同时，不可不研究美国“走出去”投资国际税法本身，并引以为鉴。

再次，随着中国经济的持续发展，国门不断开放，中国居民去美国创业设立公司也越来越多。很多时候，赴美创业人士在美国设立公司后，又以该公司的名义反向投

---

① Turkcan, Kemal. Outward Foreign Direct Investment and Intermediate Goods Exports [J]. International Economics, 2007 (4): 51－71.

资国内，于是就成了美国居民公司的境外投资，而境外投资的美国MNCs除了境外所在国的本地税法以外，还必须了解美国的出境国际税法。比如，有些移民美国的中国居民，移民前在国内就持有公司，移民后又在美国建立新公司，目的就是在中美商务之间搭起桥梁，做双边投资和贸易。如果该美国移民用美国的新公司持股中国公司，那么他就必须要懂得美国出境国际税法，因为中国公司的任何运营都将是美国在华子公司的运营，属于美国出境国际税法的管辖范围。

最后，中国有成千上万的学生留学美国，有些毕业后直接留在美国创业，还有一些中国居民在美国工作若干年后离职创业等。Zoom视频通讯公司（简称“Zoom”）的CEO袁征就是一个典型的例子。袁征于1997年去美国从职于WebEx，2011年离职创建了Zoom，Zoom在2019年4月18日于美国纳斯达克上市，并在世界各地建立了分（子）公司，成为一个典型的美国MNC。只要是美国的本土公司向境外扩展成为MNCs，都属于美国出境国际税收的管辖范围，而美国的MNCs必须要掌握美国的境外投资法律，包括对外国际税务法律。

除此以外，中国赴美投资公司不仅仅要顺顺利利地“走出去”到美国，而且还要好好地“走下去”。在美国建立子公司后，由于子公司的地域和文化与其他美洲和欧洲地区相近，中国母公司可以在海外拓展的架构上把美国子公司当成海外运营中心，向全美洲和欧洲大陆延伸，让美国子公司行使区域管理和监督权。如此一来，美国的子公司就成了一个美国MNC，其他欧美公司都规划在它的旗下，这种以美国为轴心的区域性母公司在现实国际商贸中并不少见，在公司内部运作上常称其为“欧美部门”或“西方部门（the Company West）”。充当区域母公司的美国子公司必须受到美国出境国际税法的制约，了解相应的国际税法能够确保美国子公司在境外的顺利运营，这样才能更好地寻求区域长期发展，为中国母公司的海外拓展策略保驾护航。

美国公司境外商务

美国公司作为美国的居民公司，依据美国的居民税收管辖权，其在美国负有全球所得的纳税义务，同时其在境外进行商务活动，通常也需要按照商务活动所在国的国内税法担负所在国的纳税义务。如果商务活动没有固定场所（physical presence），美国公司从境外获得的被动收入可能在所在国需要缴纳预提所得税，税率按所在国的预提税税率以及税收协定的规定综合判断；如果美国公司在境外所在国设有常设机构，那么就必须缴纳所在国的国内所得税和其他税种（local taxes，或称“本地税”），在境外所缴纳的所得税（包括预提所得税）可以在美国作为税后抵扣或称“境外所得纳税抵免（foreign tax credit，FTC）”。

境外所得纳税抵免

美国居民公司直接参与在中国的商务活动（没有中国子公司）容易构成在中国的常设机构，因而触发美国公司在中国的应税义务，向中国税务局缴纳所得税。美国居民公司在中国缴纳的所得税原则上可以作为境外所得纳税的“直接抵免（direct FTC）”，冲抵其美国联邦所得税应税额。另外，如果美国的中国子公司在中国缴纳所得税，那么美国母公司可以把缴纳的中国所得税作为境外所得纳税“间接抵免（indirect FTC）”，冲抵它的美国联邦所得税额。

说“原则上”，是因为FTC有一些较为严格的限制，2017年底的美国税改，除了被动和主动“抵免池（credit pool）”以外，新增加了有关全球无形资产低收入的一些限制，这些繁琐的限制条例细则不在本书讨论的范围之内。另外，只有境外缴纳的合格应纳税额才能作为境外所得纳税抵免，而合格应纳税额是指具有所得税性质的应税额，而且缴纳的所得税并非出于自愿，如果出现征纳双方争议，美国公司必须努力寻求正当法律途径抗辩。如果美国公司是为了避免税务争端或为了某些便利而自愿纳税，那么，它所缴纳的税款则不符合非自愿性原则，不能被当作合格应纳税额，也就不能作为境外所得纳税抵免。

境外收入递延回归

原则上，美国居民公司全球收入都有在美国的纳税义务，无论它的收入源于何处，但是以下情形是个例外。美国公司的境外子公司或受控外国公司的境外收入，只要它在境外所在国保持投资状态，就不用在美国纳税，除了某些特定的收入，如附篇F（Subpart F）收入。也就是说，美国受控外国公司除了附篇F收入以外，其他境外收入只要不返回美国就不用在美国缴纳所得税。

关于附篇F收入详情，请参阅以下“受控外国公司”部分。这里请读者务必注意，受控外国公司的境外收入不缴纳美国所得税，不是因为那部分收入免税，而是因为那部分收入递延（defer）到将来某个时间再纳税。至于什么时间会对境外收入征税，则必须看是否有触发事件的发生，而触发事件包括受控外国公司向美国母公司分配股息，境外结构重组、清算或关闭，以及税法更改等；另外，附篇F收入也属于触发事件。

由于受控外国公司可以递延境外收入，它们只负担境外所在国的本地税。如果所在国是低税国或免税国（如避税天堂），那么美国公司的受控外国公司的税负就会很低，甚至可能会产生零税负，从而降低美国 MNCs 的总体税负。这也就是为什么美国 MNCs 经常为了税务目的选择境外低税或免税国作为其受控外国公司的所在国的原因，并把其他较高税率国家的利润转移到那些低税国家或地区如爱尔兰、中国香港和免税地区如开曼群岛（Cayman Islands）和英属维尔京群岛（British Virgin Islands，BVI）等。如此一来，美国 MNCs 不仅有效地避免了美国税收，也同时降低了整个集团的总体实际税负。

美国 MNCs 至 2016 年底滞留在美国境外的利润已经超过 2 万多亿美元，为了鼓励美国 MNCs 把留在境外的资金和利润归流美国本土，美国政府出台了美国历史上大规模的税务改革（新税法），并在 2017 年底通过美国国会，由总统签字生效。新税法最大限度地鼓励海外囤积的资金和利润回流，促进美国公司在美国境内的再投资。

新税法对从受控外国公司回流的资金和利润征收一次性所得税，税率分别是 15.5%（现金头寸）和 8%（非现金利润），同时将美国公司的境内联邦所得税税率从 35% 大幅降到 21%。在资金和利润回流之后，即 2018 年 1 月 1 日后，除了附篇 F 收入以外，美国 MNCs 从它们的受控外国公司分配来的海外利润就以 100% 扣除的形式免除所得税，这种征纳后扣除的新框架被称为“参与豁免（participation exemption）”。

接下来谈谈参与豁免，因为它打破了美国联邦税法一贯对境外收入递延的框架，将 2016 年底前的所有境外累积利润一次性回归到美国来纳税，不管境外的资金实际上是否回流。除了这一次性征税以外，美国公司的境外收入递延的总框架依然没变，只是增加了一个应税附篇 F 类型，即全球无形资产低税收入。因此，本书在介绍参与豁免之后，将向读者讲解境外附篇 F 收入的几种类型。

参与豁免

2017 年底，新税法中的参与豁免（participation exemption）是指美国公司把 1986 年至 2017 年底前通过受控外国公司在境外累积的利润按新税法缴纳所得税（transition tax，或过渡税），然后从 2018 年 1 月 1 日起，受控外国公司从境外以股息（dividend）形式返还的利润则允许 100% 的扣除，即返还税务豁免。这里读者必须要清楚的是，并不是所有受控外国公司的返还都是股息返还，而只有股息返还才符合 100% 扣除的规定。

过渡税

过渡税（transition tax）就是指新税法实施之前的1986～2017年底间，对美国MNCs在境外累积的净利润回流给出的一次性过渡方案，即分别按税率15.5%（现金头寸）和8%（非现金利润），在2018年所得税申报时一并缴纳[①]。这里现金头寸是指受控外国公司持有的：（1）现金；（2）净应收款；（3）具备交易市场的个人财产、商业票据、银行存单（certificates of deposit）、联邦和地方政府的债券等；（4）外汇；（5）所有少于一年的短期义务，等等[②]。

由于过渡税涉及以往30多年的利润累积，很多营利公司在境外的净利润累积量非常庞大，一次性付清过渡税会对公司带来超级负重，新税法考虑到这一点，允许美国MNCs以八年付清的形式缴纳税款，即前五年（2018～2022年）每年缴纳税额的8%，第六年（2023年）15%，第七年（2024年）20%，以及第八年（2025年）25%的过渡税[③]。

1986～2017年底的所有累积净利润（net profit）是指此期间的毛利润减去亏损（deficit）。毛利润等于1986年以后在境外除了关联收入以外的总收入，减掉受控外国公司已经纳过税的收入。如果美国MNC在境外只是一家受控外国公司的话，就可以简单地把各年度的利润加在一起，再减去所有的亏损。比如，受控外国公司所有年度的利润加在一起为1000美元，而所有亏损年度的亏损加在一起是800美元，那么，该受控外国公司只有200美元的累积净利润。但是，如果美国MNC在境外有好几家受控外国公司的，有的有利润，有的有亏损，该MNC境外累积净利润如何计算呢？

综合境外累积利润

比如，一家美国MNC（以下称“USC”）在境外有四家受控外国公司，A公司、B公司、C公司和D公司。USC对这四家受控外国公司持股比例分别为A公司60%，B公司10%，C公司70%，以及D公司100%。这里如果包括USC在内的多个美国股东集体对B公司持股50%或以上，B公司即为受控外国公司。

另外，A公司有累积亏损1000美元，B公司的累积亏损是200美元，C公司和D公司的累积利润分别是2000美元和1000美元。这看似简单，把四家受控外国公司的累

① Internal Revenue Code, Section 965（c）.

② Internal Revenue Code, Section 965（c）（3）（B）.

③ Internal Revenue Code, Section 965（h）（1）.

积利润和亏损合计在一起就可以了，即 1800 美元净利润（2000 美元 C 公司的利润 + 1000 美元 D 公司的利润 - 1000 美元 A 公司的亏损 - 200 美元 B 公司的亏损），其实不然。

首先，轧差不能仅停留在 MNC 集团层面，集团成员的综合亏损必须分摊到盈利成员中去，也就是说 A 公司和 B 公司的亏损必须分摊到 C 公司和 D 公司去冲抵盈利；其次，受控外国公司的亏损必须按 MNC 对其持股的比例来分配，分配到的亏损总和再以盈利成员分别按其在所有盈利成员中的比例再进行分配[①]。详细计算见表 9 - 1。

表 9 - 1　集团内受控外国公司的累积亏损分摊　（单位：美元）

		A 公司	B 公司		C 公司	D 公司	
持股比例	A	60.00%	10.00%		70.00%	100.00%	
利润（亏损）	B	（1000）	（200）	（1200）	2000	1000	3000
持股比例利润（亏损）	C	（600）	（20）	（620）	1400	1000	2400
利润比例	D				58.33%	41.67%	100.00%
按利润比例分摊亏损	E				（362）	（258）	（620）
轧差后净利润					1038	742	1780

首先，USC 对四家受控外国公司的持股比例分别为 60%（A 公司）、10%（B 公司）、70%（C 公司）和 100%（D 公司），按照 A 公司和 B 公司持股的比例计算该两家受控外国公司的按持股比例的亏损，即分别为 600 美元（1000 美元亏损 ×60%）和 20 美元（200 美元亏损 ×10%，见表 9 - 1，C 行），A 公司和 B 公司的综合亏损是 620 美元。

再看 C 公司和 D 公司，按 USC 的持股比例计算，C 公司的利润为 1400 美元（2000 美元 ×70%），D 公司的利润则是 1000 美元（1000 美元 ×100%），合计为 2400 美元。C 公司和 D 公司的利润比例分别为 58.33%（1400 美元 ÷ 2400 美元）和 41.67%（1000 美元 ÷ 2400 美元，见表 9 - 1，D 行）。然后，A 公司和 B 公司的综合亏损 620 美元按比例分摊到 C 公司和 D 公司，C 公司分到 362 美元，D 公司分到 258 美元（见表 9 - 1，E 行）。轧差后 C 公司的净利润是 1038 美元（1400 美元利润 - 362 美元分摊亏损），D 公司的净利润是 742 美元（1000 美元利润 - 258 美元分摊亏损），USC 集团层面的累积净利润为 1780 美元（C 公司净利润 1038 美元 + D 公司净利润 742 美元）。

那么，读者也许会问，USC 为什么不做集团综合申报 1780 美元净利润，而非要将其所有的受控外国公司分开申报呢？这是因为 A 公司、B 公司、C 公司和 D 公司可能

① Internal Revenue Code, Section 965（b）.

在不同的国家和地区。如果A公司和B公司在中国，那么在中国的受控外国公司就没有累积利润，也就没有过渡税。比如，C公司在开曼群岛，D公司在中国台湾，假设C公司的1038美元利润从来没有在美国纳过税（没有特殊理由一般不会回流美国），那么C公司的全额利润都应税。再比如，在中国台湾的D公司曾经向USC分配过500美元股息，D公司代扣代缴100美元（美国与中国台湾没有税收协定，中国台湾预提所得税率为20%）。如果USC在美国的实际税负率是20%，而在中国台湾的预提所得税可以作为境外所得纳税抵免，那么USC实际上不用就股息500美元补缴美国所得税，剩下的242美元是D公司的应税净利润。

过渡税计算

上文简要说明了什么是累积净利润以及如何计算，1986～2017年底的累计净利润被强制一次性以35%的最高税率计税，但新税法同时也提供扣除，即55.71%现金返还部分的扣除和77.14%非现金返还部分扣除，扣除后的过渡税实际税负率则从35%降到15.5%（现金头寸）和8%（非现金利润）[①]。具体计算见表9－2。

表9－2　过渡税计算表　（单位：美元）

	合计	现金	非现金
累积利润	3656154	24580811	198073
FTC	0		
参与豁免率		55.71%	77.14%
过渡税计算：			
1986年后累计利润递延	3656154	2458081	1198073
参与豁免额	(2293590)	(1369397)	(924194)
FTC	0	0	0
应税所得	1362564	1088684	273879
美国最高法定税率（35%）	476897	381039	95858
FTC	0	0	0
法条965应付税额	476897	381039	95858
	13.04%	15.50%	8.00%

比如，一家美国MNC的境外累积利润是3656154美元，其中境外现金头寸是2458081美元，非现金利润为1198073美元。为了简化起见，假设公司没有境外所得纳税抵免。新税法提供的境外现金扣除是55.71%，非现金扣除是77.14%，扣除后的应税现金利润额为1088684美元，扣除后的非现金利润额是273879美元。然后，应税额

① Internal Revenue Code, Section 965 (g) (2).

乘上最高法定税率35%，所得应纳税额分别为381039美元（现金头寸）和95858美元（非现金利润），实际税负率分别为15.5%和8%。

另外，在计算现金头寸时，取前两年（2015年和2016年）的利润平均额，将此平均额与2017年年终现金头寸额相比，取其大[①]；非现金利润则等于总利润与现金头寸之差。过渡税一次性计算，但可选择分八年付清。

附篇F收入

美国国际税收最基本的原则就是，除了附篇F收入应税外，所有美国MNCs的境外子公司在境外的收入皆允许递延缴纳美国所得税，唯一的条件就是境外收入必须永久性投资境外。这里境外子公司是指受控外国公司，而附篇F例外就是指，如果美国受控外国公司的境外收入符合美国《法典》附篇F[②]条例的话，那么这部分收入就不可以递延，必须归入美国境内母公司的应纳税所得。

虽然美国2017年底的新税法修改和增补了大量新的国际税法条，包括刚刚讨论的参与豁免过渡税，但税改并没有改变美国联邦国际税务原则，只不过将附篇F收入的范围延伸包括过渡税，以及本书下面要介绍的全球无形资产低税收入和源于境外的无形资产收入等。附篇F收入只适用于受控外国公司，那什么是受控外国公司呢？

受控外国公司定义

美国国际税法中所谓的受控外国公司是指在美国境外按所在国的法律成立的公司，并且该公司由美国股东控股50%或以上[③]。任何一个美国个人或公司持股受控外国公司10%或以上就是受控外公司的股东[④]，必须遵从受控外国公司的各项税法条款，受控外国公司的附篇F收入必须按持股比例纳入美国股东的应纳税所得，每年申报5471表（美国居民有关外国公司的信息申报）。

---

① Internal Revenue Code, Section 965 (c) (3).

② Subpart F – Controlled foreign corporations, Part Ⅲ – Income from Sources without the United States, Subchapter N – Tax Based on Income from Sources within or without the United States, Chapter 1 – Normal Taxes and Surtaxes, Subtitle A – Income Taxes, Title 26 – Internal Revenue Code.

③ Internal Revenue Code, Section 957 (a).

④ Internal Revenue Code, Section 957 (c); and Section 958 (a).

附篇 F 收入定义和种类

美国受控外国公司的境外的收入不在美国当期应税，除非那些收入属于附篇 F 收入。那么，什么是附篇 F 收入呢？附篇 F 收入主要包括以下几种[①]：

1. 某些保险收入（certain insurance income）[②]；

2. 外国基地公司收入（foreign base company income）[③]；

3. 国际抵制收入（international boycott income）[④]；

4. 非法贿赂、回扣、来自某些敌意国家的收入或其他非法收入（illegal bribes, kickbacks, or other illegal payments made by the CFC or income derived from certain disfavored countries）[⑤]；

5. 参与豁免过渡税的累积净利润（accumulated E&P for transition tax of participation exemption）[⑥]；

6. 全球无形资产低税收入（the global intangible low – taxed income，GILTI）[⑦]；

7. 源于境外的无形资产收入（foreign – derived intangible income，FDII）[⑧]。

以上 7 项附篇 F 收入的第 5、第 6 和第 7 项是 2017 年底新税法添加的，除了本书已经介绍过的第 5 项——参与豁免过渡税，笔者将对上述各项逐一讲解，并把重点放在第 6 项和第 7 项。

某些保险收入

根据美国税务《法典》第 953 条的规定，这里的保险收入是指境外保险或年金（annuity）发行（或再发行）的收入，这些收入不管发生在美国境内还是境外，皆视同为美国母公司的附篇 F 收入，属于当期应税收入。

---

① Internal Revenue Code, Section 952.

② Internal Revenue Code, Section 952（a）（1）; and Section 953.

③ Internal Revenue Code, Section 952（a）（2）; and Section 954.

④ Internal Revenue Code, Section 952（a）（3）; and Section 999.

⑤ Internal Revenue Code, Section 952（a）（4）.

⑥ Internal Revenue Code, Section 965（a）.

⑦ Internal Revenue Code, Section 951（a）.

⑧ Internal Revenue Code, Section 250（b）.

外国基地公司收入

这是受控外国公司最常见的附篇 F 收入，根据美国税务《法典》第 954 条，外国基地公司收入包括以下 4 种：

1. 外国个人持股公司收入（the foreign personal holding company income，FPHCI）。FPHCI 包括股息、利息、租金、特许权使用费和年金，还包括商品（commodities）交易、外币交易和某些资产（properties）交易的收益，但不包括商贸财产交易的收益。

FPHCI 主要是指被动收入，包括资本利得等，积极商贸收入一般不在 FPHCI 之列。外国个人持股公司是指符合总收入和持股条件的外国公司，总收入的条件是至少 60% 的公司总收入来自 FPHCI，而持股的要求则是 50% 以上的公司股份价值必须由五个或以下的美国股东持有。

第八章的例子探讨过涉及 FPHCI 的税务法院的案例，以及该案例对美国公司 A（中国在美全资子公司）的墨西哥受控外国公司出售其加拿大子公司股权的影响。如果在出售加拿大公司之前，它是墨西哥公司的受控外国公司的话，那么，墨西哥公司出售其加拿大子公司的股权所得则是墨西哥公司的投资资产交易所得（或资本利得），应视为 FPHCI，即附篇 F 收入。但是，如果在加拿大公司出售前做了打钩选择为忽略实体的话，那么它就是墨西哥公司的一个部分，出售加拿大公司同等于出售墨西哥公司的商贸资产，而商贸资产出售所得不属于 FPHCI，因此美国公司 A 没有附篇 F 收入。

2. 外国基地公司销售收入（the foreign base company sales income）。外国基地公司的销售收入是指从关联方购入货物后出售给非关联方，或者从非关联方购入货物后出售给关联方所取得的收入。外国基地公司销售收入不包括在受控外国公司注册国销售的当地生产和制造的产品货物，也不包括受控外国公司自己制造的产品货物。一般而言，如果货物加工后改变了性质或者大幅度增值的话，该货物就视为生产制造的货物。

比如，美国公司 USC 有 A 公司和 B 公司两家受控外国公司，USC 卖产品给 A 公司，然后 A 公司又转售给 B 公司。这里 USC 出售产品给 A 公司所获得的利润，和 A 公司转售给 B 公司所获得的利润都是外国基地公司销售收入，USC 因此产生附篇 F 应税收入。虽然 A 公司转售产品给 B 公司的所得是附篇 F 应税收入，但 A 公司的出售价等于它从 USC 那里的购入价，所以 A 公司没有净利润。如果 A 公司和 B 公司对 USC 的产品进行了加工，加工后的产品大幅增值，那么该产品就视为受控外国公司制造的产品，在转让过程中就不产生外国基地公司销售收入，USC 也因此没有附篇 F 收入。

3. 外国基地公司服务收入（the foreign base company services income）。外国基地公

司服务收入包括受控外国公司在注册国之外所提供的服务收入，该收入由服务提供的场所所在地来确定。服务包括技术、管理、工程、建筑、科学、工业、商业等类型；但不包括受控外国公司为了出售或交换自己制造、生产、种植或提炼出来的资产所提供的服务和努力[①]。

比如，美国公司 USC 是一家高精度机械设备制造商，全资拥有一家在中国成立的受控外国公司。USC 出售设备给第三方香港公司，并要求内地受控公司为香港公司进行设备组装并提供操作和维修培训。因为内地受控外国公司的服务是在香港特区提供的（在税务方面，香港特区被视为独立辖区），所以内地受控外国公司产生外国基地公司服务收入，而 USC 则除了销售设备收入以外，还产生附篇 F 收入[②]。

4. 外国基地公司石油相关收入（the foreign base company oil related income）。这个附篇 F 收入种类已经被 2017 年底的税改取消。

所有以上这些外国基地公司收入都是附篇 F 收入，归入受控外国公司的美国股东应纳税所得，按股东对受控外国公司的控股比例，在美国缴纳公司所得税。如果外国基地或保险收入超过受控外国公司总收入的 70%，则受控外国公司的所有境外收入都将视为外国基地公司收入，即附篇 F 收入。

国际抵制收入

国际抵制收入是指美国受控外国公司在美国抵制的国家中进行商贸活动所取得的收入。美国财政部（the Department of the Treasury）有一份时常更新的抵制国家名单，截至 2018 年 5 月 4 日，该名单包括伊拉克、科威特、黎巴嫩、利比亚、卡塔尔、沙特阿拉伯、叙利亚、阿拉伯联合酋长国以及也门等。美国 MNCs 必须在 5713 表上披露其受控外国公司在以上国家内进行的商贸活动，如果没有披露，将受到 25000 美元罚款或（并且）处以一年以下监禁。美国 MNCs 通过其受控外国公司（或直接）与抵制国家进行商贸往来而取得的收入为附篇 F 收入，必须归入美国母公司的应纳税所得。

非法贿赂、回扣、来自敌意国家收入或其他非法收入

美国有一个海外反腐败法（the Foreign Corrupt Practices Act），美国政府对这个法的执行很认真，力度也很大。比如，美国制药 MNC 的在华受控外国销售公司，为了与其他制药公司竞争，推销药品时有贿赂中国医院或医生和职员的现象发生，这虽不是

① Internal Revenue Code, Section 954 (e) (2); and Treasury Regulations, Section 1.954 - 4 (d).

② Treasury Regulations, Section 1.954 - 4 (b) (3) Example 1.

新鲜事，但如果被查实，美国MNC除了将受到美国司法部的惩罚以外，其推销活动所取得的收入，连同回扣等其他非法收入一起统统被视为附篇F收入，在美国缴纳联邦所得税。

附篇F收入新类型

2017年底的税改在附篇F收入里增加了两个新类型，即全球无形资产低税收入，和源自国外无形资产收入。严格地说，源自国外无形资产收入并不是一个新的收入，而是一个新的收入归类，其目的是用于计算基于该收入的扣除。由于这两个类型的附篇F收入概念新且影响大，本书将在下文中就这两个收入类型分别着重介绍。

全球无形资产低税收入

全球无形资产低税收入（global intangible low - taxed income，GILTI）是美国新税法中规定的一个新的附篇F收入类型。美国MNCs必须将其受控外国公司的GILTI归入当年应税总收入内，缴纳美国所得税，唯一不同的是GILTI全球综合实际税负率最高为13.125%，也就是说，如果一家MNC在美国境外已经纳税13.125%或以上，那么它就不用在美国缴纳所得税了。

GILTI法条的初衷

GILTI，顾名思义，是美国MNCs通过在低税或免税国家（或地区）的受控外国公司，以无形资产授权或转让等形式产生的收入。通常的做法是，美国MNCs利用联邦税务对境外收入递延征税的框架，让低税或免税国家（或地区）的受控外国公司授权或转让无形资产，而授权或转让的收入在所在国轻微纳税或免税，造成MNCs集团全球总体纳税微不足道。美国政府认为授权或转让无形资产的费用税率过低，是典型的避税行为。

尽管2017年的税改将公司所得税最高法定税率从35%降低到单一税率21%，但与有些国家相比，美国的公司所得税率仍然偏高，如包括英国海峡群岛的泽西岛（Jersey），根西岛（Guernsey）和马恩岛（Isle of Man）在内，除了对某些金融服务，自然资源和房地产收入征收少许税以外，一般不征收公司所得税。

如果美国MNCs在这些地区设立受控外国公司，把专利等一些无形资产所有权归那些受控外国公司所有，那么授权或转让无形资产的收入则不征收所得税，为 MNCs 避免了大量税负。为了防止美国税基的流失，2017 年底的税改出炉了新的附篇 F 收入，即 GILTI，对刻意利用境外低税或无税国家（或地区）来避税的行为制定了在美国纳税的最低限度。

GILTI 定义

就 GILTI 征税，并不直接针对受控外国公司的特定无形资产收入征税，相反，它是对受控外国公司的某些利润征收最低所得税。那么，先来看看美国联邦所得税《法典》是怎么定义 GILTI 的①。

GILTI 是指受控外国公司的测试净收入（net tested income）超出视为有形资产净收入回报（net deemed tangible income return）的部分②，也就是 GILTI 等于测试净收入减去有形资产净回报。

测试净收入等于受控外国公司的总测试收入减去总测试亏损，而测试收入（或亏损）等于受控外国公司在境外的收入总额减去其他附篇 F 收入。

视为有形资产净收入回报则等于 10% 的受控外国公司合格商业资产投资（qualified business asset investment，QBAI）减去净利息支出③。

合格商业资产投资则是受控外国公司特定有形资产（specified tangible property）按季度调整后的平均基数（average basis），而特定有形资产是指符合折旧规定的正常商贸有形资产。

笼统地说，GILI 就是受控外国公司的境外收入，减去它 10% 的商贸有形资产调整额（不含利息支出）。

一个意想不到的副作用就是，如果受控外国公司在境外生产设备仪器等，如果利润很高，即使它们没有什么无形资产，因为受控外国公司的高利润，也存在 GILTI 税。降低 GILTI 税的一种办法就是提高商贸有形资产，或者将不符合折旧规定的非商贸经营资产转换成符合折旧要求的商贸资产，以提高合格商业资产投资额，从而降低 GILTI。另外，由于净利息费用可以从 GILTI 中扣除，境外受控外国公司也许会更倾向于使用借贷杠杆采购资产或进行商贸活动。

---

① Internal Revenue Code, Section 951A（b）.

② Internal Revenue Code, Section 951A（b）（1）.

③ Internal Revenue Code, Section 951A（b）（2）.

GILTI 税计算方式

在计算 GILTI 时，新税法提供了 50% 的折扣扣除[①]（2025 年 12 月 31 日后，扣除比例下降到 37.5%[②]），也就是说，GILTI 的实际所得税率不是 21%，而是 10.5%（2025 年 12 月 31 日起后，GILTI 实际税负率上升到 16.406%）。此外，MNCs 可以就其受控外国公司在境外缴纳的所得税作为境外所得纳税抵免，但抵免额度限制在境外已缴税的 80%，剩余 20% 不得往后递延抵免。因此，50% 的折扣扣除加上 80% 的境外所得纳税抵免，使受控外国公司的全球最高实际税负率不超过 13.125%，具体见表 9－3。

表 9－3　　GILTI 计算表　　（单位：美元）

	开曼群岛	新加坡	爱尔兰
境外净应税收入	1000.00	1000.00	1000.00
境外实际税率	0.00%	10.00%	13.125%
境外应纳税额	0.00	100.00	131.25
净测试收入	1000.00	900.00	868.75
合格商业资产投资（QBAI）	5000.00	5000.00	5000.00
10% of QBAI	500.00	500.00	500.00
利息费用超过利息收入	0.00	0.00	0.00
GILTI［净测试收入－（10% of QBAI－净利息费用）］	500.00	400.00	368.75
应税 §78 反计还原（gross－up）	0.00	44.44	55.71
GILTI＋§78 反计还原	500.00	444.44	424.46
50% 税前扣除	(250.00)	(222.22)	(212.23)
应税净收入	250.00	222.22	212.23
美国法定税率	21.00%	21.00%	21.00%
美国应税额（境外税抵免前）（A）	52.50	46.67	44.57
美国所得税税率（50% 扣除后）	10.50%	10.50%	10.50%
归入比例＝GILTI ÷ 测试收入	0.5000	0.4444	0.4245
测试收入境外所得纳税	0.00	100.00	131.25
境外所得纳税乘以归入比例	0.00	44.44	55.71
视为境外所得纳税抵免（FTC）限制@80%（B）	0.00	35.56	44.57
境外所得纳税抵免（FTC）后（A）－（B）	52.50	11.11	0.00
美国补交所得税率［FTC 后美国税 ÷（GILTI＋§78）］	10.50%	2.50%	0.00%
境内外所得税综合实际税率	5.250%	11.111%	13.125%

① Internal Revenue Code, Section 250 (a) (1) (B).
② Internal Revenue Code, Section 250 (a) (3) (B).

如表9-3所示，第一栏中假设美国MNC的受控外国公司建立在开曼群岛（Cayman Islands，简称“开曼受控外国公司”）。开曼群岛是个避税天堂（tax heaven），法定税率为0。假设开曼受控外国公司的净收入1000美元，没有当地所得税，所以税后净收入（或净测试收入）为1000美元。再假设，开曼受控外国公司的QBAI为5000美元，那么10%的QBAI则是500美元。为了简单明了，开曼受控外国公司没有净利息费用，因此，开曼受控外国公司的GILTI则为500美元（1000美元净测试收入-500美元QBAI）。

由于GILTI归属附篇F收入，而附篇F收入规定在计算美国所得税前必须将境外税后的收入反计还原[1]，统称“第78法条反计还原”。因为开曼受控外国公司没有税负，所以第78法条反计还原后的GILTI仍然是500美元，然后50%折扣扣除，扣除后余额乘以法定税率21%，为52.50美元，境外所得纳税抵免前的美国所得税应纳税额。由于开曼受控外国公司没有税负，所以该MNC也就没有境外所得纳税抵免，它的全球综合实际税负率等于减半后的法定税率10.5%，而该美国MNC的全球所得税实际税负率为5.25%（52.5美元GILTI税÷1000美元境外应税收入）。

表9-3第二栏中，假设美国MNC的受控外国公司在新加坡（简称“新加坡受控外国公司”），而新加坡的实际税负率为10%。新加坡受控外国公司境外收入1000美元，所得税为100美元，故净测试收入为900美元（1000美元境外收入-100美元新加坡所得税）。同时，假设新加坡受控外国公司也有5000美元的QBAI，10%的QBAI是500美元。那么，新加坡受控外国公司的GILTI为400美元（900美元净测试收入-500美元QBAI）。第78法条反计还原为44.44美元［即400美元GILTI÷(1-0.1) -400美元GILTI］，因此，GILTI加上第78法条反计还原后为444.44美元。

新加坡受控外国公司的对半税前折扣后，应税净收入为222.22美元，乘以所得税法定税率21%，得出在美国应纳税额为46.67美元。由于50%折扣，法定21%的税率降低到10.5%（46.67美元应纳税额 ÷ 444.44美元GILTI加上反计还原）。新加坡受控外国公司在新加坡缴纳100美元所得税，但只有反计还原部分，即44.44美元可作为境外所得纳税抵免；由于只有80%的境外所得纳税抵免可以用来抵免美国境内所得税，所以可用境外所得纳税抵免为35.56美元（44.44美元境外所得纳税抵免×80%），抵免后的美国所得税为11.11美元（46.67美元抵免前所得税-35.56美元境外所得纳税抵免）。因为美国MNC的新加坡受控外国公司缴纳的所得税只有10%，它就必须在美国补交11.11美元所得税，补交率为2.5%（11.11美元补交税 ÷ 444.44美元GILTI加上反计还原）。该美国MNC的全球所得税实际税负率是11.11%［即

---

① Internal Revenue Code, Section 78.

（100 美元境外所得税 +11.11 美元美国补交税）÷1000 美元境外净收入]。

表 9－3 最后一栏，假设美国 MNC 的受控外国公司在爱尔兰（简称“爱尔兰受控外国公司”），而该国公司的实际税负率是 13.125%。新税法减半后的法定税率是 10.5%，加上境外所得纳税抵免限制在 80%，所以 GILTI 实际上最高税率为 13.125%（10.5% ÷80%）。既然爱尔兰受控外国公司已经在爱尔兰缴纳了 13.125% 的所得税，就不用在美国补交税了。我们来看看这一栏的数字：

同样是收入 1000 美元，爱尔兰所得税为 131.25 美元，税后净测试收入为 868.75 美元（1000 美元境外收入－131.25 美元爱尔兰所得税）。假设，爱尔兰的受控外国公司还是 5000 美元的 QBAI，10% 的 QBAI 是 500 美元，那么 GILTI 为 368.75 美元（868.75 美元净测试收入－500 美元的 QBAI）。第 78 法条反计还原为 55.71 美元［即 368.75 美元 GILTI ÷（1－0.13125）－368.75 美元 GILTI］，那么 GILTI 加上反计还原为 424.46 美元。

爱尔兰受控外国公司在扣除 50% 的 GILTI 和反计还原后得 212.23 美元应税净收入，所以它在美国的应纳税额为 44.57 美元（212.23 美元净收入 ×21%）。爱尔兰受控外国公司在爱尔兰缴纳 131.25 美元所得税，但只有 80% 的反计还原部分，即 44.57 美元（55.71 美元反计还原 ×80%）可作为境外所得纳税抵免。在这里，MNC 在美国应纳 44.57 美元的所得税被境外所得纳税抵免全额抵免，也就是说美国 MNC 就爱尔兰受控外国公司的 GILTI 不用在美国再补交所得税。该美国 MNC 的全球所得税实际税负率是 13.125%［即（131.25 美元境外所得税 +0 美元的美国所得税）÷1000 美元境外净收入］。

由以上分析得出，美国 GILTI 税的实际税负率是在 13.125% 之内。如果美国 MNC 的受控外国公司在境外缴纳的所得税低于 13.125%，在美国就必须补交 GILTI 所得税；但如果受控外国公司在境外缴纳的所得税等于或高于 13.125%，那么在境外所得纳税抵免后，它的美国 MNC 就不用再在美国补交所得税，换句话说，美国 MNC 的 GILTI 税率最高为 13.125%。在年度合规申报时，受控外国公司的美国股东必须填报 8992 表（美国股东 GILTI 计算），以及 8993 表（FDII 和 GILTI 的 250 法条扣除）。

另外，GILTI 虽然税率较低，但无疑给美国 MNCs 增加了负担。如果美国 MNCs 通过它们的受控外国公司进行境外商贸活动，它们就必须面对这个新的附篇 F 收入。美国 MNCs 的境外商贸活动不仅仅是通过受控外国公司进行，很多时候还由美国母公司直接参与境外交易，为了鼓励美国公司利用境内的无形资产在境外进行交易，美国新税法还同时规定对源于国外的无形资产所得提供一个折扣，人们戏称这是美国税务管理中的“胡萝卜加大棒”。下面本书就这个折扣扣除优惠（胡萝卜）作一介绍。

源于境外无形资产收入

前文介绍了美国税改新增的受控外国公司附篇 F 收入——GILTI。这个新增附篇 F 收入，虽然最高实际税负率只有 13.125%，但无疑给美国 MNCs 带来了额外税收负担，所以被戏称为“大棒”。

FDII 折扣初衷

如果美国 MNCs 不通过其受控外国公司，直接获得同样的境外无形资产收入，那么它就要缴纳 21% 的无形资产收入的所得税。这难免会让人觉得对于同样性质的收入适用不同的所得税税率，不符合税收公平原则，并有歧视美国公司直接境外交易的嫌疑，不利于鼓励美国公司“走出去”。于是，新税法在增添 GILTI 附篇 F 收入的同时，也为没有受控外国公司的美国公司（或者不通过受控外国公司而直接获得无形资产收入的美国 MNCs）提供了一个税前折扣扣除条款，通过税前扣除把境外无形资产收入的应纳所得税税率降到 13.125%，与 GILTI 实际税负率齐平。

严格意义上来讲，源自境外无形资产收入（foreign - derived intangible income，FDII）并不属于附篇 F 收入范畴，但因为对它的税前折扣与 GILTI 的折扣如出一辙，所以，人们就通常把它与附篇 F 收入的 GILTI 放在一起讨论。这个折扣扣除又称“FDII 折扣扣除”[①]，也被戏称为“胡萝卜”。

FDII 折扣扣除定义

FDII 折扣扣除是税前扣除，2018 ~ 2025 年底，折扣率为 37.5%[②]，2026 年折扣率降低为 21.875%[③]。值得注意的是 FDII 虽然名义上称为境外无形资产收入，但实际上 FDII 包括了一些非无形资产收入。

要对 FDII 收入进行折扣扣除，首先要知道 FDII 是什么。FDII 是视为无形资产的收入乘以一个比例，而这个比例是境外合格扣除收入与所有合格扣除收入之比。合格扣除收入等于公司的毛收入，减去：（1）附篇 F 净收入；（2）GILTI；（3）受控外国公

---

① Internal Revenue Code, Section 250.

② Internal Revenue Code, Section 250 (a) (1) (A).

③ Internal Revenue Code, Section 250 (a) (3) (A).

司净股息；（4）石油和天然气开发净收入；（5）境外分公司（branch）净收入。

视为无形资产收入等于国内公司的合格扣除收入超出10%的QBAI部分。还记得GILTI是境外受控外国公司的收入减去10%的QBAI（商务有形资产投资）吗？那么，收入超过10%的有形资产投资收入部分即被视为无形资产收入，这是一种“视为（deemed）”无形资产收入，并不是实际上由无形资产带来的收入，而新税法也不要求对无形资产进行识别和评估。

FDII税的计算方式

从2018～2025年，FDII折扣扣除后的税率为13.125%［即21%×（100%－37.5%）］，从2026年始，FDII折扣后的税率为16.406%［即21%×（100%－21.875%）］，与GILTI相互呼应。FDII折扣扣除对服务业、科技业或其他没有大量固定资产行业的公司来说确实是一项非常好的鼓励，如一家美国公司没有受控外国公司，境外交易都是通过直接出口或者在境外直接提供服务的方式来实现，那么，这家公司就没有GILTI，但它的境外收入适用于FDII扣除，而折扣后的税率就会从21%降到13.125%。下面，我们来看看FDII折扣扣除的具体计算步骤：

1. 算出合格扣除收入（deduction eligible income，DEI），即毛收入减去相应的扣除，但不包括附篇F收入、GILTI、受控外国公司净股息、和境外分公司（foreign branch）的收入等。

2. 确定源自境外的合格扣除收入（foreign－derived deduction eligible income，FD DEI），即境外部分的合格扣除收入，包括转让给外国公司在境外使用的资产或向境外提供服务等收入。

3. 计算视为源于无形资产收入（deemed intangible income，DII），即DEI（参见以上1）超过10% QBAI的部分，关于QBAI详情，请参阅以上“全球无形资产低税收入”。

4. 得出FDII和FDII折扣扣除。FDII等于DII（参见以上3）乘以境外FD DEI（参见以上2）与全球DEI（参见以上1）的比例，公式为：FDII＝DII×（FD DEI÷DEI）。FDII扣除则等于FDII乘以37.5%。

以表9－4帮助大家更直观地理解上述计算方法。

表9－4假设美国国内公司为美国境外客户生产产品，产品用于美国境外，公司的全球合格扣除收入（DEI）为200000美元，境外合格扣除收入（FD DEI）为20000美元，QBAI为120000美元，10%的QBAI为12000美元。那么，美国公司的视为源自无形资产收入（DII）是188000美元（200000美元DEI－12000美元10%的QBAI），而

表 9－4 FDII 计算表

项目	金额
合格扣除收入（DEI）(1)	$200000
源自境外合格扣除收入（FD DEI）(2)	$20000
假设 QBAI 为 $120000	
那么：合格扣除收入（DEI）	$200000
减去 10% 的 QBAI（10% × $120000）	($12000)
视为源于无形资产收入（DII）(3)	$188000
FDII [$188000 × ($20000 ÷ $200000)]	$18800
减去 FDII 折扣扣除（$18800 × 37.5%）	($7050)
应税净 FDII	$11750
应纳公司所得税（适用税率 21%）	$2467.50
FDII 实际税负率（$2467.50 ÷ $18800）	13.125%

源自境外无形资产收入（FDII）则为 18800 美元［即 188000 美元 DII ×（20000 美元 FD DEI ÷ 200000 美元 DEI）］。

源自境外的无形资产收入折扣是 37.5%，即 7050 美元，折扣后剩下的应税净 FDII 为 11750 美元（18800 美元－7050 美元），乘以 21% 的公司所得税率，得出 FDII 所得税 2467.50 美元。美国公司的 FDII 实际税负率为 13.125%（2467.5 美元所得税 ÷18800 美元扣除前 FDII），与 GILTI 的实际税负率相同，如果美国公司有境外所得纳税抵免的话，也可以用来抵免 FDII 所得税。美国公司在年度报税时，必须填 8993 表（FDII 和 GILTI 的 250 法条扣除）申报 37.5% 的折扣扣除。

FDII 折扣扣除条款对美国出口商和直接对外服务商来说优惠最显著，因为它们在境外没有受控外国公司，享受不到受控外国公司带来的 GILTI 低税率，如果没有 FDII 折扣扣除，它们就会处于竞争劣势。

FDII 折扣扣除最主要的目的，就是让直接出口的美国公司在税负上与有受控外国公司的美国 MNCs 站在同一个起跑线上，鼓励美国境内公司开展直接出口业务。另外，技术公司包括软件开发商，制药和类似行业的公司也是大赢家，这些公司一般在美国境外很少有有形资产，它们在境外的销售，包括符合规定的特许权使用费等都符合 FDII 的要求，所以能够享受 FDII 折扣扣除，将它们来源于境外所得的税负率降低到 13.125%。FDII 折扣扣除条款对美国公司是否持有无形资产不作鉴别，也不评估，从而避免了繁琐而昂贵的程序，减轻了 FDII 折扣扣除的执行费用。

税基侵蚀和反滥用税

最后，大概介绍一下美国新税法中有关税基侵蚀和反滥用税的一些规定条款

(base – erosion and anti – abuse tax, BEAT)[1]。严格地说，这个法条不属于附篇 F 收入范畴，而是属于关联交易的范围。但因为这个法条是新税法的一部分，所以在这里做一个简单介绍。

BEAT 是对关联公司之间交易所征纳的最低税，是针对税基侵蚀最低额（base erosion minimum tax amount）进行征税，其目的在于防止大型美国 MNCs 通过境外关联公司（25% 或以上的所属关系）支付款项以减少美国的应税收入。税基侵蚀最低额是 10% 的调整应税收入（modified taxable income）超过正常应缴税额（regular tax liability）的部分，然后再减去符合要求的税额抵免（credits）。符合要求的抵免是所有商务税额抵免[2]减去研发抵免[3]加上 80% 的其他抵免。2018 年的税基侵蚀最低税率是 5%，2019 ~ 2025 年的税基侵蚀最低税率为 10%[4]，2026 年起调整为 12.5%[5]。

BEAT 只适用于普通公司，并且公司前三年内年平均收入至少在 5 亿美元以上，或者其税基侵蚀比例在 3% 以上。税基侵蚀比例等于税基侵蚀获得的税收优惠（tax benefits）除以由税基侵蚀带来的税前扣除。由于 BEAT 法条，美国公司在安排大规模境内外关联交易时必须慎重。如果美国 MNCs 向它们的受控外国公司借贷，并用贷款在境内进行收购活动，收购后，又向境外受控外国公司支付利息并偿还贷款，那么它们就必须要考虑 BEAT 是否会成为一个潜在的风险。

至此，笔者用了三章的篇幅较详细地向大家介绍了美国国际税务，以及一些个人的观点。笼统地说，国际税务就是一个“三明治”，上下两大块，“请进来（inbound）”和“走出去（outbound）”。美国的“请进来”国际税务对中国赴美投资公司影响更直接，它不仅涉及中国公司直接投资美国或通过第三方公司转销产品到美国，也涉及中国公司在美国设立和运营子公司。

美国的“走出去”国际税务是美国国内税的延伸，任何美国公司只要有国际化的业务就必须遵循“走出去”的法则，在美国的中国子公司也并不例外。

无论是“请进来”还是“走出去”，境内外母子公司之间的关联交易必不可少，关联交易对中国企业“走出去”和“走下去”至关重要。从下一章开始，本书将专门介绍关联交易、定价策略、转让定价以及实例分析。

---

① Internal Revenue Code, Section 59A.

② Internal Revenue Code, Section 38.

③ Internal Revenue Code, Section 41.

④ Internal Revenue Code, Section 59A (b) (1).

⑤ Internal Revenue Code, Section 59A (b) (2).

第十章 产品和服务的定价

近年来，走出国门的中国企业越来越多，且没有减缓的迹象。这当然是个好事，中国政府鼓励国内企业“走出去”的政策非常英明，只有走出去，才能拓展市场，寻找到更多的消费群体，调动中国以外的消费需求，在激烈的竞争中把握时机，争取公司利益最大化。

正像前几章里提到的，中国公司在美国成立子公司后，有可能、有时候也有必要让美国的子公司担任西方区域总部的角色，这就使中国、美国、其他西方国家之间形成了“三明治”架构。中国母公司必须对美国子公司进行指导和管理，参与供应链的安排等，而美国子公司也同样要对它的中国母公司和境外子公司（或受控外国公司）承担义务和责任，这就避免不了在中国母公司、美国子公司和它的受控外国公司之间进行各种交易的安排。“三明治”架构中各公司，甚至包括架构外有关联的公司，通常被称为“关联公司”，在关联公司之间进行的各种交易也就成了“关联交易”，而关联交易的最关键点是对交易的定价。

关联交易的定价不仅受到 MNCs 境外拓展策略的左右，也受到 MNCs 全球资源重新分配的影响，更受制约于交易所涉及国家的法律，包括判断关联交易定价是否符合所谓的“独立交易原则（arm's length principle）”，即“愿买愿卖”原则。

很明显，MNCs 有动力利用关联公司之间的交易向低税率国家转移利润，达到全球税负最低化。各国政府为了保护自身税收利益不受侵犯，必然会启动各项法律保护机制，严格管制利润外流，要求境内 MNCs 分支机构严格执行关联公司之间的独立交易原则，合理合法对转让交易的产品和服务进行定价，这就是所谓的“转让定价（transfer price）”。

在进入讨论转让定价之前，需要先了解独立的公司（unrelated companies）是怎样对它们的产品和服务制定交易或买卖价格的，什么样的外在和内在因素会影响到它们对产品和服务的定价。因为它们是非关联方，也就是交易各方没有关联关系，它们对产品和服务的定价对关联公司的交易定价有着至关重要的指导意义，可以用来作为独立交易原则的基准（benchmark）。只有了解了独立公司对产品和服务的定价方法和考量，关联公司才可能遵循独立交易原则，并在交易定价时使用该原则的基准，对自己的产品和服务制定出合理的价格。

基于市场竞争的定价

一个公司的产品或服务必须要具备市场竞争力，而市场竞争力的一个重要体现是产品或服务的价格定位。首先，我们来区别一下价值和价格：价值是指产品或服务的内在所值，也就是说产品或服务本身应该值多少钱（排除通货膨胀率）；而价格则是产品或服务投放市场时所出售的标价，讨价还价后的实际成交价有可能低于出售标价。应该注意的是，关联交易的定价主要注重市场销售的标价，而很少考虑到讨价还价后的实际成交价。这一点其实缺乏交易的公平性，下文会再谈到这一潜在问题。

在同一个市场内，同样的产品或服务价格决定着该产品或服务的销售量，所以产品或服务的价格是决定产品或服务竞争力的重要因素。在不同的市场内，同样的产品或服务或将有不同的价格以寻求高销售或高利润，在这种情形下，市场因素起着非常关键的作用；如在不同年龄消费者的市场里，对苹果 iPhone 与其他品牌手机的需求不同，不同年龄的消费者形成了不同的市场，年轻人追求时髦、功能以及“酷”，所以对 iPhone 的需求很大；而老年人则注重实用、性价比高等，对其他品牌的手机更加青睐。作为手机运营商和销售商必须懂得市场的差异，即使在同一个大市场内，也可能有众多不尽相同的次市场，如中国的手机市场是大市场，而不同年龄消费者则形成了大市场内的次市场。只有深知各种市场的构成和需求，才可能对产品或服务作有针对性的定价结构，以获得最大销售量和最高利润率。

市场竞争与定价

产品或服务的合理价格是市场竞争最为重要的因数之一。那么，什么是合理的价格？合理价格就是指以竞争者的产品或服务价值为基准来制定的价格。比如，在世界智能手机市场竞争激烈的情况下，小米公司在 2010 年以价格的优势一举夺得国内市场巨大的蛋糕，在与苹果 iPhone、三星、华为、HTC 和其他智能手机产品的竞争中独占鳌头。近几年来，广东欧珀移动通讯公司（OPPO）在国内市场从小米和其他竞争者中成功夺得可观的市场份额，这是因为 OPPO 除了在其他领域狠下功夫以外，还懂得市场合理定价的原则，从而让以低价著称的小米不得不让出一部分国内丰厚的市场。

在市场的价格竞争中，很多时候公司不得不以低价来吸引消费者，以减少利润来争夺市场份额，其根本目的就是占领市场先机，排斥竞争对手，用各种市场营销手段保留客户，然后向客户推销其他高净利产品或服务，以弥补低价产品或服务引起的利润损失，最后达到不同程度的市场垄断，谋取高额利润。

比如，一个小型网络软件营销公司以低价（或免费）吸引客户下载软件，然后通过软件向客户兜售其他软件或服务，或者以下载软件周期更新升级等方法获得利润。这种以牺牲一个产品或服务的利润来取得另一产品或服务的销售，是商界常用的定价策略。如百度提供免费网络搜索，但根据消费者对某些产品或服务的搜索频率，向消费者兜售自身或第三方的产品或服务，从中获取销售或广告收入。

竞争性定价（competitive pricing）一般适用于相似度比较高的产品或服务，如上面提到的小米和 OPPO 智能手机，两者在形状、功能等方面都比较相似。OPPO 对苹果的 iPhone 甚至华为手机没有造成直接的竞争压力，正是因为 OPPO 与它们有很多方面不相似，如品牌、功能及全球支持系统等。又如，在一次性纸杯和纸盘的市场里，低价产品占主导竞争优势，因为消费者除了价格外看不到产品的绝对优势。但如果与不锈钢杯子和盘子竞争，纸杯子和纸盘子的价格再低也不一定有竞争优势，因为产品的属性不同。

有时候，产品或服务有其独特性，如果市场上不存在相似度高的产品或服务，此类产品或服务就可以以溢价的形式来定价，即价格可以高于价值，也可以高于平均市场价。定价高于市场价除了可以获取最大利润外，还可以以独一无二或高消费品（奢侈品）的形象在消费者心里打下高品质的烙印，使消费者对产品或服务产生依赖性或黏性，成为忠实客户。

市场投放渠道与定价

一个公司在成功研发并生产出一款新产品之后，只有真正进入市场才能实现经济效益。那么，产品应该通过哪些渠道投放到市场中呢？不同的销售渠道影响公司定价策略的因素各不相同，所以产品投放市场的渠道对于产品的定价起着至关重要的作用。

实体店直销。虽然网上销售——或称“电子商务”——已经非常普遍，一般零售商或批发商还是习惯于让自己的产品（或购入产品加工后）直接与客户见面，如沃尔玛（Wal - Mart）、开市客（Costco）、美西（Macey's）、萨克斯第五大道（Sak's Fifth Avenue）和盖普（the Gap）等直销店。这类公司一般统称为传统实体商店。传统实体店租赁规模或许会很大，尤其是连锁店，同时还必须有仓储以便货物周转快捷，所以经营成本会较高。这些费用反映在货物的价格里，使产品的定价一般会比非实体商店产品价格高。

网售。还有一些公司把自己开发生产（或购入）的产品放到网上销售，这类公司一般很少有实体商店，通常将自己的产品罗列在自有或第三方的网站上，进行网上交易，如亚马逊（Amazon. com）等电子商务运营者。这类公司一般为网上零售公司，在出售自己产品同时还代为出售第三方供应商的产品。他们还会通过其他网络平台，如家喻户晓的阿里巴巴、淘宝网等出售产品。通过互联网销售产品可以节省很多固定成本和费用，如租赁、人员等费用。网络销售简便、成本低且免除了中间商费用，因此具有更大的定价优势，在同类产品的不同渠道价格竞争中具有更大的竞争力。

公司间直销。很多公司的产品是中间产品、半成品或其他公司产品的零部件，如图像传感器（CMOS APS）并不是终极产品（或消费产品），而是用在其他设备上，比如高敏感度的照相机（包括 iPhone 照相机）。这类产品的销售一般都有既定的渠道，并不直接投向最终消费市场。

公司之间的产品销售与面向消费者的终端销售有很大不同，产品一般都是终端消费市场成品的零部件。它们之间的定价基本上都是合约价，也就是说他们产品的价格基本上是按合约确定的。在确定定价前双方就产品价格进行谈判，卖方根据市场供给现状、产品竞争及产品成本等因素给出一个价格，买方则根据相似的情况及自身需求进行讨价还价，一旦达成共识，双方起草合约以法定形式确定产品价格及付款形式等。如用在高敏感度照相机（如 iPhone 照相机）上的图像传感器，生产商与苹果公司经过各自对市场、成本及其他因素的分析，经过多次谈判和协商双方签署销售购买合约，在合约中具体规定产品的规格、数量、价格、付款方式及其他细则，有时甚至在产品生产前先确定数量和价格。

混合型销售。公司既有自己的传统实体商店，又有成熟的网上销售平台，还同时有公司间直接销售活动。如苹果公司自己的苹果实体店、网店和通过第三方向消费市场投放（如美国三大通信公司）。

现代公司销售策略，尤其是大公司，基本上都属于混合销售类型。如沃尔玛（Wal - Mart）在实现世界范围实体连锁店销售的同时，也花了大量的资源建立自己的网络销售系统，目标直逼亚马逊（Amazon. com）。美国市场学实证研究证明，多渠道销售可以增加公司产品或服务的销售量、增大市场的占有率、提升公司的整体利润水平[①]。

市场供需与定价

从宏观经济角度来看，供给和需求的平衡点（equilibrium）至关重要，供需之间

---

① Venkatesan, Rajkumar, Kumar, V. & Ravishanker, Nalini. Multichannel shopping: causes and consequences [J]. *Journal of Marketing*, 2007, Vol. 71: 114 - 132; and Montoya - Weiss, Mitzi M., Voss, Glenn B., & Grewal, Dhruv. Determinants of online channel use and overall satisfaction with a relational, multichannel service provider [J]. *Journal of the Academy of Marketing Science*, 2003, Vol. 31 (4): 448 - 458.

的关系不能失调，否则产品或服务的定价不能充分体现它们的内在价值，很容易给公司带来经济上的损失。比如，当今中国房地产市场已经明显供过于求，但房价却持续徘徊在一个很高的水平，有一些城市的房价已经攀升到非理性的程度。那么，房地产市场的需求是否存在呢？经济学最基本的一个原则就是追求供给平衡，如供大于求，则价格就下降；如求大于供，则价格上升。国内的房地产从传统意义上来讲供给已经远超出了需求，那么房价会下跌。当然，供过于求的现象距房价下跌还有一个缓冲期，这个缓冲期可能会比较长。国内经济的突飞猛进已经造就了一大批富裕阶层，他们有能力购买除自己居住以外的房产，再加上境外普遍看好国内的经济前景，境外居民在国内购房早已不足为奇。诸如此类的消费刺激了房产价格的飙升，造成供需潜在失衡。产品或服务的定价与市场的供需有着非常紧密的关系，在供大于求的情况下，公司会失去对产品或服务定价的掌控力；而在求大于供的情况下，公司则具备对产品或服务定价的主动能力，有时甚至会超额溢价。下面简单介绍经济学中的供需关系对产品或服务的定价影响。

市场供求平衡与产品定价

经济学基本原理告诉我们，当市场需求增加而供给不足时，产生求大于供；产品价格会上扬，而当公司持续增加生产能力提高产品数量时，产品就会满足消费者的需求，很快产品就会达到市场饱和程度，产品的价格也因此上升到一个高原。如果产品供应继续增长而需求未变，产品的价格就会因供大于求而下降。当产品价格下降时，公司就会另辟途径，减少产品供应，最终再次形成供小于求。如此反复，产品的价格总是在供求之间寻找一个最佳的平衡点。

公司的产品或服务的定价毫无疑问会符合经济学基本原理。市场供需关系会非常明显地影响着产品和服务的价格，公司只有遵循经济规律，及时调整定价才可以得到最合理、最大化的收益。同样的产品在同样的市场里，如果遇到经济不景气，消费者就会严格控制自身消费，对非必需产品的需求就会减弱，此类产品的销售也会因此迟滞，此时为了刺激消费，公司经常通过调低产品的价格来换得销售量的提升。相反，如果总体经济强劲，消费者对产品的需求就会增加，在这种求大于供的情况下，公司就可以通过提高产品价格，来间接抑制销售量的猛增，缓解供需矛盾，此时单个产品的销售会产生溢价。

经济繁荣期的供不应求

在经济繁荣时期，消费者的可支配收入大幅增加，对产品的需求强烈，造成供不应求，导致产品价格的上升。由于消费者对产品的需求大增，市场上产品紧缺，公司拥有相当大的定价能力。其他公司看到这个市场有超额利润，就会加入市场竞争中，于是供给增大，产品的产量剧增，渐渐达到供需平衡的状态，超额利润不复存在。

比如，在2000年互联网泡沫破灭后，美国经济进入了相当长的繁荣阶段。从2001～2007年的7年里，各种经济指数都显示美国的经济发展强劲有力，就业率大增，招聘广告到处可见，金融市场朝气蓬勃，股市的空前高涨给投资者带来了丰厚的回报，中产阶层人数大增。随着美国公司的利润飞涨，众多公司对员工实行了慷慨的鼓励政策，包括丰厚的奖金和公司股权等，让员工们着实得到了经济好处。很多位于美国加州硅谷的高科技公司的员工，每季度在领取丰厚的奖金后便热衷于购买奢侈消费品，如豪华汽车、金银珠宝首饰、时髦家具等。超市里的减价促销活动明显减少，各个购物中心都人潮汹涌，饭店就餐也必须提前预约等。

在这个经济繁荣的时段里，由于市场需求大增，公司对产品和服务的定价能力也空前提高，众多产品和服务甚至存在着大幅度溢价现象，这是产品和服务定价的黄金时期。

经济萧条期供大于求

可是，好景不长，经济繁荣后期给市场带来很大的后遗症。由于繁荣期市场强劲，公司为了满足利润最大化，盲目扩大生产，造成市场产品过剩，供大于求。房地产市场也是如此，建筑商拼命造房，消费者拼命买房，银行等金融机构利用房产市场的过热，引诱消费者向银行借贷超低利率（或无利率）房贷，导致美国从2008年起至2009年底爆发了一场规模空前的并具有全球蔓延效应的“次贷危机”，使华尔街乃至全世界的金融市场近乎崩溃。同一时期，美国原油价格飞涨，到2008年7月达到140多美元一桶的历史新高。而高价原油拔高了零售业货物运输成本，使众多中小型超市入不敷出。雪上加霜的是高科技公司订单锐减，硅谷地区接二连三地发生大规模裁员，加州失业率达到12%以上，为全美最高。

在这种经济不景气的情况下，消费者可支配收入下降，大家都勒紧裤腰带，减少对非必需产品的需求。由于市场上供大于求，老百姓的购买力下降，导致好多产品和服务无人问津，公司只能想尽办法清理库存，对产品和服务的价格丧失了定价能力。

经济繁荣和萧条是每一个公司对产品定价时所必须要考虑的。尤其是经济萧条时，公司必须及时调整价格结构，大胆创新，用新颖的方法去占领市场。经济不景气不代表市场不存在，只是市场的结构和消费者的心理发生了变化，公司必须懂得这些变化，才能设计出符合消费者心理的产品及价格结构，达到事半功倍的效果。

开辟新市场、调整供需关系

以上谈到了在经济繁荣时，市场供应不足，产品价格上扬，提高生产能力，使产品迅速充盈市场，消费者需求也因此得到满足。但由于产品持续大量供给，供需平衡打破，市场达到饱和，之后市场形成供大于求，产品的价格也随之下降。在这个供需关系循环的后阶段，为了解决产能过剩，公司往往清理库存，廉价倾销产品，导致公司产生大量亏损，过度的亏损也造成众多公司的破产和倒闭。为谋求生存，公司绞尽脑汁地开辟国内外的新市场，如发达国家的公司到欠发达国家去开辟新市场，以保证其产品在新的市场中得以销售，在国内产品过剩的同时努力维持产品价格，不使其亏损。

比如，美国福特（Ford）和通用（General Motor）汽车公司利润率最高的产品是卡车（truck），在美国一直很畅销。卡车的消费周期一般为10年，也就是说消费者每10年要换一辆新的卡车。2008年经济不景气，加上石油价格冲上历史新高，消费者推迟了对卡车的更换，造成美国卡车的销量一路下滑，美国三大汽车巨头损失惨重，其中通用汽车公司不得不宣布破产重组。

在这种汽车业极不景气的情况下，各大汽车巨头都把眼光投向了中国。经过以往数十年的投入，在美国和其他地区汽车市场低迷的情况下，中国的市场汽车销售一枝独秀。美国汽车公司在中国盈利巨大，中国的业务支撑着美国汽车行业的半壁江山。比如，通用汽车在中国的销售已经占其全球总销量的25%。中国这个新兴市场，虽然开发困难重重，但潜力非常巨大，这也就是美国公司（不单单是汽车行业）为什么要花大力气来中国开发市场的原因。美国公司来中国挖掘市场潜力的目的之一，就是为了寻找新的供求平衡点，改善销售和利润，从而在全球范围内巩固和提高市场竞争力。

近些年“走出去”的中国公司也增加很多，而且还在持续增加，这是个好事。当国内内需不足导致公司产能过剩，供需关系不顺时，去国外开辟新的市场势在必行。公司走出去扩大市场，才能寻找更多的消费群体，在激烈竞争中把握时机，争取利益最大化。

产品定价与利润率

前文中说过，公司往往在经济萧条时由于库存过剩低价出售产品，导致出售价低于成本价，造成亏损。长此以往，公司则可能破产倒闭。产品的成本也可以被理解为产品的内在价值，即产品的各部分成本的总和，包括但不限于原材料成本、运输费用、机械设备费用和折旧、储存费用、直接生产或管理人员费用，以及特许权使用费等。产品的销售价格必须高于这些成本总和，超出部分通常被称为毛利润（Gross Margin，GM），否则公司将面临亏损，持续的亏损则将导致公司的破产关闭。

产品定价与毛利润率

那么，一个公司应该保持什么样的毛利润水平呢？答案是看公司的性质。如果公司是轻资产型或轻资本型公司，则毛利润要求可以低些，10%左右的毛利润率或以下，都可以让公司健康持续；否则，毛利润则必须达到一定的程度才能让公司持续发展。比如，通信公司的毛利润率通常会在20%～50%之间，而软件游戏开发公司的毛利润率从原来的50%以上下滑到现在的20%左右也很常见，因为游戏开发成本数倍增长，市场竞争越来越激烈。另外，一般服务业人力资源密集，毛利润率必须达到一定程度来支付人工相关的费用。总之，公司必须有健康的毛利润率，才能在支付各种费用以后留有剩余，那剩余就是净利润（Net Margin，或NM）。市场营销费用、研发费用和人工费用，一般来说是费用的重要组成部分，如果公司的毛利润不足以支付这些费用，就会产生负的净利润（亏损），此时公司要生存就必须“瘦身”，裁减经费，或者增加营销以扩大毛利润率。

单位产品定价。有些时候，公司为了推销已经生产或正在生产的产品，利用多种渠道大力推销，甚至用大幅减价的方法来促销产品。虽然这种情况一般都发生在经济不景气、市场供大于求的时期，但公司也会为了推广新产品或扩大市场使用这种极端营销方式。大幅度减价促销活动在市场上经常可以看到，但是如果产品售价低于生产或销售成本（或称主营业务成本），公司就会在销售中产生亏损，或称为负毛利润。如果公司在销售中产生单位亏损，即每一个产品的售价低于其生产或销售成本，或称为边际亏损（marginal loss），那么那种产品销售得越多，亏损就越大，销售量与利润成反比。除非公司有另外产品或服务的销售能弥补亏损，否则持续亏损将会造成公司破产关闭。因此，公司在单一产品营销定价时，必须考虑边际亏损问题，或者提高售价，或者降低成本，以保持一定的边际利润（marginal profit）。

如果公司在销售一种产品时产生亏损，但在另一种产品销售中盈利的话，那么公司就应该考虑产生亏损的产品是否必不可少，如果是，则必须综合亏损和盈利产品来评估公司的毛利润。但如果亏损产品并不是必需的，公司可以考虑停止生产亏损产品，或者对产品成本结构等进行调整，以求利润最大化。

多种产品定价。在现实中，仅拥有一种产品的公司并不多，大多数公司都生产一种以上的产品或产品加服务。单一产品售价低于成本的现象还是经常可见的，比如，电话公司销售手机连带服务套餐。手机的价格一般都偏低，甚至免费赠送，在手机销售上明显亏损，但是它们往往靠绑定一定时间的通信服务来弥补手机销售产生的亏损，在提供一段时间的服务后就可以整体扭亏为盈。

在美国金融学里有一个典型的案例，说的是一个奶牛农场主，把原奶提炼成奶油（cream）和脱脂牛奶（skim milk）以同时符合三个市场的需求，即原奶或全脂牛奶市场、奶油市场以及脱脂牛奶市场。这三个产品的定价不同，奶油价格比较高，脱脂牛奶的价格比较低，但奶油价格和脱脂牛奶的价格加在一起按理应该等于原奶或全脂牛奶的价格。所以，那个奶牛农场主的定价策略把这几种产品统筹起来考虑，为了获得最大利益，农场主还应该策划如何把奶油和脱脂牛奶的价格综合来超过原奶或全脂牛奶的价格，也就是说，农场主可以利用不同的产品市场需求调整产品价格，也可以把一个产品从过剩的市场转到紧缺的市场（如区域市场）去进行套利（arbitrage）。

盈亏产品有效搭配。前文提到过，如果一个公司运营一个以上的产品，它有时候为了市场占有率可以故意让一个（些）产品亏本出售，但却不能让所有的产品都亏本出售，也不应该允许多个产品的出售导致公司底线亏损（bottom - line loss），所以盈亏产品的有效搭配值得所有公司的关注。

举一个例子，电子游戏硬件和软件产品的有效盈利搭配。电子游戏机的开发，包括立体图形、联网、多功能等花费非常庞大，游戏机的销售价格往往不能弥补其高昂的生产成本。但是，消费者购买了一台游戏机后会接二连三地购买或下载游戏（软件），包括自身开发的和第三方软件（平台交叉，或 cross - platform）。软件开发成本虽然也在不断飙升，但边际利润丰厚，即使消费者下载第三方软件，公司也会有利润分成。因此，软件销售越多，游戏公司就越能弥补由硬件带来的损失，最终获得丰厚的利润。

如表 10 - 1 所示，假设游戏机硬件售价低于成本价，出售每一单位的硬件带给公司 10% 的负毛利润率。公司同时还营销游戏软件，而软件销售到达一定量（盈亏持平点）后，硬件的亏损就会被软件的利润冲抵掉，超过这个平衡点，公司就会盈利。

表 10－1 硬件和软件混合销售盈亏相抵 （单位：美元，台，个）

	游戏机				游戏软件				总额	
	单价	数量			单价	数量				
销售	700	1000	700000	100.00%	20	35000	700000	100.00%	1400000	100.00%
成本	770	1000	(770000)	110.00%	18	35000	(630000)	90.00%	(1400000)	100.00%
	毛利润率		(70000)	-10.00%			70000	10.00%	0	0.00%

表 10－1 说明了单一产品和综合产品销售互补的关系。如上所示，游戏机硬件销售价格低于成本价导致 10% 负毛利率润，而游戏软件销售价则高于成本价格而产生 10% 毛利润率，两者加在一起，正负相抵，毛利润率为零。假如游戏机和游戏软件销售单价和成本单价不变，盈亏平衡点是在游戏机硬件销售量达 1000 台，游戏软件销售量达到 35000 个。如果游戏受到消费者青睐，销售量超出 35000 个时，公司的综合毛利润率就会上升（见表 10－2）。

表 10－2 软件盈利超越硬件亏损 （单位：美元，台，个）

	游戏机				游戏软件				总额	
	单价	数量			单价	数量				
销售	700	1000	700000	100.00%	20	70000	1400000	100.00%	2100000	100.00%
成本	770	1000	(770000)	110.00%	18	70000	(1260000)	90.00%	(2030000)	96.67%
	毛利润率		(70000)	-10.00%			140000	10.00%	70000	3.33%

如果游戏软件销售量翻一番，从 35000 个游戏到 70000 个游戏，公司的综合毛利润则是 70000 美元（毛利润率为 3.33%）。游戏软件销售量越大，毛利润率就越高，这就是典型的硬件亏损用软件补的例子。

毛利润率在关联交易中使用广泛，关联公司经常把自己的毛利润率与非关联公司的毛利润率作比较，并采纳非关联公司的毛利润率作为独立交易原则基准，对自己的毛利润率进行调整。美国转让定价方法中的“再销售价格法”和“可比利润法”等（详情请参阅第十一章）通常都使用毛利润率，所以进一步了解影响毛利润率的因素对制定合理关联交易的独立交易原则很有帮助。让我们先来看看影响毛利润率的成本问题。

成本的剖析

在公司的关联交易中，很大一部分都牵涉关联公司的产品成本。比如，中国母公司通过美国子公司向美国市场销售母公司的产品，销售方法之一就是让美国子公司购买母公司的产品，然后再由子公司在美国市场出售，销售收入属于美国子公司的收入。

那么，美国子公司应该以什么价位购入中国母公司的产品呢？产品的购入价就是美国子公司的成本，而子公司的成本决定了它的盈利程度和税负高低。为了弄懂弄通关联交易的成本，笔者在此为读者做一下解释。

如果产品的价格由市场决定，而市场决定的价格又低于产品的成本，那么亏损就不可避免，除非公司有另外盈利的产品或服务来冲抵。在受到市场制约无法提高产品价格时，公司就必须千方百计地降低产品成本以求生存，保证有足够的毛利润来运营。想要降低成本，首先必须了解成本的构成，然后决定哪些成本的组成部分是可以减少或者避免的，以保证产品在市场上具备一定的价格竞争力。

什么是成本？简单地说，产品的成本就是公司在生产（或收购）产品的过程中所投入的费用，包括但不限于原材料、直接用于生产的设备和仪器折旧、生产产品的人力费用、生产第一线的管理人员费用，以及其他在生产过程中所产生的直接费用。销售公司的成本一般包括产品购入成本、运输费用、直接销售人员费用、库存费用，以及销售税等。而服务公司的成本主要就是人力资源费用，以及一些直接用于服务的其他费用。不同行业产品和服务的成本是由不同的部分构成的。

固定成本和变量成本。产品的生产成本可以分为固定成本和变量成本两部分。固定成本是指不随着公司产品生产的产量而变化的成本。如印刷公司，除了一些房租、设备等固定费用外，在印刷一本书时要设计版面、排版、试样、然后印刷。在一定的数量内，不管印刷多少本书，这些费用都会保持在同一水平的，而减少每个产品固定成本的唯一办法就是增加印刷量，随着书本印刷数量的增加，平摊到每一本书的固定费用就会减少。如 10 万元固定印刷成本分摊到 100 本书就是 1000 元一本，但如果印刷 10 万本书，那平摊到每本书上的固定成本就只有 1 元钱。

变量成本会随着生产或销售数量的提高而提高，但不一定成正比例。这种成本包括直接成本和间接成本，如原材料采购随着产量的提高而增加，生产和直接管理人员的费用、产品的搬运、储存和保管费用等也随着产量的增加而上升。要降低变量成本，公司必须把主要精力放在减少非库存费用、间接管理人员费用，以及一些不直接增加产品价值的费用，包括产品在制造过程中的反复搬运和储存等。

产能与市场挂钩以降低成本。产能是一个公司的生产能力，一个健康的公司，它的产品生产能力与市场对产品的需求必须吻合。市场对产品需求高涨时，公司的生产能力必须跟上，否则产品满足不了市场，让竞争者有机可乘，甚至最终失去市场。在市场对产品需求疲软时，公司必须当机立断主动降低生产能力。持续的满负载生产必定会造成市场产品过剩，价格回落，产品滞销，公司最终将亏损惨重。为了健康发展，公司必须把准市场的脉搏，准确掌握市场对产品的需求，并按需生产产品，把自身的产能紧密地与市场需求挂钩。

当市场需求强烈时，公司在提高产能的同时也会增加总体生产成本，首当其冲的应该是变量成本，因为产量提高了，原材料等购入也必须作相应的增加。当生产能力进一步上升时，公司的固定成本也因此会攀升。有效管理生产的方法之一，就是在提高产能的同时想方设法稳定公司的固定成本，因为随着产品产量的提高，固定成本分摊到每一个单位产品就会减少，即使销售价格不变，营销利润也会增加。相反，如果市场对产品的需求低迷，公司的生产能力就会出现过剩现象，造成产品滞销堆积，那么，公司必须缩减产量，这会导致厂房设备闲置，员工被解雇。

虽然很多的固定成本不变，如厂房、设备等，由于产量的减少，固定成本分摊到缩减了的产量中，每单位产品的固定成本就会增加。降低固定成本的最好办法之一就是清理闲置固定资产，或把固定资产租赁出去，以减少固定成本。当然，最糟糕的应该是公司不顾市场需求低迷，继续满负荷生产产品，导致变量成本和固定成本居高不下，同时产品售价低廉，公司就不得不产生大量亏损，所以公司的产能必须与市场的需求挂钩，及时调节，才能在市场竞争中立于不败之地。

管理库存以降低成本。库存是产品成本的重要组成部分，从公司营运角度看，库存就是一个大浪费，是增加产品成本的元凶。产品销售成本的大致计算方式是年初库存加上年度采购，减去年末库存。对于生产厂商，库存的管理尤为重要，库存管理好了可以减少销售成本，增加公司运营效率，在产品价格不变的情况下，提高公司毛利润率。

说到底，库存的管理就是要消除库存中积压、短缺、毁损的现象，减低或清除库存过程中非增值的费用，如仓储和运输费用等。从 20 世纪 70 年代，日本丰田汽车（Toyota）公司提出的即时库存（Just - in - time，JIT）的理念和实践，到现在的精益生产（lean production）理念与全面质量管理（total quality management，TQM）等理论和实践，都是为了要精简或消除库存，精简生产程序，避免非生产和非增值活动，最大限度地减少库存，降低产品的生产和销售成本，从而提高公司的利润水平。

产品定价与净利润率

我们已经了解到，只有足够高的毛利润率，才能保证公司的正常运行，保证公司（尤其是高科技公司）的科研和创新活动，以开拓适应市场的创新产品，使之立于不败之地。公司对产品的定价必须使销售额可以涵盖其主营业务成本，否则就会产生负毛利润率，输在起跑线上。一个好的公司通常会花大力气分析并掌控它的毛利润率。

如果一个公司的毛利润是它的生存线，那么净利润就是它生存的目的。除了一些仅为社会效应而存在的公司外，绝大多数公司的终极目标就是盈利，长期没有盈利的公司是难以生存的。当一个关联公司持续多年没有盈利的时候，它存在的合理性就会受到质疑。

公司的财务利润表（income statement）一般可以判断出一个公司的运营是否有效，是否能产出令人满意的净利润。净利润等于毛利润减去运营费用，而运营费用包括研发费用、销售费用、行政管理费用等。净利润也称为底线利润（bottom - line profit），公司有哪些运营费用以及费用的额度是因行业而异的，见表 10 - 3。

表 10 - 3　　跨行业利润比较表　　（单位：百万美元）

	阿法呗（谷歌）		百度		吉利得		辉瑞		沃尔玛		可口可乐	
	(A)	(B)	(C)	(D)	(E)	(F)	(G)	(H)	(I)	(J)	(K)	(L)
营业额												
销售	90272	100%	10223	100%	30390	100%	52824	100%	482130	100%	41863	100%
主要运营成本	35138	39%	4228	41%	4261	14%	12329	23%	360984	75%	16465	39%
毛利润	55134	61%	5995	59%	26129	86%	40495	77%	121146	25%	25398	61%
运营费用												
科研开发	13948	15%	1567	15%	5098	17%	7872	15%	0	0%	0	0%
销售及管理	17470	19%	2630	26%	3398	11%	14837	28%	97041	20%	16772	40%
其他	0	0%	0	0%	0	0%	5780	11%		0%		0%
运营费总额	31418	35%	4197	41%	8496	28%	28489	54%	97041	20%	16772	40%
运营利润	23716	26%	1798	18%	17633	58%	12006	23%	24105	5%	8626	21%
其他所得/费用	434	0%	4040	40%	(536)	-2%	(3655)	-7%	2629	1%	141	0%
税前净利润	24150	27%	5838	57%	17097	56%	8351	16%	26734	6%	8767	21%
所得税	4672	5%	653	6%	3609	12%	1123	2%	6558	1%	1586	4%
税后净利润	19478	22%	5185	51%	13488	44%	7228	14%	20176	4%	7181	17%

表 10 - 3 中显示的是 6 个分属网络、制药和消费品行业公司的 20 × × 年财务利润表。每个行业并排有 2 家公司：网络行业有阿法呗（谷歌）和百度；制药行业有吉利得和辉瑞；消费品业有沃尔玛和可口可乐销售公司。通过行业比对，可以看出不同行业的费用结构和比例各有特点；通过一个行业内的两家公司对比，则可以看出哪家公司的运营较为有效。

为了方便展示，将运营费用归纳为三大类，即科研开发费用、销售及行政管理费用、其他费用。下面就前两个费用作逐一分析：

科研开发费用。科研开发费用（或研发费）对于高科技和医药公司来说必不可少，为了开发出具有市场竞争力的产品，高科技和医药公司拼的就是科研和开发（research and development，R&D）。产品的时代性、针对性和“爆破性（disruptive）”关系到一个高科技和医药公司是否能够生存的大问题。虽然新产品不一定是好产品，但是不持续创新就意味着落后和淘汰。因此，高科技和医药公司都不惜重金进行科学研究和对新产品的开发，甚至有些公司会牺牲一些现存产品的生产能力和市场维护。

表 10－3 显示美国网络巨头阿法呗（谷歌）和中国网络龙头企业百度的研发费用均占各公司总销售额的 15%，医药公司吉利得和辉瑞的研发费用也占各总销售额的 17% 和 15%，充分体现出了高科技和医药公司对新产品开发的高度重视。而零售业的研发费用则不会像高科技和医药业那么高，虽然像沃尔玛这样的超级零售商每年会花费庞大的资金去开发现代通信和网络，但这种花费不是为了开发新的产品，而是为了更有效地调度物流、管理库存、开辟网上销售渠道等。因此，在表 10－3 中看不到沃尔玛和可口可乐销售公司的研发费用。

销售及行政管理费。顾名思义，销售和行政管理费可以分成两大块，即销售费用和行政管理费用。销售费用包括市场开发费、广告费、销售渠道开辟和维护费，以及所有为了营销而产生的其他费用。行政管理费用包括员工工资、福利、咨询费、办公室开销、技术和无形资产转让费以及流转税等费用。设备仪器折旧也是销售和行政管理费用的一大部分，但因为折旧不牵涉实际资金的支出，本书不详细展开。

运营效率高的公司发生的销售及行政管理费用比较低，另外网络电子商务公司的销售管理费用与其他行业相比也都较低，因为电子商务所需要的固定资产投资和维护费用都比较低，人员也比较少。从表 10－3 可以看出，属于传统公司的可口可乐公司的销售管理费用较高，占其总销售额的 40%，相比较之下，阿法呗（谷歌）的销售和管理费用则较低，只占其总销售额的 19%。

此外，因为销售和管理费用中很大一部分属于间接成本或费用，这些费用不直接产生公司价值，所以这些费用越高，公司的效率就越低。现在，让我们在同行业的不同的公司之间做一个比较，如上表中阿法呗（谷歌）的销售和管理费用占公司总销售额的 19%，而百度的销售和管理费用占公司总销售额的 26%，因此可以得出，阿法呗（谷歌）要比百度的运营效率高。再来看吉利得和辉瑞，吉利得的销售和管理费用占总销售额的 11%，而辉瑞的费用要占其总销售额的 28%，显然辉瑞的运营效率要比吉利得低很多。最后，沃尔玛的销售和管理费用占其总销售额的 20%，而可口可乐相关费用却占了总销售额的 40%，可见沃尔玛要比可口可乐销售公司的运营效率高很多。

评估一家公司的运营效率必须要在同行业中进行比较，非同行业的公司自然有着不同的销售和行政管理费用架构，就如以上提到的可口可乐销售公司与阿法呗（谷歌）公司的费用差异。

销售和行政管理费用通常视为“软”成本，即不直接产生生产效应但又不能不发生的费用，一个精简的公司必须具备合理的销售和行政管理费用结构，人事不浮夸、市场开发有的放矢、运营和办公场地租赁不浪费等。如果一个公司运营费用过高，造成公司的毛利润不足以支持它的运营费用，那么该公司则会产生负净利润率（net profit margin）或净亏损。

公司在产品定价时必须要统筹考虑，不仅要考虑到产品的制造和销售成本，还必须考虑到产品销售的毛利润是否足以支撑公司的运营费用。如果由于外界经济和市场的因素迫使公司产品的价格不能随意浮动，而公司的毛利润不足以弥补发生的各项费用的话，内部成本和费用就必须调整。这也就是为什么公司在市场和经济不景气的情况下要裁员、要出售非主营业务等以减少销售和行政管理费用，要保持公司的净利润。

公司产品销售的最终目的是盈利，所以公司在产品定价时，除了要做毛利率分析，还必须做详细的费用分析，以确定产品定价的合理性，最大限度地提高公司的净利润率。净利润率也是美国衡量关联交易是否符合独立交易原则的一个利润指标（profit level indicator，PLI），应用于多个转让定价的方法，如可比利润法，利润分割法，甚至 OECD 的交易净利润法。关于转让定价的方法，本书将在第十一章里向读者详细介绍。

调整费用以保净利

产品定价不仅要给公司带来毛利润，而且毛利润还必须足够高，以确保公司扣除营运（销售和管理）费用后有合理剩余，即净利润。如果定价不能确保公司有足够高的毛利润来保证正常的运营费用，那么公司就将面临亏损，长期亏损会导致公司破产倒闭。

前文提到了公司的运营费用有很大的伸缩性，因为变量费用在运营费用中占很大部分。市场和经济景气的时候，公司通常会盈利，盈利好时就会注重市场扩张，到处寻找投资项目，进行合并和收购等活动，运营费用也会因此提高；反之，当公司面对各种不确定因素或市场和经济萎缩的时候，通常会缩减运营费用。一般来说，当公司产品定价不能提高公司的毛利润时，就必须考虑减少运营费用，以确保合理的净利润率。

至于哪些费用可以缩减或者摒除，还要具体分析。有些费用，即使完全摒弃了也不会对公司的净利润造成多大的影响；而另一些费用，只要一动就会牵涉到整个公司的生存。公司首先要确定的是哪些运营费用属于非增值费用（non - value - added），哪些是必不可少的，哪些是可有可无的，然后统筹安排，逐一调整。下面的例子显示了公司运营费用伸缩性。

还是以百度公司为例，表 10 - 4 中（A）和（B）栏是百度公司 20 × × 年度向美国证监会（the U. S. Securities Exchange Commission，SEC）申报的实际财务利润状况。中国公司在美国上市必须向美国证监会提交年度和季度财务报告，报告必须符合美国会计准则（U. S. generally accepted accounting principles，GAAP）的各项要求。表 10 – 4 中（C）到（F）栏是假设的数据，为了方便举例说明。

表 10 – 4　　百度 20 × × 年度财务利润表（一）　　（单位：百万美元）

	(A)	(B)	(C)	(D)	(E)	(F)
营业额						
总销售	10223	100.00%	8690	100.00%	8690	100.00%
总主要运营成本	4228	41.36%	4355	50.12%	4355	50.12%
毛利润	5995	58.64%	4335	49.88%	4335	49.88%
运营费用						
科研开发	1567	15.33%	1630	18.75%	1630	18.75%
销售及行政管理						
租赁	800	7.83%	824	9.48%	494	5.69%
工资	1100	10.76%	1133	13.04%	906	10.43%
咨询	150	1.47%	155	1.78%	77	0.89%
市场开发	400	3.91%	412	4.74%	330	3.79%
设备仪器折旧	120	1.17%	120	1.38%	120	1.38%
招待费	15	0.15%	15	0.18%	8	0.09%
其他	45	0.44%	46	0.53%	23	0.27%
运营费总额	4197	41.05%	4335	49.89%	3588	41.29%
运营利润	1798	17.59%	(0)	0.00%	746	8.59%

表 10 – 4 中（A）栏是百度 20 × × 年税前利润报告表，（B）栏是利润报告表中各项相应百分比。百度 20 × × 年总销售为 102.23 亿美元，毛利润 59.95 亿美元，占总销售额的 58.64% 或毛利润率 58.64%。这里用百分比来代替绝对金额，是为了在与其他公司相比时具有可比性。比如，阿法呗（谷歌）的 20 × × 年度毛利润是 551.34 亿美元，与百度的毛利润 59.95 亿美元似乎相差甚远，但这两家公司的毛利润率则相差无几，各为 61% 和 58.64%，具有一定的可比性。

可以看出，百度的毛利润率 58.64% 比起阿里巴巴同期毛利润率 66% 和阿法呗（谷歌）的毛利润率 61% 有点逊色，但差距并不很大。如上表所示，假设百度的销售和管理费用占总销售额的 25.72%，其中包括 7.83% 租赁费（如办公楼、机房和设备仪器等租赁）、10.76% 工资（含奖金和福利）、1.47% 咨询费（如律师费、审计费和其他专业咨询费等）、3.91% 市场开发费（如销售渠道开拓费、参展和广告费等）、

1.17%设备仪器折旧费、0.15%招待费和0.44%其他费用（如水电、清洁、流转间接税等），加上15.33%的科研开发费用，总共运营费用为销售总额的41.05%。毛利润率58.64%减去41.05%的总运营费用比率得净利润率17.59%。

现在来看看（C）栏的金额和（D）栏的百分比。假设网络市场逐渐成熟，竞争对手日趋增加，同时消费者的需求基本饱和，百度公司在这种环境下不得不把自己产品和服务的定价往下调整，降价15%，总销售额从102.23亿美元降到86.9亿美元。同时，因为年度3%的通货膨胀率，公司的主营成本从42.28亿美元涨到43.55亿美元。因此，公司的毛利润则为43.35亿美元，毛利润率从原来的58.64%降到49.88%。

同时，百度公司的运营费用，除了设备仪器的折旧费用不变，其他各项费用都因年度通胀向上调整3%（普遍公认正常年度通胀率）。从表10－4（C）栏可看到百度公司的运营费用加上其科研开发费用共占其销售额的49.88%，因百度公司的毛利润率是49.88%，相等于它的运营总费用率，故净利润率为0。零净利润是百度公司迫于市场压力不得不把产品和服务的定价降低所造成的。为了在竞争中立于不败之地，在逆境中求生存和发展，百度公司除了必须通过各种策略和方法努力降低生产和销售成本外，还必须缩减它的运营费用，提高净利润率。

再假设百度公司的销售和主营成本不变，见表10－4（E）栏，即毛利润率依然是49.88%，见表10－4（F）栏。为了在急速发展和快速淘汰的科技领域里立于不败之地，公司的科研开发必不可少，持续不断的研发是公司的命脉。百度公司的策略是宁愿在其他部门勒紧腰带也要保证研发经费，所以在销售不景气时，公司的研发费用依然保持总销售额18.75%的水平。设备仪器折旧不变，因为折旧是按照会计准则计算的，在决定采取折旧方法后基本不做改变。

为了在不良的市场环境下保持净利润率，一些费用必须要精简。那么，必须精简的费用应该是哪些呢？费用精简的前提必须不伤害公司的根本运作和财务健康，废除公司浮夸非增值活动，如此精简既帮公司瘦了身，又可以使公司面对市场和经济不景气的同时增进公司的净利润水平。

如转租空厂房和办公楼，减少公司用车租赁等，使租赁费用从原先的9.48%降低到5.69%，大幅节省了40%的租赁费用。在人工方面，可以削减内部浮动人员，即非生产和非科研人员等，为公司节省20%的人工费用，包括工资、保险、福利费用等，从原来总销售额的13.04%降低到10.43%。由于总体市场和经济的萎缩，产品和服务的竞争日趋激烈，百度公司对原有产品和服务的定价能力削弱，用重金开发不复存在的市场是浪费资源。所以百度公司削减市场开发费20%，从原来的占总销售额的4.74%降低到3.79%。另外，公司还对其他费用，如咨询费、招待费等一律缩减

50%。百度公司在精简各项费用之后，总运营费用从以前的 49.89% 降低到了 41.29%，从而实现了公司净利润 7.46 亿美元，净利润率从 0［见表 10－4（D）栏］提升到 8.59%［见表 10－4（F）栏］。

综上所述，由于总体市场和经济的因素，公司经常会失去对产品和服务的定价能力，导致公司总营销额下降。公司在营销额下降的同时还经常面对成本上升的窘境，为了保持合理的盈利水平，公司不得不寻找各种方法减低产品生产成本，缩减各种非增值运营费用。市场疲软使公司产品滞销，结果是库存增加，生产能力过剩。为了解决或缓解这种困境，公司必须通过各种“瘦身”策略，清除过剩产能，调整运营费用结构，以确保公司的正常健康发展。

关联成本和费用

公司在精减运营费用的同时必须对各种费用进行评估，例如：哪些费用可以剔除？哪些费用只可以适量减少？哪些费用不能减但可以转嫁？还有哪些费用属于关联交易而不是公司本身？为了准确体现公司本身的实际运营费用，公司必须辨别并剔除与其他关联公司间所发生的费用，尤其是境内外关联公司间的费用。

中国会计准则也要求集团公司合并申报财务报表，也就是说，如果母公司拥有多个子公司，不管子公司在哪里都要汇总到母公司一并申报。财务合报掩盖了公司关联交易，对精确辨别各公司本身的运营费用造成了一定的困难，因为关联交易在关联公司间一进一出，集团层面净效果为零。如 A 公司支付 B 公司管理服务费 100 元，A 公司在运营和行政管理费用账里显示 100 元管理服务费，而 B 公司账面则显示管理服务收入 100 元。如果 A 公司和 B 公司是在同一个集团之内的关联公司，那么集团公司合报时 A 公司的管理服务费加上 B 公司的管理服务收入等于 0。财务会计感兴趣的是合并结果，很多时候忽略了单一公司的自身运营费用。关联公司间的交易并不一定在各单一公司的运营费用中明细陈列出来，所以在这一方面必须多下些功夫，弄懂会计准则里的合并规则，仔细分析合并会计报表里的各项抵销分录（elimination），把关联交易的运营费用单独提出来分析，还原各公司本身的运营费用结构。

还是用百度公司 20××年度财务利润表为例子说明，但使用表 10－4 中的（E）和（F）栏作为汇总栏，将汇总栏分为中国和美国两栏，具体见表 10－5。

从表 10－5 看，百度公司的汇总毛利润率为 49.88%，总研发费用 18.75%，员工的工资是 10.43%，市场开发费用为 3.79%。接下来，就研发、工资和市场开发这三个方面来展开分析。

表 10－5　　百度 20××年度财务利润表（二）　　（单位：百万美元）

	中国		美国		汇总（F）	
营业额						
总销售	7624	100.00%	1066	100.00%	8690	100.00%
总主要运营成本	4355	57.12%	0	0.00%	4355	50.12%
毛利润	3269	42.88%	1066	100.00%	4335	49.88%
运营费用						
科研开发	1000	13.12%	630	59.10%	1630	18.75%
销售及行政管理						
租赁	494	6.48%	0	0.00%	494	5.69%
工资	600	7.87%	306	28.71%	906	10.43%
咨询	77	1.01%	0	0.00%	77	0.89%
市场开发	200	2.62%	130	12.20%	330	3.79%
设备仪器折旧	120	1.57%	0	0.00%	120	1.38%
招待费	8	0.10%	0	0.00%	8	0.09%
其他	23	0.30%	0	0.00%	23	0.27%
运营费总额	2522	33.08%	1066	100.00%	3588	41.29%
运营利润	746	9.80%	0	0.00%	746	8.59%

假设，百度公司有中国母公司（表 10－5“中国”一栏）和美国加州硅谷子公司（表 10－5“美国”一栏）两个关联公司，表 10－5 中“中国”一栏加上“美国”一栏等于“汇总（F）”一栏，即集团合并申报汇总包括了中国和美国两家公司。为了简化说明，稍后再提及抵销分录。

假设，美国公司是百度设在美国加州硅谷地区的一个研发全资子公司，其主要功能是利用当地高科技公司密集、高科技信息及时以及高科技人才云集等优势，收集网络科技以及其他科技等信息，为百度中国公司提供网络高科技的研发服务。研发成果多为百度母公司使用，但也有一小部分留在美国以知识产权有偿出让给当地的高科技公司等。知识产权转让费由美国的客户直接支付给百度中国，而百度美国子公司的各项费用皆由百度中国负担。这里以百度中国母公司为例，主要探讨公司自身如何真实反映其运营费用，暂不讨论关联费用的合规性。

科研开发。百度科研开发费用总计为 16.3 亿美元，占总销售额的 18.75%，如表 10－5（F）栏所示。其中，百度中国的研发费用为 10 亿美元，占其总销售额的 13.12%，百度美国子公司产生的研发费用为 6.3 亿美元，占其总销售额的 59.1%。

美国硅谷是全世界高科技的中心，在那里设一个“窗口”是高科技公司“走出去”并与世界接轨重要的一部分，所以百度公司高层一致决定在市场和经济不景气的时候研发费用不能少。在分析精简各公司运营费用时，要考虑的不是 16.3 亿美元的集团总金额，而是百度中国10亿美元的费用和百度美国的6.3亿美元。

美国子公司的6.3亿美元是百度中国赞助的，目的就是要美国子公司利用硅谷的各种高科技条件，研发出与世界接轨的产品和服务。如果把这个研发费砍掉了，即使百度在总体上可以节省6.3亿美元，但却会失去未来立足于世界高科技领域的机会，甚至有被淘汰的可能。同理，如果要分析百度中国是否有可能缩减其科研开发费用，就必须要对10亿美元进行分析，而不能笼统地看集团总额。

公司，尤其是高科技公司，如果还有一丁点儿其他可缩减费用的话，就不应该动研发费用。研发费用是一个高科技公司能否立于不败之地的保证，很多实证和学术论证都证明，研发费用比例低的公司大多落后于研发费用高的公司，并且研发费用超低的公司即使还存在，也大都已经奄奄一息。所以公司不到最后关键的时候，不应该大幅缩减研发费用。

工资费用。工资费用包括所有基层员工和管理人员的薪资、福利等。从表10-5可见，百度美国子公司实际工资费用为3.06亿美元，而百度中国的工资费用为6亿美元，合计为9.06亿美元，占总销售额的10.43%。在百度中国6亿美元工资中也包含了一部分百度中国母公司管理和科技人员为美国子公司所提供的服务，包括指导和管理美国子公司的各项商务和科研活动等，这种母公司指导性管理费用（stewardship）应该由美国子公司来承担。如果美国子公司3.06亿美元的工资费用不包括对百度中国母公司的补偿，那么它的工资费用必须要做一个调整，调整后的实际工资费用应该要大于3.06亿美元，而百度中国母公司的实际工资费用应该要小于9.06亿美元，两者一进一出相抵，集团汇总工资费用金额不变。

市场开发。在表10-5“汇总（F）”一栏中的市场开发费占总销售额的3.79%，即3.3亿美元。这是百度公司总体市场开发费用。要确切地知道百度中国的市场费用是否有缩减的空间，就必须要知道百度中国自身的市场费用。百度公司近年来努力执行国家“走出去”的政策，利用美国子公司在美国硅谷研发产品，开拓美国市场，以及寻找深度合作的合作伙伴等，所有这些活动都必须要有财务支持。而百度美国子公司的市场开发费用为1.3亿美元，包括美国市场调研费用、寻找合作伙伴费用和佣金、产品展览会和交易会费用和广告费等。这些费用都是由百度中国母公司支付的，但却是为了美国子公司的直接利益，所以美国市场活动的费用应该由美国子公司来承担。要衡量公司各自真实的费用，必须要厘清关联公司间的费用分派，以便公司高层在对产品和服务定价能力减弱时做出正确裁减费用的决定。

由于中美财务申报都遵循合并申报原则，财务会计的主要关注点不在各公司单独申报，所以从财务报表上不容易看出集团公司中公司的各自费用结构。要保证各公司的正常净利润，必须要知道各公司的各项运营费用的伸缩性，对症下药。为了准确地分析各公司净利润率，单独公司运营费用项目至关重要，因此，关联交易项目必须从公司的合报中提炼出来，还单一公司的本来面目。在财务报表合报中通常有一栏抵销分录（应该显示在上表中“中国”和“美国”之后），关联公司间的所得、成本和费用通常都包揽在这一栏里。

至此，本书已经详细地介绍了公司对产品和服务定价的策略，以及来自公司内外部的制约因素，如外在制约因素包括公司所处的市场和总体经济，内在影响因素包括公司本身的产品制造成本和运营费用结构等。公司外部因素属于宏观范围，虽不受公司控制，但却左右着公司对产品和服务定价的能力。公司所能做的就是在内部进行一些力所能及的调整，如调整产品制造程序来降低制造成本，减少无增值活动来缩减营运费用等。公司虽然对内部因素有所控制，但程度有限，不能违背市场、经济和行业的规则而恣意妄为，否则不仅不能帮助公司获得合理净利润水平，反而会严重伤害公司自身的正常发展。

本书尽量避免深奥难懂的技术性法条和法律语言，避免成为又一本枯燥乏味的税务法律书籍。但是，既然这是一本讨论美国联邦所得税的书籍，对税务法律和法规的提及还是避免不了的，所以接下来本书会涉及一些在关联交易领域里的美国联邦所得税法术语，但努力使用通俗语言，简洁明了地来讨论公司跨境关联交易的定价问题，或称为“转让定价”问题。

第十一章 转让定价

上一章介绍了独立公司是如何制定其产品和服务价格的，以及影响制定价格的各种因素，包括经济的兴衰、市场的强弱和公司本身的成本和各种费用的结构等因素。独立公司对产品和服务定价的实践是同行业关联公司的最佳参考，各国的法规，包括OECD的指南，都要求关联公司按照非关联或独立公司的定价为基准，合理合法地制定关联交易的价格，这些法规统称为“转让定价”法规。

比如，某一中国跨国公司（简称“中企”或“母公司”）通过它的美国子公司（简称“美子公司”）在美国开辟销售渠道，美子公司实际上是一个执行公司，所有的运营指令都来自母公司，物流也由母公司控制和管理。由于中国母公司的实际操纵，而美子公司实际上只是一个“傀儡”。于是，所有销售收入都回归到母公司，美子公司每季度只是从母公司那里获得必需的维持费用。但是，母公司在收回销售收入或利润前，必须考虑美国有关转让定价的规定。如果中国母公司通过其美子公司收回所有收入与美国转让定价法规不相匹配，就必须采用适当的方法进行合规调整。

为了达到实际交易与法规相匹配，中国母公司一般可采用两种方法：第一，调整自己内部关联交易和定价，使它的定价政策符合有关规定。比如，中美两国虽然在税法中都有关联公司管理费用等规定，但规定的细则却有所不同，美子公司必须遵循美国的转让定价法则，对交易作相关调整以满足合规要求。第二，如果中美两国的转让定价法规不尽相同，如美国法规要求美子公司保留10%以上的利润，中国法规却因为美子公司没有在产品销售中进行增值活动而要求母公司将子公司所有利润汇回。

这样，中国母公司被要求对美国销售的100%（或绝大多数）对应利润纳税，而美子公司也必须就其在美国销售额的10%纳税，中美双方就中企在美国销售收入的10%重复征税。为了保护自身利益避免重复纳税，中企可以启动行政保护机制，要求中美两国在这个重复征税的问题上进行谈判，并试图达成一致。政府间相互协商统称为“相互协商程序（mutual agreement procedure，MAP)”。

上面这个例子有点简单粗糙，但能说明问题。那么，关键是中国母公司应该收取多少美子公司在美国的销售利润呢？也就是说，美子公司应该如何对产品制定收购价格呢？这就涉及关联交易的转让定价法则，下文就美国转让定价向读者做一个介绍。

关联交易转让定价

关联交易就是关联公司之间的各种交易，关联公司就是公司相互之间有关联的关系，而构成关联关系的公司之间通常有着25%或以上的股权，或者同属于一个综合集团（consolidated group），跨境母子公司就必定是关联公司。

所有关联公司之间的交易都受到关联交易的转让定价法规制约。各个国家基本上都有自己的转让定价法规，有些大同小异，有些则相差甚远。为了协调各国间的不同国内法规，OECD 在美国转让定价法规的基础上修改并颁布了《转让定价指南》（简称“《指南》”）。中国虽然在转让定价方面起步较晚，但后劲十足，在很多方面都收纳了美国转让定价法规的条款和理念，但在方法上总体采用了 OECD 的转让定价方法。

本章简单但全面地介绍一下美国转让定价法规，主要包括转让定价的起源和发展、专业术语、概念和法规条款等，把整个框架先搭起来。对于有些读者来说，尤其是非专业读者，这些内容可能会有些枯燥和抽象，所以并不要求读者对每个规则都咬文嚼字，浏览一下了解个大概即可。在下一章里，将用一个例子尽量把这些规则串联起来，与读者一起分析探讨例子中关联交易的合理合法性，以便读者对转让定价的一些主要法规有一个感性的认识。

转让定价概况

美国是世界上第一个制定转让定价规则的国家，它的转让定价法规在国际上有着很大的影响力。从 1917 年就开始建立转让定价相关制度，到 1935 年制定法规将独立交易原则作为转让定价基本原则确定下来。1968 年，美国议会正式在《法典》第 482 条中确认“独立交易原则”为转让定价调整的准则①。

美国倡导的独立交易原则被世界各国广泛接受。如英国 1970 年修订的《所得税法》第 485 节规定：“在某项资产交易中，若买卖双方存在控制与受控制关系，或者双方均受第三者所控制，并且该项交易的价格不符合正常交易原则所规定的独立当事人之间的交易价格，那么应当根据正常交易原则重新计算英国当事人的课税所得”②。又如，德国在 1972 年 9 月颁布的《涉外税法》第一条也规定：“纳税人与其关联公司

① Internal Revenue Code, Section 482.

② UK Public General Acts, Income and Corporation Taxes Act 1970, Section 485 [EB/OL]. (1970) [2021-01-20]. https://www.legislation.gov.uk/ukpga/1970/10/section/485/enacted.

从事国际交易的结果，若其交易所得低于独立公司间的交易所得，税务当局有权根据独立公司交易原则调整该纳税人的交易所得”①。

美国的《法典》第482条规定②：任何两个或两个以上的组织、贸易主体或经营主体共同隶属于同一利益主体或者直接、间接地受控制于同一利益主体为有关联关系的公司。具体关联关系的定义和计算方法在联邦法规③中有明确详细的规定。

自转让定价法创立以来，在理论和指导原则等方面，美国IRS和跨国公司已基本达成共识，即关联公司之间的内部业务往来，应按独立核算公司之间的独立交易原则进行。但是，在实践中却存在两个尖锐的问题：一是独立交易价格究竟是什么价格？二是如何判断内部转让定价是否符合独立交易原则？

因此，如何确定合理的价格就成为处理转让定价问题最大的难点。为了解决这个难点，美国一直在不断修正及完善转让定价法规，使之充分体现独立交易原则。如近几年修订的成本分摊法则（cost sharing regulation）④ 和新的服务法则（service regulations）⑤，以及惩罚条款⑥等。2017年的税改对转让定价中无形资产方面也做了一些补充⑦，并制定了新税法“税基侵蚀和反滥用税（base erosion and anti - abuse tax, BEAT）”⑧。

转让定价方法的运用及定价调整是转让定价税制的核心问题。对转让定价的确定和调整，美国最初实行的是“可比价格法”。但在实践中，价格确定和调整的难度很大，因为要在日常大量的交易活动中，找出真正的非关联交易的可比价格并非易事。当可比价格法无法实施时，“可比利润法”作为补救的办法则应运而生。可比利润法从利润着手，反证转让定价合理性，把不正常的应纳税所得调整到正常的应纳税所得上来，以合理的利润体现独立交易原则。

价格法也好，利润法也罢，关联公司间的交易都是以非关联（或独立）公司的交易来比较，如果关联公司间交易的定价明显不同于同行业非关联公司间的交易，那么关联公司间交易的价格就必须对照非关联公司交易的价格来进行调整。在上一章中，本书详细描述了非关联或独立公司对产品和服务定价的策略，以及来自公司内外部的制约因素。如果关联公司间的交易能遵循上一章阐述的各种情况和措施来进行定价或

---

① Commentaries (2007, December). *German transfer pricing rules in practice*, Jones Day [EB/OL]. (2007 - 12) [2021 - 01 - 20]. https://www.jonesday.com/en/insights/2007/12/german - transfer - pricing - rules - in - practice.

② Internal Revenue Code, Section 482.

③ Treasury Regulations 1.482 - 1 through 1.482 - 9.

④ Treasury Regulations, Section 1.482 - 7.

⑤ Treasury Regulations, Section 1.482 - 9.

⑥ Internal Revenue Code, Section 1.6662 (e).

⑦ Internal Revenue Code, Section 482.

⑧ Internal Revenue Code, Section 59A.

价格调整的话，那么关联公司间的交易就一般会被视为符合独立交易原则，即符合转让定价规则，反之，关联交易的定价就必须按照转让定价法规进行调整。

转让定价方法

为了评估跨国集团公司的转让定价是否符合独立交易原则，美国税务法规规定了8种转让定价的方法，OECD也是在这8种方法的基础上产生了它的转让定价方法，并颁布在《指南》里作为其他国家转让定价的参考准则。这8种方法是：

1. 可比非受控价格法（comparable uncontrolled price method，CUP）①；
2. 再销售价格法（resale price method，RPM）②；
3. 成本加成法（cost plus method，CPM）③；
4. 可比非受控交易法（comparable uncontrolled transaction method，CUT）④；
5. 可比利润法（comparable profit method，CPM）⑤；
6. 利润分割法（profit split method，PSM）⑥；
7. 成本分摊法（cost sharing arrangement，CSA）⑦；
8. 其他方法（Unspecified Methods）⑧。

美国《法典》第482条下的联邦法规列出5个转让定价方法（以上所列第1、第2、第3、第5和第6种方法）来确定关联交易中的有形资产转让定价和三个无形资产转让定价的方法⑨（以上所列第4、第5和第6种方法），无论有形资产还是无形资产都可以使用其他方法（以上所列第8种方法）。成本分摊法（以上所列第7种方法）是一种特殊的方法，是对各关联方以预期销售利益比例来分摊成本，我们在下面会单独介绍。

另外，IRS还在2011年颁布了服务转让定价方法的修正法规⑩，明确服务转让定价方法包括：（1）服务成本法（services cost method）⑪；（2）可比非受控服务价格法

---

① Treasury Regulations, Section 1.482 – 3 (b).
② Treasury Regulations, Section 1.482 – 3 (c).
③ Treasury Regulations, Section 1.482 – 3 (d).
④ Treasury Regulations, Section 1.482 – 4 (c).
⑤ Treasury Regulations, Section 1.482 – 5.
⑥ Treasury Regulations, Section 1.482 – 6.
⑦ Treasury Regulations, Section 1.482 – 7.
⑧ Treasury Regulations, Sections 1.482 – 3 (e); and 1.482 – 4 (d).
⑨ Treasury Regulations, Section 1.482 – 4.
⑩ Treasury Regulations, Section 1.482 – 9.
⑪ Treasury Regulations, Section 1.482 – 9 (b).

(comparable uncontrolled services price method)[1]；（3）服务总利润率法（gross services margin method)[2]；（4）服务成本加成法（cost of services plus method)[3]；（5）可比利润法（comparable profits method)[4]；（6）利润分割法（profit split method)[5]；（7）其他方法（unspecified methods)[6]。虽然服务与产品（有形或无形）不同，但服务使用的各种方法与有形资产和无形资产定价方法基本相似，且本书不是转让定价的专业书籍，所以本书对服务转让定价方法暂不进行深入讨论。

关联公司的各种关联交易，包括资产和服务交易，不管使用的是哪一种方法，或其他方法，必须符合“最佳方法（best method rule)”原则[7]。最佳方法的确定取决于信息的完整准确，假设的合理可靠，并且可比分析必须透彻具有逻辑性。为了证明选用的方法是最佳方法，关联公司不一定要否定其他方法，而只需要证明所选定的方法是最合理、最可靠的方法即可。

所谓“可比”就是关联公司与非关联的第三方公司进行比较，相似性大的就称为有可比性。“受控”意思是关联公司之间的交易，因为它们的交易价格往往是受到内部控制的，而“非受控”意指非关联公司之间的交易。接下来，本书将着重对美国转让定价方法做一个概括，以便读者对此有个总体的了解。

有形资产转让定价方法

美国《法典》第 482 条下的联邦法规[8]列出 5 种转让定价方法来确定关联交易中的有形资产转让的价格，这 5 种方法由 3 种交易价格法和 2 种利润法组成，另外还有一个其他方法。价格法为：（1）可比非受控价格法；（2）再销售价格法；（3）成本加成法。利润法则包括：（1）可比利润法；（2）利润分割法。另外，如果所有这五种方法都不适用的话，关联公司可以选择使用其他方法，但必须明确其他方法是关联交易转让定价的最佳方法。

---

① Treasury Regulations, Section 1.482 – 9（c）.

② Treasury Regulations, Section 1.482 – 9（d）.

③ Treasury Regulations, Section 1.482 – 9（e）.

④ Treasury Regulations, Section 1.482 – 9（f）.

⑤ Treasury Regulations, Section 1.482 – 9（g）.

⑥ Treasury Regulations, Section 1.482 – 9（h）.

⑦ Treasury Regulations, Section 1.482 – 1（c）.

⑧ Treasury Regulations, Section 1.482 – 2（d）.

可比非受控价格法

美国联邦法规[①]规定，关联受控交易中的有形资产转让价格必须以该资产在可比非受控交易中的价格来定价。关联公司间的交易价格受到交易双方的控制，而非关联公司间的交易价格，除了经济、市场、成本等因素外，不受交易双方控制。因此，关联受控有形资产交易价必须与非关联、非受控的交易价为准。如果以下条件满足，可比非受控价格法通常会提供最直接和最可靠的公平价格测算方法：

1. 可比非受控交易与关联受控交易之间没有差异；

2. 受控与非受控交易之间差异较小，并且已做出适当的调整。

如果难以做出适当调整（或者两者间差异较大），即使可比非受控价格法被采用，也不会是一个最佳方法，可靠性会降低，也就是说，如果对有形资产转让在受控和非受控交易之间的差异不能做出适当调整的话，使用可比非受控价格法通常缺乏可靠性。

因此，在使用可比非受控价格法时，可比度尤为重要，两者必须非常相似，或至少对差异可以做出有效调整以达到合理可比度。决定可比性的因素包括：（1）产品相似；（2）合同条款相似；（3）经济情况相似。

如果以上因素不相似，关联交易价格就必须做出调整，而调整则必须考虑：（1）交易产品质量；（2）交易合同条款；（3）市场价格水平；（4）地域市场；（5）交易日期；（6）与销售相关的无形资产；（7）外汇风险；（8）买卖双方所具备的实质替代方法。

以上这些可比性因素和关联交易价格调整的考虑因素，在前一章中都已经介绍过，只要关联交易双方都以独立方的角度来定价的话，就不会与转让定价法规相差太大，调整也通常比较容易。比如，在考虑市场因素时，同处于智能手机行业，中国手机销售到美国的价格一般不应该高于 iPhone 手机的价格（假设 iPhone 手机在美出售价是 800 美元一部），所以中国母公司在转让国产手机给美国销售子公司的价格应该在 800 美元以下。

如果国产手机连同一年的合约以 800 美元以上的价格出让给美国子公司，那么，对国产手机的打包价必须做出调整。如果只需要对一年合约的价格做出调整，难度并不是很大，调整后的国产手机价格也许会比较合理。但是，如果用 iPhone 作为可比，因为 iPhone 与其他手机有很多明显不同，如产品功能、品牌、市场和销售渠道等，那么对国产手机的调整也必须考虑到这些不同因素。如果对这些因素难以做出调整，那

---

① Treasury Regulation Section 1.482 - 3 (b).

么国产手机与 iPhone 的可比性则不存在。

再销售价格法

联邦法规中的再销售价格法①可以用来检验交易的独立性和公平性，为中间销售子公司所青睐。如果美国销售子公司向母公司购买并转售有形资产，而在转售前没有对货物进行物理改造而增加价值的话，则销售子公司适宜使用再销售价格法。如果销售子公司对货物进行增值活动，也可以用再销售价格法，但必须在使用此方法中体现出增值部分。包装、标签、组装等活动通常不被视为货物形态改变的增值行为。如果货物增值是通过无形资产实现的话，那么再销售价格法就不适宜使用。

在使用再销售价格法时，主要可比因素在于关联公司的职能履行、风险承担以及合同条款等，而货物的物理性能上的相似并非那么重要。如果受控交易和非受控交易之间有区别的话，就必须对受控交易所得的毛利润率进行调整，作为受控交易的价格基础。在调整受控交易毛利润率时，需要考虑：（1）库存量和流动率；（2）合同条款；（3）销售、营销、广告计划和客户服务；（4）市场价格水平；（5）外汇风险。

关联受控交易定价，最根本的还是要按照第三方独立交易的原则进行定价。美国子公司在营销母公司的产品时可以使用再销售价格法来定价，但如果美国子公司实际上是按照美国市场需求和自身成本的情况定价的话（请参阅第十章），就不必过多顾虑转让定价的繁琐规则。按第三方定价实践基本都应该符合转让定价规则，即使需要调整，也不会相差甚远。

成本加成法

成本加成法②通过参考可比非受控交易中实现的销售毛利润加价（gross profit markup）来确定独立交易价格。成本加成法常用于制造业，组装业和零部件出售业，服务业也常使用这个方法。

在成本加成法下，成本加成部分实际上就是受控关联方的利润。与可比非受控价格法相比，成本加成法对关联和非关联公司产品的物理属性是否相似并不过于注重，但是产品本质上的差异意味着受控和非受控交易之间存在着功能差异，需要对价格进行调整。如果调整有困难，成本加成法就不适用。

成本加成法，顾名思义，主要衡量的是关联公司的成本。在上一章中，本书详细

---

① Treasury Regulation Section 1.482－3（c）.

② Treasury Regulation Section 1.482－3（d）.

讲解了什么是成本，什么是毛利润率。一个公司要生存，毛利润率至少要高于其营销行政等费用汇总，这高出部分是净利润，也可理解为成本加成部分。用可比第三方的成本加成部分来衡量关联方的成本加成是本方法的主旨。

除了以上三种价格方法，法规还允许有形资产转让时使用利润法，即可比利润法和利润分割法。因为利润法在无形资产转让定价中更为普遍，所以本书将这两种方法放到无形资产转让定价方法中介绍。

无形资产转让定价方法

无形资产是指摸不着、看不见，却能给公司或个人带来价值的财产，并且其自身具有实际价值。无形资产包括：

1. 专利、发明和创造、秘方、工艺、设计、模式或专门知识；

2. 版权和文学、音乐或艺术作品；

3. 商标、商品名称或商誉；

4. 特许权、许可证或合同契约；

5. 方法、程序、系统、生产流程、活动、勘测、研究、预测、估量、客户名单或技术数据资料等；

6. 其他类似项目。

美国联邦法规中列举了三种关联转让无形资产定价的方法①，包括：（1）可比非受控交易法；（2）可比利润法；（3）利润分割法。在选择无形资产转让定价方法时，与有形资产转让一样，所选方法必须是最佳方法。不论选用何种方法，符合独立交易原则的无形资产转让必须“与该无形资产所产生的收入相匹配（commensurate with income）”②。

可比非受控交易法

可比非受控交易法最适合无形资产转让定价③，受控转让的公平价格可以参考可比非受控的交易来确定，受控和非受控交易涉及可比无形资产和可比环境。可比非受控交易法通常是能够提供独立公平价格的最直接可靠的方法，以达到良好的效果，非

① Regulations, Section 1.482 -4.

② Treasury Regulations, Sections 1.482 -4 (a) and (f) (2).

③ Treasury Regulations, Section 1.482 -4 (c).

受控交易必须与受控交易在相同（或大体一致）的情况下转让相同的无形资产。如果受控和非受控转让的无形资产没有太大差异，而且对这种差异已经做出适当调整的话，那么受控和非受控交易转让的无形资产则视为“大体一致”。

转让定价法规①列出两个与可比非受控交易法特别相关的因素，即：（1）无形资产可比性；（2）合同条款或转让环境条件的可比性。

无形资产可比性。如果受控和非受控交易的无形资产都用于相同一般工业或市场中相似的产品或工艺，并且都具备相似的获利潜能，那么非受控无形资产与受控无形资产基本相似，具有较高的可比性。在这里，相同一般工业、相似产品或工艺等的鉴定比较简单，但相似获利潜能的确定则难度较大。

无形资产的获利能力通常以无形资产使用期间所实现的收益净现值（net present value，NPV）来衡量。衡量获利潜能涉及“资金总额和所需启动费用”、风险承担分析和其他相关因素分析。由于可靠第三方的相关信息难以获得，潜在获利能力的可比性分析实则困难重重。因此，实际上可比非受控交易法经常会在关联集团内部使用，用集团与第三方转让无形资产的价格来确定关联转让价格。如果关联集团与第三方没有发生过类似的无形资产转让，那么关联公司间的无形资产转让定价将被迫采用其他方法，如可比利润法或利润分割法。

无形资产可比性，通俗地讲，就是关联受控方的无形资产与市场上第三方的无形资产相比，是否有一定的相似度。如果有，两者就有可比性；如果没有，那么两者就不存在可比性。只有存在可比性的受控方无形资产转让才可以用非受控方的交易模式来定价。这个方法注重的是交易模式，而不仅仅是价格，价格由交易模式来确定。因此，以下的第二个可比条件，即环境条件的可比性尤为重要。

环境条件的可比性。联邦法规②所列的可比因素必须在受控和非受控交易的环境条件中进行分析，如执行功能、承担风险、合同条款、经济状况和地域市场等。另外，使用可比非受控交易法还必须考虑一些特殊因素的可比性，如：

1. 无形资产使用的地点、政府准许、授权或执照；
2. 周期性更新、修正或对无形资产进行修改的权利；
3. 依据相关国家法律，资产的唯一性和保持唯一性的时期（如专利），包括对资产保护的程度和持续期间；
4. 执照、合同或其他协议的持续时间、终止或重新谈判的权利；
5. 担保交易的存在和范围或转让人和承让人之间的商业关系。

这里所谓的环境可比，主要是指无形资产交易的环境，也就是说，受控和非受控

---

① Treasury Regulations, Section 1.482－1（d）.
② Treasury Regulations, Section 1.482－1（d）（3）.

的无形资产交易是否在相似的环境中发生的，如果是，两者就有可比性；如果不是，那么它们就不存在可比性，受控交易就不能参照非受控交易来进行定价。

上一章介绍了市场竞争和市场供求平衡对定价的制约。为了增强竞争力，并在市场供求关系中获利，公司往往承担着一定的风险，如产品开发是否符合市场需要，经济层面的波动对产品开发的影响，公司本身对产品开发的执行能力，以及公司与供应链和销售链之间的各种契约条款等。如果受控无形资产交易按照市场竞争环境和供需平衡的经济准则来进行定价，通常来讲，所定的价格都是独立交易价格，即使与第三方交易相比有所出入，调整也是相对直接和简单的。因为按照市场环境定价，本身就是在遵循独立交易原则，而独立交易原则是转让定价最根本的准则。

可比利润法

利润法可以用于有形资产和无形资产转让，一般来说，可比利润法是基于非受控方对获利能力的客观衡量来确定受控交易所获利润水平是否公平，类似于 OECD 的“交易净利润法（transactional net margin method，TNMM）”，具体地说，在使用可比利润法时，如果受控方的利润指标（profit level indicators，PLIs）与非受控方的利润指标相同或相似的话，那么测试方（tested party）在集团内交易所得利润应被视为公平交易利润，或称为“可比经营利润”。可比利润方法通过计算营业利润指标来确定受控无形资产（或有形资产）转让的价格是否公平，此方法是美国多数跨国集团所钟爱的转让定价方法，使用率达在 50% 以上。

使用可比利润法的第一步是确定测试方，然后将测试方的营业利润与非受控公司的营业利润进行比较，如有差异，则按非受控公司的利润率进行调整。测试方通常是执照持有者（licensor），受控交易的转让方，具备可靠的数据信息，被要求调整的可能性通常最低。测试方可以是关联集团中的中方或美方公司，但如果关注点和工作对象是美国公司的话，那么美方公司一般会作为测试方。

利润指标的选择应该基于测试方活动的性质、非受控可比交易数据的可靠性，以及特定利润指标产生公平结果的可能性。当测试方拥有大量资产或营运资本，而资产或营运资本在盈利中扮演着重要角色时，法规偏向于使用“资产收益率（return on assets，ROA）”为利润指标。如果测试方和非受控可比方之间具有高度功能可比性的话，受控测试方可以使用“营运利润与销售比率（operating profit to sales）”，“毛利润与营运费用比率（gross profit to operating expenses）”或“贝里比率（Berry ratio）”等利润指标。

如果测试方能提供具有相当可靠性的财务数据，其他利润指标也是被允许使用的，但如果某一利润指标仅仅依赖内部信息，不能反映商务运营的客观规则，那么该利润指标就不应该使用。

营运利润是指毛利润扣除营运费用部分，不包括利息、股利、非日常运作的特别或额外盈亏。营运费用包括已售产品成本以外的所有费用，但不包括所得税和营运外费用。贝里比率等于毛利润除以运营费用，是公司的财务健康状况的一面镜子。在上一章里，本书探讨了很多关于毛利润率和净利润率的问题，希望读者在学习利润法时能够结合前一章对利润的分析，更深一步地了解使用合适的利润指标对利润法的重要性。

可比利润法注重测试方和非受控可比交易之间的相似性，如职责履行、风险承担、资源利用、商业经营和管理的有效性，但是对于功能可比性要求比其他方法略低。

利润分割法

利润分割法（profit split method，PSM）适用于无形资产（和有形资产）的转让。利润分割法分成 2 种，即：（1）可比利润分割法（comparable profit split）；（2）剩余利润分割法（residual profit split）。

可比利润分割法的可比要求比较高，即按受控和非受控公司之间的综合损益比例进行分配，但是非受控公司内部的损益分配一般属于公司机密，很难获得，所以在实践中可比利润分割法比较少用。

剩余利润分割法对受控交易各方的综合利润分两步分配，第一步是按市场回报率将综合营运利润以受控各方的“常规贡献（routine contribution）”比重分配。常规贡献是指非受控方在相似的商务活动中所做出的相似的贡献，通常包括有形资产贡献、服务贡献和无形资产贡献等，而常规贡献的市场回报与从事类似商务活动的非受控方的回报相似。

第二步是依据受控各方对无形资产的价值贡献，对市场回报分配后的综合利润做第二次分配，即剩余利润分配。各受控方的无形资产相对价值由以下因素决定：

1. 外部基准，反映无形资产市场价值；
2. 无形资产开发成本的资本化和递延分摊（amortization）；
3. 近些年来受控公司产生的开发费用所带来的价值（如果无形资产开发费长期相对不变）。

由于剩余利润分配数据往往来自跨国集团内部（如科研开发费等），所以在最佳方法原则下，剩余利润分割法的可靠性常常逊色于其他转让定价方法。

其他方法

除上述这些法规指定的方法外，法规还规定，任何定价方法，包括有形资产交易、无形资产交易和服务交易，只要能产生合法、合理的价格，都可以作为关联公司间交易的转让定价方法。与具体指定的方法一样，只有符合最佳方法的要求，对独立交易提供最可靠的测量手段，这种方法才会被认可。其他方法必须与法规指定的方法一样，服从可靠性和可比性的要求。另外，其他方法应该把关联交易的一般原则考虑进去，即受控方必须考虑其他替代方法的交易公平性，只有在没有更好的替代方法时才可以使用其他方法。

成本分摊协议法

美国完整的成本分摊协议法规是在 1996 年确定成形的，该法规取代了 1992 年的试行法规（proposed regulation）和 1968 年的第一部最终法规（final regulation）中的相关规定。2005 年，为了适应国际化的形势，美国国会重新修正并制定了新的成本分摊协议试行法规。2009 年初，在试行法规的基础上，IRS 将成本分摊协议修订成临时法规（temporary regulation），该临时法规在 2011 由最终法规取代。

现行的最终法规将整个成本分摊协议分成两个部分，即成本分摊（cost sharing arrangement，CSA）和平台贡献交易（platform contribution transaction，PCT）。法规将股权费用作为成本之一来计算成本分摊（至今仍有争议），并特别注重 PCT。此外，最终法规在投资者模式（investor model）的基础上确定了以收入方法（income method）来衡量 PCT 的报酬，以及成本分摊协议特有的同期资料规定等。

什么是成本分摊协议?

当两个或两个以上受控关联公司，同意按各自将得的利益，分摊无形资产开发风险和成本时，所产生的分摊协议为成本分摊协议。成本分摊协议参与各方的分摊成本，按它们的未来合理预期收益的比例（reasonably anticipated benefits，RAB）进行分摊，预期收益必须作周期性调整以更准确地反映由无形资产带来的未来实际收益。

各参与方必须对协议聚合的开发资源支付合理的费用，这个合理支付就是 PCT。PCT 支付必须与合约的未来预期收入挂钩，很多美国公司选择与低税率国的受控外国公司进行成本分摊，由于未来预期收益大部分会在美国产生，所以美国公司的成本分摊份额也会大部分在美国。但同时，由于未来预期收入与未来预期利益相呼应，大部分的收入会在美国产生，所以美国公司的 PCT 支付也必须相应增加。这样一进一出，很大程度上冲淡了美国 MNCs 滥用成本分摊协议的动机。

成本分摊协议的一般要求

符合要求的成本分摊协议必须要满足以下条件：

1. 分摊协议的形成必须以开发一个或多个无形资产为目的；
2. 含两个或两个以上的参与方；
3. 开发无形资产时，必须为各受控方的成本分摊额提供一个合适计算方法；
4. 必须包括先前成本分摊协议中的无形资产；
5. 必须提供参与方的成本调整方法，以解释影响成本分摊的变化；
6. 各参与方必须满足文件和报告的要求；
7. 符合成本分摊同期资料的要求。

开发与成本分摊参与方

成本分摊协议必须用于开发和（或）改进无形资产。成本分摊协议的形成常常用于履行专利研发、贸易机密、专门技能、工艺流程、软件和新产品设计等方面。对成本分摊法规来说，无形资产中的利益包括任何商业上可转让的利益，这样的利益比较容易估价。

成本分摊协议必须至少有两个或两个以上的参与方，而参与方必须有助于无形资产的开发，并且必须遵从成本分摊法规中对有关会计、文件和报告等管理要求。当无形资产在成本分摊协议下进行开发时，参与方必须预期这些无形资产将产生的实际利益。法规仅要求参与方合理地预估利益，如果研究或开发无形资产失败，或者无形资产对某一参与方没有实际好处的话，那么成本分摊协议也不一定是无效的，只要参与方合理地预估了其实际利益。另外，成本分摊法规并不要求参与方实际使用无形资产，参与方可以依靠转让使用权来获取利益。

参与方分摊的成本

各受控参与方分摊的无形资产开发成本，必须反映出参与方对无形资产合理的预期实际利益，这种分摊方法必须在成本分摊协议中详细阐述各方对实际利益的预期。

分摊的总成本包括无形资产开发中所发生的商务费用，加上对各参与方的成本分摊支付，减去从其他参与方获得的成本分摊支付。商务费用不包括售出产品的成本、利息费用、国内外所得税；但包括管理费用、广告费用、促销宣传费用、常规开支等类似费用。参与方给员工的股权费用也算在成本里面，虽然至今对股权费用处理仍然备受争议。

如何分摊成本？

各受控参与方必须以他们的合理预期利润（anticipated benefits）比例来分摊无形资产开发所产生的成本。每个参与方的期望利润与所有参与方的期望利润作比较，得出各参与方的期望利润的比例，然后按此比例来分摊开发总成本。

预期利润包括成本的减少和收入的增加，它们都是开发出来的无形资产使用的结果。这些利润的积累，最终确定了每个参与者的总利润。如果对于不同的参与者，预期利润在不同的时间段发生的话，那么就必须用一种合理的贴现率将利润折现为现值（present value，PV）来进行计算。

比如，中美关联双方参与共同开发一个无形资产，美国参与方预计获得60%由该无形资产带来的预期利润，而中国参与方获40%的预期利润。假设无形资产开发的总成本是1000美元，那么美方分摊到600美元成本，而中方分摊得400美元成本。如果开发无形资产的周期为十年，而美方未来预期利润分六年实现，即第一年到第四年没有预期利润，从第五年开始每年平均预期利润为10%，那么，本年度的分摊就必须采用利润折现的方法来计算现值。具体的计算步骤和过程比较繁复，在这里就不展开了，有兴趣的可以参阅转让定价成本分摊方面的专著。

成本分摊协议检查

合格成本分摊协议的参与方需要对自己的分摊成本，以及买入（buy - ins，现被PCT替代）和卖出（buy - outs）支付进行调整。一般来说，IRS不会调整处于开发阶段的成本分摊协议的参与方权益，但是如果成本分摊协议不符合要求，那么IRS则可以依法对参与方之间的关系进行重新定性。比如，某参与方连续几年承担所分摊的成本，而这个成本大于或小于参与方合理预期利润的份额，那么IRS就可以不按成本分摊协议条款，要求各参与方重新按合理预期利润比例分摊成本。对于之前分摊的不合理成本的参与方，IRS会视为获得额外利益，并以此来重新计算应税额。

另外，IRS 再三重申，无论成本分摊协议看上去有多么合乎逻辑、遵循相关法规细则，但只要该协议的产生是为了税务目的而并不具备经济和商务实质的话，形成的成本分摊协议将不会被尊重，IRS 有权取消或更改成本分摊协议并做出相应的应税调整。

转让定价调整

当关联公司选择了恰当的转让定价方法并合理定价以后，方法和价格会在一段时期内适用。随着实际情况的不断变化，包括经济和市场的变化，以及可比公司和关联公司自身盈利状况的变化等，关联公司有必要对已经建立的转让定价方法和计算做出周期性的调整。除了周期性调整以外，如果关联交易一方主动或者被迫做出转让定价调整，如受到所在国税务机关的稽查或主动进行周期性调整，那么关联交易的另一方就应该做出相对应的调整，以避免双重征（避）税。

周期性调整

因为收入的阶段性波动，所以转让定价也必须随着收入的波动而做出调整，通称“周期性调整”。法规规定，支付特许权使用费必须与无形资产实现的收入相匹配（commensurate with income），如果匹配出现差池，关联交易各方必须对其转让定价做出调整。法规同时还提供了一些例外，如法规说明只要第一年达到符合可比基准点（benchmarks），并且所支付的金额在独立交易范围之内，那么关联交易方就不需要作纳税的周期性调整。

一般情况下，如果关联方交易的无形资产与非关联方的相同，而且关联方使用的是确切可比非受控交易法定价，那么关联交易转让的定价则不作周期性调整。如果是由于特别重大事件导致结果与预测不符，那么尽管实际总利润或节省金额处于独立交易范围 80% ~120% 之外，也不用作周期性调整。特别重大事件是指非受控因素，如自然或人为灾难，但不包括常规事件，如市场开发失败等。

二次调整

所谓的二次调整是指跨国集团母公司在境外关联方进行转让定价调整时所做出的对应价格调整，目的是避免双重纳税。二次调整在很多国家的转让定价法规里都有明确规定，中国特别纳税调整相关文件也有类似规定。

比如，中国某跨国集团在美国的销售子公司（简称“美子公司”）不承受库存风险，它的所得报酬按照销售额3%的佣金计算（commissionaire）。如果美子公司的销售额是100万美元，它的收入则是3万美元（税额6300美元，税率21%）；而中国母公司则产生对应的3万美元的销售费用扣除（税收影响7500美元，税率25%）。

假设，美国IRS稽查美子公司后，将佣金率提高到5%，即美子公司的收入是5万美元（税额10500美元，税率21%）。按理来说，中国母公司也应该做出对应的二次调整，将销售费用调至5万美元（税务影响12500美元，税率25%）。如果，母公司不作二次调整，销售费用仍然是3万美元（税务影响7500美元），同时，美子公司的应纳税额上升了4200美元（10500美元－6300美元）。中国母公司没有享受由美子公司应税收入上升带来的对应扣除，结果，集团层面由于一方增加税负，而另一方得不到相应扣除，而产生税务损失5000美元（12500美元－7500美元）。

为了避免关联的一方单方面调整而造成双重征税，大多数国家和地区的法规都允许关联另一方作二次调整。如果，中国税务机关不接受母公司销售费用增至5万美元，那么，美子公司就应该实施法律赋予的权利，向IRS提出申请启动正常保护机制，由IRS与中国国税局在政府层面进行协商，这种协商通常称为“相互协商程序（Mutual Agreement Procedure，MAP）”。相互协商程序是中美税收协定所赋予的避免双重征税的保护机制，关联公司应该懂得如何利用所在国的法律程序保护自己。

美国虽然允许二次调整，但如果调整额度超过当年申报总收入的25%的话，IRS则会要求关联公司出具有说服力的证据和调整的正当理由。如果理由不够充分，IRS有权不接受调整。对于上市公司而言，大规模二次向上调整不仅增加公司税负和资金外流，而且还有可能被视为集团内部管理失效，内控薄弱。大规模二次调整必须在证监财务申报（10－K表）上做全面分项披露，披露的结果往往会引发投资者对公司信心不足，进而造成公司股价下挫。

预约定价

对转让定价的调整，不论是使用价格法（如可比非受控价格法），利润法（如利润分割法），还是交易法（如可比非受控交易法），其共同特点是必须对使用的方法进行事后调整。事后调整实在不是一件容易的事，往往会引起争议。如税务处理（尤其是对转让定价方法或计算的调整）的不确定性会影响公司的经营决策，而税务机构调查处理过程繁复周期过长则会消耗征纳双方大量的人力和物力，结果可能得不偿失。

为了弥补这一缺陷，避免关联交易各方的转让定价不确定性，以及无休止地应对税务机关的查询，美国在 1991 年创立了转让定价的预约定价安排（Advance Price Agreement，或 APA）。

预约定价安排是关联公司事先将关联交易转让定价的方法向税务机关提出申请，经税务机关审定认可后，作为计征所得税的会计核算依据，并免除事后对转让定价进行调整的一项制度。预约定价安排实质上是税务机关与关联公司之间对适用关联交易转让定价方法所达成的谅解，或者说是对关联公司转让定价是否符合独立交易标准的事前判断。

预约定价安排有效期的长短一般会在谈判中明确说明，IRS 认为规定 3 年或 5 年的期限比较合适，但具体特殊产业、产品或交易的适用期限有所不同。当预约定价安排到期需要续订时，应由关联公司在期限到期前 9 个月内向税务部门提出，然后重新经过申请和审定程序。当预约定价安排尚未期满，所规定的一些关键假设（critical assumption）需要变动时，关联公司必须在年度报告日期内将变动情况上报 IRS，预约定价由关联公司与 IRS 进行讨论谈判后再行处理。

预约定价安排好处很多，最主要的是将不确定的转让定价方法使用在与税务机关谈判后确认，使关联公司对跨境交易做出较为明确的预测，并及时做出经营决策，同时也避免了与所涉及国家税务机关之间的错综矛盾，降低征纳税双方的转让定价管理费用等。

当然，预约定价安排并非十全十美，也有其不足之处，无法被所有关联交易公司所采用。预约定价安排由跨国公司聘用专业服务公司提供服务，该程序既耗时又费钱，小型公司不一定负担得起，所以一般预约定价安排主要适用于大中型关联公司，有助于解决大宗关联交易转让定价的不确定性。尽管预约定价安排有不足的一面，但总体来说实为一种预先核准的好办法，也正因为好处明显大于不足之处，IRS 一直以来都大力推行预约定价安排，关联公司也越来越多地采用预约定价安排进行集团内部跨境交易。

同期资料

MNCs 内部关联公司间的境内外关联交易，以及它们所使用的转让定价方法等都必须以书面形式详尽记录下来，并在 IRS 要求后 60 天内递交，这个书面记录就是所谓的转让定价同期资料（transfer pricing contemporaneous documentation）。关联公司必须将当年的关联交易转让定价详细情况，在同期记录下来，而不是等到若干年后再去记录，同期记录的资料就是同期资料。

为了更加有效地对 MNCs 内部交易进行管理，很多国家（地区）都在法律上要求以书面报告的形式披露 MNCs 内部转让定价的内容和具体方法的使用等。OECD 近几年也一直在努力倡导对同期资料进行更加全面和完善的管理，美国也没有例外。IRS 要求美国符合要求的 MNCs 准备它们的转让定价的同期资料，包括主体文档、国别报告（CBCR）和本地文档。

主体文档主要是 MNCs 就其关联公司间在全球进行的关联交易做出详细报告，是集团最高层面的同期资料报告；国别报告，顾名思义是对关联公司在各国进行的关联交易进行报告，主要关注点是 MNCs 内部各关联公司做出的分国别的关联交易相关信息；本地文档，是最基本的转让定价同期资料报告，只关注某一关联公司在某一个国家的关联交易同期资料，如美国子公司在美国准备的同期资料为本地文档。

同期资料最主要的是要求 MNCs 把内部跨境关联交易分类、分项、分国家详细且全面地进行自我披露，包括对以上介绍的关联交易所涉及的经济、行业、市场、营运和可比情况等都要进行详细分析，阐述关联交易使用的转让定价方法等。每年度同期资料报告的目的就是要迫使 MNCs 内部繁复而隐秘的关联交易透明化，以便各国政府税务机关对此进行管理，杜绝不正当的利润转移和税基侵蚀行为。

美国转让定价的同期资料包含在《法典》民事惩罚条例①里面，MNCs 的转让定价一旦受到 IRS 调整，惩罚条例就会自动触发。为了避免受到惩罚，MNCs 必须按规定准备合格的年度同期资料。合格同期资料必须包括以下一些内容：

1. 公司的商业性质，包括影响产品和服务定价的各种经济和法律因素；

2. 公司的组织结构，特别关注关联交易参与方；

3. 所有《法典》第 482 条要求提供的资料，包括功能和风险、经济状况、定价的产品和服务、合同契约以及公司内部转让定价政策等；

4. 描述选定的转让定价方法（指定或未定的其他方法），并解释为什么要用选定的方法，以及对选定方法的评估（这里必须讨论最佳方法）；

5. 描述其他可供选择的方法，并解释为什么没有选用；

6. 描述受控交易、用来分析这些受控交易的内部信息，比如，如果使用的是利润分割法，那么有关销售、利润、成本、费用、资产等会计报表必须提供；

7. 描述使用的可比信息，评估可比信息的方法，以及对可比所做的任何调整；

8. 解释在确定转让定价方法时所使用的经济分析和预测；

9. 描述公司在年度终了后（税务申报前）所发生的所有相关事宜，以确认使用的

① Internal Revenue Code, Section 6662; and Treasury Regulations, Section 1.6662 - 6.

转让定价方法合理性；

10. 提供文件清单、描述文件存档系统，以便今后提取相关文件。

至此，本书已经较为全面地介绍了美国转让定价的法规及相关事宜，希望读者对关联公司在美国所做的关联交易有一个框架性认识。在最后一章里，笔者将把以上所罗列的法规应用到实例当中，让读者有一个初步的感性认识。

第十二章 转让定价案例分析

在本书结束以前，用一个中国 MNC 的境内外关联交易作为例子，尽量把上一章列举的转让定价法规应用到这个例子里，并进行一些分析和评判。这个例子是实例和虚拟的结合，对于这个例子的分析和评判也不一定精确无误，请大家不要对号入座。本章举这个例子的目的，完全是为了让读者对转让定价有一个更加感性的认识，不是为了提供转让定价的指导和答案，所以对这个例子里的分析和评判不能被引用在任何实际案例上，请读者在实践中不要照搬照抄。

关联交易概况

母子公司概况

中国华普跨国公司集团（简称“中国华普”或“母公司”）位于中国青岛市，是中国家用电冰箱制造业的龙头，全资拥有美国华普子公司（简称“美国华普”或“美子公司”）。经过不断创新，中国华普成功研制出了一款当今世界最新型的智能电冰箱。中国华普在国内将新型智能电冰箱制造成成品后转售给美国华普，由美国华普负责在美国市场销售。

最新产品概况

中国华普开发的产品是世界最新型的智能冰箱（简称“华普冰箱”），它的中枢是最新款的芯片系统，由上海的第三方公司“中芯公司（Semiconductor Manufacturing International Corporation，SMIC）”生产。中芯公司是中国最大的芯片设计和制造公司，在美国、欧洲、日本等国家设有分部为客户提供售后服务。中芯公司的第九代智能芯片系统使华普智能冰箱具备了以下几个人工智能（artificial intelligence，AI）特点：

1. 冰箱可以根据室内温度的变化自动调节冰箱内冰冻室和冷藏室的温度，最大限度地节约电能源。

2. 冰箱配备数个感应器，位于两个前门和两侧，左前门装有彩色触摸屏幕，在人接近到一定距离时，屏幕会自动开启，显示冰箱内所有食物，并发出女性语音（可选男性）：“我能帮你些什么吗”？在没有得到回音的10秒钟后屏幕自动关闭。如果主人想要些什么，可用手指点击屏幕上显示的食物或发出语音指令，冰箱门自动打开，并将主人点的食物推送到最前沿。

3. 冰箱自动记录内存食物，在内存低于一定水平时，屏幕会提示补充，同时还发消息给主人智能手机，以便在主人方便时及时补充食物；主人也可以转发消息给超市预订送货。

4. 冰箱内置几个主要国家的语言，包括中文、英文、法文和日文等。

5. 主人手机下载应用软件（简称“APP”）后可与冰箱沟通交流，通过APP询问主人所在附近的菜场和餐馆的位置，这样主人可以就近购买食物；在菜场购买食物时，通过智能手机可以询问食物具体种类和挑选，冰箱能向主人手机发送图像、视频提供建议。

6. 冰箱还装置有一个侧面自动出口，用来定时定量喂宠物（如狗、猫等），这样在主人出远门时可以编好程序让冰箱每天自动分放定量宠物食品，主人外出就不需要把宠物交人照管。

美国市场销售概况

华普冰箱在国际市场处于技术绝对领先地位，在美国没有同类智能冰箱产品，包括智能水平、设计款式、外观、节能水平和噪声等。中国华普不仅通过它在美国的子公司向美国市场出售智能冰箱，同时还与美国其他独立冰箱销售公司，如美国家用电器公司（US Appliance Inc，简称“美国家电”）签订销售合约。美国家电销售各种品牌的智能冰箱，包括德国博世（Bosch）智能冰箱和通用电器（GE）智能冰箱等十几种品牌。华普冰箱在美国的销售价是1000美元一台，华普集团每年总销售额约为17000万美元，其中母公司销售额1亿美元，美子公司销售额是7000万美元。

母子交易概况

母公司转让智能冰箱给它的美子公司，美子公司按照美国市场的交易价格在美国出售冰箱。母子公司之间的交易程序如下：

1. 中芯公司出售最新第九代（含AI）智能芯片系统给中国华普，派技术专员到中国华普指导芯片系统安装、调试，在确定系统运作正常后，中国华普才最后通过冰箱的质检。在测试过程中，如发现芯片运作不正常，技术专员负责进行维护，甚至调换芯片。

2. 通过质检后的智能冰箱，中国华普转让给它的美国子公司，母公司在转让时提供芯片功能担保，如果出现质量问题将由母公司负责维修和更换。另外，母公司向子公司的销售人员提供产品功能和维护培训，以保证冰箱在美国销售中出现的一般质量问题可以得到及时发现和维修，重大质量问题由母公司承担责任，美子公司基本不承担产品质量的风险，除非产品在抵达美国后所发生的意外损坏，如送货中发生碰撞损坏等。

3. 独立软件开发商开发的华普冰箱APP是主人与冰箱交流的渠道，如果在沟通上出现问题，中国华普对冰箱的信息发送功能进行负责，而独立软件开发商则负责APP的技术功能和维护。

集团财务概况

华普集团的年度智能冰箱销售状况，以及整年度的运营结果如表 12－1 所示。

表 12－1　　中国华普集团运营利润与销售比率　　（单位：万美元）

	中国母公司	美国子公司	汇总
营业额			
总销售额	10000	7000	17000
总主要运营成本	6000	4800	10800
毛利润	4000	2200	6200
运营费用			
科研开发	1000	0	1000
销售及行政管理			
租赁	800	560	1360
工资	1000	700	1700
咨询	150	105	255
市场开发	200	140	340
设备仪器折旧	100	70	170
招待费	20	14	34
其他	50	35	85
运营费总额	3320	1624	4944
运营利润	680	576	1256
母公司营运利润与销售利率	6.80%	8.23%	7.39%

潜在问题考量

以上就是这个例子的实际情况，接下来，结合转让定价的概念和法规就以上的情况做一个大致的分析和评判。这个例子其实不复杂，只涉及两家关联公司，中国华普（母公司）和美国华普（子公司）和一个产品（华普的智能冰箱）。如果，母公司以美国市场同类智能冰箱的价格转让给子公司，则必须考虑以下几个潜在的问题：

第一，如果母公司以美国市场价格转让华普冰箱给美子公司，那么美子公司售后就无利润可言，而且还要负担销售费用，结果是美子公司亏损。

第二，一模一样的产品基本不存在，如智能水平、设计款式、外观、节能水平和噪声等，所以母公司不能完全按照美国的市场价格把华普冰箱转让给子公司。

第三，即使产品各方面都相当接近，非关联公司的定价能力也不同于中国华普，影响定价能力的因素有很多，其中包括产品质量、公司信誉及对利润率的追求等。

第四，消费者心理问题，名牌效应等。华普智能冰箱也许适合美国市场的年轻消费者，他们对品牌兴趣平平，但对中低价、小型类冰箱却非常热衷，这也许跟他们的收入和居住环境相关（年轻人一般多居住公寓，且流动性强）。

第五，非关联公司的智能冰箱销售价格不一定代表它真实成本加利润的价格。为了竞争或争夺市场份额，产品的售价经常低于市场价格，甚至会低于成本价。

理论上讲，关联公司必须按照非关联公司的市场价格进行交易，不管这个价格会给关联公司带来利润还是亏损。但在实际上，关联公司间的交易价格并非要与非关联公司的市场价一模一样，因为交易的参与方毕竟不同，而且各公司之间（关联与非关联公司）也存在着自然的差异。关键是如何合理地制定关联交易的价格，而同时又不违反所谓转让定价法则。

关联公司在确定转让价格之前，必须决定采用哪种转让定价方法，这个方法应该是众多方法中的“最佳方法（the best method）”。

有形资产定价方法

再销售价格法

假设在中国华普与它的美国子公司的关联交易定价中选择了“再销售价格法（resale price method）”，即母公司转让华普冰箱给美子公司，而美子公司转而在美国市场兜销。

这两次转让或销售必须要有一个差额，即母公司转让给美子公司的价格应该低于美子公司在市场出售的价格，美子公司高出母公司转让价格的市场销售价则是它的利润。那么，合理的差价是多少？这就要借助数据库去寻找可比公司了。所谓的可比公司，在上一章已经介绍过了，简单地讲就是类似的公司在类似的市场营销类似的产品。

本书利用数据库寻找可比信息，假设搜寻到的可比公司再销售价格的平均加成比例是 20%，而华普冰箱在美国出售价是 1000 美元，那么母公司销售给美子公司的单价应该是 800 美元（1000 美元市价 -20% 加成比率 ×1000 美元市价），换句话说就是，美子公司在这个交易中获得 200 美元一单位的毛利润。至于这 200 美元的毛利润是否能在涵盖所有销售行政费用后还留有剩余，这就要看美子公司的费用结构，理论上说，可比公司可以做到盈利的话，关联公司也应该有所盈利。

成本加成法

“成本加成法（cost plus method）”是一种比较简便且广泛使用的方法，这种方法就是首先必须确定成本，然后寻找非关联的美国类似销售公司平均加成比例，用这个比例乘上美子公司的成本，即得出母公司转让给美子公司华普冰箱的价格。

如果非关联可比公司的加成率是 10%，而子公司的年度销售额为 7000 美元，销售成本为 6000 美元，那么美子公司的成本加成就是 6600 美元［即 6000 美元成本 +（10% ×6000 美元成本）］，利润则为 400 美元（7000 美元销售额 - 6600 美元成本加成）。成本加成法虽然维护了美子公司的最低利润要求，但是却忽略了美子公司的营运效率，因为即使它的营运成本过高，也都会得到母公司的有偿支付。另外，成本加成法实际上很少用于销售子公司的关联交易定价上。

可比非受控价格法

在有形资产关联交易的定价中，还有一种更直接的方法，就是“可比非受控价格法（comparable uncontrolled price method，CUP method）”。让我们继续用中国华普集团的例子，中国华普不仅通过它在美国的子公司向美国出售华普冰箱，同时还与美国其他独立冰箱销售公司，如美国家电签订销售合约。美国家电销售各种品牌的智能冰箱，包括德国博世（Bosch）智能冰箱和通用电器（GE）智能冰箱等十几种品牌。在此，中国华普可以把与美国家电合约里的各项条款用在与美子公司的转让交易上。

中国华普与美国家电间的交易是可比非受控交易，交易价格和其他条款可适用于母子公司间的关联交易，并由此可以省略繁复的可比搜寻和论证。另外，采用非关联交易双方作为可比，实非易事。比如，德国博世与美国家电之间的智能冰箱交易应该是非关联交易，如果要用它们的交易作为母子公司间交易标准，实际上困难重重，因为德国博世和美国家电交易的各项条款，包括价格都属于保密条款，外界很难得到这些信息，所以可比非受控价格法在实际应用中经常受限。

最佳方法

从以上三种有形资产转让的价格法来看，成本加成法倾向于保护子公司的底线利润，忽略了子公司运营效率，对子公司的营销成本管理缺乏有效监督机制，对销售业绩缺乏奖惩分明的激励制度。可比非受控价格法，只有当中国华普与美国家电有销售合约时适用，否则因为缺乏可比信息而难于实际操作。

因此，例子中的中国华普和美子公司之间的华普冰箱转让的最佳定价方法应该是再销售价格法。当然，利润法也可以作为一个选项。我把利润法放在无形资产定价方法中进行讨论，因为利润法也适合对无形资产的定价。

无论选择哪一个方法，关联公司必须符合在上一章中讨论过的“最佳方法”的原则，但只需要正面证明所选择的方法为最佳方法，并不需要反面证明其他方法的不适用性。

无形资产定价方法

无形资产虽然看不见、摸不着，但并非不可驾驭。虽然它无形，但却能为公司带来短期或长期的经济利益，如技术、专利、商标、品牌和商誉等。我在前一章节里对无形资产的特征、类型等做了较为详细的讲解，在这里不再重复，只对适用的各种无形资产转让方法做个介绍。

继续引用中国华普集团的例子。中国华普自我开发的智能冰箱的中枢是最新款的芯片系统，由总部位于上海的中芯公司开发和生产。中芯公司是中国最大的芯片设计和制造公司，它的第九代智能芯片系统能使华普冰箱具备前述的自动调节温度等六大智能功能。仔细拆解，对于中国华普来说，主要涉及两个非关联方，即中芯公司和APP软件开发公司；两个非关联交易，即中芯公司为中国华普提供芯片的供货，软件开发公司为中国华普提供华普冰箱APP的研发和运维；一个关联交易，即中国华普与它的美国子公司之间智能冰箱的批发交易。这几个关联和非关联交易具体表现为：

1. 中芯公司出售最新第九代（含AI）智能芯片系统给中国华普，派技术专员到中国华普指导芯片系统安装、启动、调试，确定系统运作是否正常。在冰箱测试过程中，如发现芯片运作不正常，技术专员负责维护，甚至更换芯片系统。

2. 通过质检的智能冰箱，中国华普转让给它的美国子公司，母公司在转让时提供芯片功能担保，质量问题将由母公司负责。另外，母公司向美子公司的销售人员提供产品功能和维护培训，以保证冰箱在销售渠道中出现的一般质量问题可以得到及时发现和维修。美子公司不承担产品的生产质量风险，但对在美国境内输送和储存过程中受到的产品损坏负责。

3. 独立软件开发公司开发的华普冰箱APP是主人与冰箱交流的渠道，如果在沟通上出现了问题，中国华普负责冰箱信息发送功能，而独立软件开发公司负责APP功能和运行维护。

由于华普冰箱植入了人工智能，并在市场上独具一格，它的这些无形资产具有一定的垄断性，有“超级无形资产”的特征，如主人与冰箱用多种语言遥控沟通功能，以及自动定时定量喂养宠物功能等。另外，华普冰箱同时具备制造型和营销型无形资产，如中芯公司为冰箱定制的第九代智能芯片（制造型无形资产）和华普商标（营销型无形资产）。

可比非受控交易法

中国华普集团的智能冰箱例子很显然可以考虑“可比非受控交易法（comparable uncontrolled transaction method，CUT method）”，在美国，可比非受控交易法是无形资产转让定价的专门方法，所以值得一提。

可比非受控交易法与可比非受控价格法非常相似，前者用于无形资产，而后者则用于有形资产，简单地说，可比非受控交易法是利用独立公司无形资产转让的价格来决定关联公司间的无形资产转让价格。与非关联有形资产转让定价相同，纯粹非关联公司之间的无形资产转让信息都属于保密范围，包括无形资产的实质、内容和价格等，所以要确切知晓非关联公司间的转让交易并非易事，在实践中也不常见。

在我们的例子中，中国华普可以用与中芯公司间的非关联交易来衡量它与美子公司之间的关联交易。中芯公司出售给中国华普最新第九代含人工智能的芯片系统，连同售后技术指导和服务，包括 2 年质量保证（售后 2 年内如出现质量问题，中芯公司负责保修或更换）。质量问题定义为：

1. 冰箱温度自动调节功能失常；
2. 冰箱感应器智能功能失调；
3. 冰箱内存警告系统失灵；
4. 冰箱失去多语言沟通功能；
5. 与智能手机遥控沟通失灵；
6. 冰箱停止自动定时定量喂养宠物（如狗、猫等）功能。

中国华普关联交易是转让内含人工智能芯片系统的冰箱给美子公司。在此，母公司可以使用可比非受控交易法，用与中芯公司的交易为基准来制定母子公司间的交易，如使用相似的与中芯公司交易的模式和合约。

当然，母子交易的合约应该做些调整。比如，母公司对智能系统维修不如中芯公司那样彻底和专业，母公司对智能部件的更换也仅限于中芯公司的更换条款。中芯公司出让的是智能芯片无形资产的所有权，而不是使用权，所以母公司转让给美子公司的也应该是所有权。

假如中芯公司的收入是按照中国华普的销售额提成（如中芯公司按每台出售的冰箱提成10%），那么中芯公司转让给中国华普的是技术的许可，同样，美国子公司得到的也应该是技术的许可。美子公司在美国每出售一台冰箱支付母公司一定比例的许可费（如按照冰箱转让费用的15%支付特许权使用费），这样在母公司支付中芯公司10%后剩下的5%则是美子公司其他使用权费用，如“华普”商标等。

如果中芯公司出让给中国华普的是无形资产所有权，而中国华普转让给美子公司的是冰箱智能系统的使用权，那么这两个交易就不相匹配了。为了使其具有可比性，母子公司关联交易的定价就必须要有一个较大的调整，如果不调整或难以调整，母子公司之间的关联交易就不能参照母公司与第三方中芯公司的交易来定价，应该选择另一种关联交易的转让定价方法。以下的利润法，在理论上可用于有形资产和无形资产的转让，实际上多用于无形资产转让。

利润分割法

“利润分割法（profit split method，PSM）”是利润法的一种，是母子公司按照各自对集团的贡献，以及各自功能和所承担的风险来决定该得到集团总利润的比例。这个方法的关键在于非关联公司的可比性，因为关联公司需参照非关联公司独立交易的利润水平分割利润。

比如，按照中国华普和它的美国子公司各自承担的功能和风险，以及所在市场的特点，对母子公司总利润（或亏损）进行分割，分割后剩余部分按各自非常规无形资产对集团的贡献大小再分摊。

如中国华普承担所有产品质量上的风险，包括冰箱智能系统的故障，而美子公司只需要及时向母公司汇报故障和处理客户关系（包括与零售商美国家电交涉），由于以上风险承担不同，根据可比分析得出在集团整体利润分割时，母公司分割比例为60%，子公司为30%，剩余利润为10%。再假设，中国华普母子公司总利润为10亿美元（母公司8亿美元，美子公司2亿美元），那么母公司分到6亿美元，美子公司获3亿美元，剩下的1亿美元利润按非常规无形资产对集团贡献大小而分配。

在这里有关冰箱的所有无形资产都由母公司开发或购入，而美子公司只是执行销售任务，外加其他行政服务，所以，剩下的1亿美元应全部分配给母公司。因此，分割后母公司总利润为7亿美元，美子公司3亿美元。如果子公司为了适应美国市场需要，对华普冰箱作了一些设计上的修改，而这些修改导致美国市场的销售提升20%，那么剩下的1亿美元母公司分得80%，即8000万美元，而美子公司得20%，即2000

万美元，分割完成后，母公司总利润为68000万美元，美子公司32000万美元。

值得一提的是，虽然理论上母子公司按照各自功能和风险以及对集团的贡献来分割利润或亏损，如果母公司有利润，而美子公司亏损，但总和为利润的话分割成立。但是，如果美子公司的亏损大于母公司的利润，集团总和为亏损的话，分割一般不予考虑，也难以被接受。在这种情况下，利润分割法也许不是最佳方法，必须考虑以其他转让定价方法，如可比利润法。

可比利润法

“可比利润法（comparable profits method，CPM）”与OECD提出的“交易净利润法（transactional net margin method，TNMM）”相似，适用于有形资产也适用于无形资产转让，它不直接对所转让的资产进行定价，而是通过衡量关联公司的盈利水平指标（profit level indicator，PLI），并将指标与可比公司的相关指标进行比较，对差距做相应调整。盈利水平指标可以选择资产回报率（ROA），运营利润与销售比例（operating profit－to－sales）或净利润率（net margin），毛利润与运营费用比例（gross profit－to－operating expenses）或贝利比率（Berry Ratio）等。美国的可比利润法和OECD的交易净利润法都可以是在其他方法不适用的前提下做出的最后选择，由于这个方法比较灵活，且应用起来也比较方便，所以在实践中被广泛应用。

下面重点分析可比利润法在例子中的应用，并以运营利润率（或净利润率）作为盈利水平指标。在这里，本书换一个关注点，把中国华普作为测试方，可以看到不同测试方所具有的不同侧重面。

比如，中国华普某年度的运营利润680万美元，运营利润率为6.8%（680万美元运营利润÷1亿美元销售额）。根据母公司所在的市场、承担的功能和风险等搜索可比公司，得出可比公司运营利润率四分位的中位值为12.13%，差异5.33%。因此，母公司必须上调运营利润533万美元，母公司调整前运营利润为680万美元加上调整额533万美元，至1213万美元。调整后母公司运营利润率等于可比运营利润率12.13%（1213万美元÷1亿美元总销售额）。具体调整和计算见表12－2。

母公司的运营利润上调后，转让定价调整并没有结束，因为我们调整母公司的同时必须对美国的子公司也进行调整。表12－2中最后一栏“汇总”的运营利润是1256万美元，运营利润率为7.39%。如果美子公司不做相应的调整，母公司运营利润上调后就会增加集团运营利润“汇总”，导致双重计算收入和重复纳税。因此，子公司必须做相应的调整。

表 12－2　　母公司和美子公司利润和调整　　（单位：万美元）

	中国母公司	可比公司（中位）	美国子公司	汇总
营业额				
总销售额	10000	15000	7000	17000
总主要运营成本	6000	8000	4800	10800
毛利润	4000	7000	2200	6200
运营费用				
科研开发	1000	1500	0	1000
销售及行政管理				
租赁	800	1200	560	1360
工资	1000	1500	700	1700
咨询	150	225	105	255
市场开发	200	500	140	340
设备仪器折旧	100	150	70	170
招待费	20	30	14	34
其他	50	75	35	85
运营费总额	3320	5180	1624	4944
运营利润	680	1820	576	1256
母公司营运利润与销售利率	6. 80%	12. 13%	8. 23%	7. 39%
可比公司营运利润与销售利率	12. 13%			
上调（下调）利率	5. 33%			
上调（下调）金额	533			
运营利润（调整前）	680			
上调（下调）金额	533			
运营利润（调整后）	1213			
母公司营运利润与销售利率（调整后）	12. 13%			

母子公司调整后的结果如表 12－3 所示。先来看一下母子公司各自的运营利润，母公司增加到 1213 万美元，但集团总和没有变，依然是 1256 万美元运营利润。再则，母公司的营运利润率提高到了 12. 13%，美子公司的营运利润率从调整前的 8. 23% 下降到 0. 61%，集团总运营利润率依然没有变，7. 39%。这是因为母公司上调利润 533 万美元，美子公司必须要做相应的 533 万美元的利润下调，下调后美子公司运营利润为 43 万美元。这样一上一下的调整，集团“总和”不变，否则将重复合计，重复征税。

表 12－3 母公司和美子公司调整后净利润率 （单位：万美元）

	中国母公司	美国子公司	汇总
营业额			
总销售额	10000	7000	17000
总主要运营成本	6000	4800	10800
转让定价调整	（533）	533	0
毛利润	4533	1667	6200
运营费用			
科研开发	1000	0	1000
销售及行政管理			
租赁	800	560	1360
工资	1000	700	1700
咨询	150	105	255
市场开发	200	140	340
设备仪器折旧	100	70	170
招待费	20	14	34
其他	50	35	85
运营费总额	3320	1624	4944
运营利润	1213	43	1256
母公司营运利润与销售利率	12.13%	0.61%	7.39%

这里，我们没有直接去衡量中国华普冰箱所含的无形资产，只是寻找到了与中国华普相似的可比公司，而可比公司也拥有与华普相似的无形资产，并在相似的市场里销售，承担相似的功能和风险等。因此，可比公司的运营利润率也应该与母公司相似，母公司运营利润率就应该按照可比利润率调整，这就是可比交易法在实践中的使用。

成本分摊法

最后来讲讲“成本分摊法（cost sharing arrangement，CSA）”。成本分摊法作为法规单独列出来的一个方法，是最为繁复但又最常用的一个方法，尤其在高科技领域，因为高科技保密竞争的属性，可比搜寻实属不易。成本分摊法除了估算平台贡献支付（又称“PCT”）以外，对可比并没有硬性要求。

假设中芯公司也是中国华普的关联公司，它的第九代智能芯片是中芯公司、中国华普和美国华普共同研究和开发的结果。在研发过程中，参与各方预计智能芯片的最大市场在美国，最大获利者将是美子公司，其次是中国和亚洲其他国家（地区）。再假设，研发活动在美国的子公司内进行，因为子公司处于美国硅谷中心，方便聚集使用当地高科技人才，及时了解瞬息万变的高科技信息，对智能芯片的研究和开发百利而无一害。

母公司在共同开发中的角色是提供战略决策、后台管理、与各关联公司沟通以及后勤支援；美子公司的角色是提供研究开发设施和场地、招聘相关高级人才和提供高科技信息等；中芯公司提供关键技术和专利。三家关联公司为了一个共同的目标，开发第九代智能芯片，签署了一个共同研发协议（成本分摊协议的原始版本），明确规定了各自的角色、贡献、费用分摊以及补偿办法等条款。

分摊的成本

那么，在三方制定的成本分摊协议里，哪些成本需要分摊呢？凡是与研发直接相关的成本都应该分摊。在智能芯片共同研发过程中，三家关联公司所产生的一切与芯片研发直接相关的费用都属于成本，如中芯公司的技术指导、监督和测试费用，母公司管理人员来往美国硅谷的差旅费和后勤支援费，以及美子公司的设施和场所使用费、人才的薪资和信息采购费等。除此之外，一些间接费用可以按照合理比例分摊到研发成本里，如母公司高层针对智能芯片研发的各种管理活动（stewardship）所发生的费用，还有共同开发人员的股权费用（stock option expenses）等。

除了分摊成本，中芯公司为芯片的共同研发提供的关键技术和专利也必须得到额外补偿，即平台贡献补偿或技术购入费。技术和专利的价值决定对中芯公司的补偿或购入费金额，于是技术和专利的价值评估就变得非常关键。价值确定后，各参与方按参与和成果分享比例对中芯公司进行支付，如果在这期间某一参与方离去，离开方必须从各参与方得到买断费（buyout）。

成本分摊方法

成本确定后，按照各关联方未来获益比例的合理预测进行分摊。比如，含中芯公司智能芯片的华普冰箱的主要市场在美国，未来美国子公司将从智能芯片研发中获得最大利益，合理预测美国子公司获益比例为 57. 14%；母公司的利益主要来自国内市场和其他亚洲市场，预计获益比例为 28. 57%；中芯公司估计获益比例为 14. 29%（技术和专利贡献以 PCT 单独收费）。

如果，包括研发人员股权费用在内的所有成本是 2000 万美元的话，美国子公司分摊 1143 万美元的成本，母公司分摊 571 万美元的成本，而中芯公司则分摊 286 万美元的成本。另外，对于平台贡献交易补偿可以是一次性支付，也可以分期付款或者以使用权费的方式支付。

合理预估利益比例

衡量合理预估利益比例有两种方法，一种是直接方法，即鉴定科研开发对未来利益的直接影响，也就是说研发带给未来的直接经济利益，如华普冰箱芯片的开发给未来各参与关联公司直接带来的经济利益。因为现代研发的成果往往是整体技术的一部分，很多是不能清晰界定的，所以这种直接方法衡量难度较大，使用的情形较少。另一种是间接的方法，即用产品销售数量、销售额、营运利润等间接合理预估各方的利益比例，这种方法操作性比直接法强，现实应用中比较盛行。

比如，假设华普冰箱在第九代智能芯片没有研发应用前，每年总销售额分别为：母公司1000万美元，美子公司3000万美元，中芯公司零销售。安装了新研发的第九代智能芯片后，智能冰箱每年的预估销售额分别为：母公司2000万美元，美子公司5000万美元，而中芯公司销售500万美元。

在配置智能芯片前后，母公司销售增加1000万美元，美子公司增加2000万美元，中芯公司增加500万美元，总共增加3500万美元。从中得到的各关联公司销售增幅占集团销售总增幅的比例分别是：母公司28.57%（1000万美元母公司销售增幅除以3500万美元集团销售总增幅），美子公司57.14%（2000万美元子公司销售增幅除以3500万美元集团销售总增幅），中芯公司14.29%（500万美元销售增幅除以3500万美元集团销售总增幅）。

因此，如上文所示，总成本2000万美元，应该按照各关联公司销售增幅在集团中总销售增幅的比例进行分摊，母公司分摊到571万美元，美子公司分摊到1143万美元，而中芯公司则分摊到286万美元。

成本分摊法是一种非常繁复的转让定价方法，在这里只涉及了一点基本概念，主要为了帮助读者了解其中的逻辑。成本分摊方法在高科技研发中应用非常普遍，所以有必要对它有一个轮廓性了解，希望能引起读者的专业好奇心，并在往后的技术研发中考虑使用成本分摊转让定价方法，更好地为跨国集团进行高质量的全球化服务。

综上所述，关联公司之间的关联交易定价，归根结底，必须参照非关联公司的同类交易定价来制定，换句话说，就是关联交易转让定价要符合独立交易原则。独立公司在公开市场上对产品和服务的定价，正如前面所讨论的那样受到各种因素的制约，包括宏观经济、市场需求等外部因素和公司资本结构及盈利需求等内部因素。

附录 A 拜登税改计划

2021 年 1 月 20 日，乔·拜登正式宣誓当选为美国第 46 任总统，在总统竞选期间，他提出了自己的竞选税改计划。该计划虽然至今还没有形成提案，但由于美国参众两院基本上都被民主党控制，而拜登是民主党派选出来的总统，所以他的税改计划或许会在不久的将来形成提案，并通过参众两院形成新的税改条例。鉴于国内同行业和学术界对拜登的税改计划兴趣浓厚，我觉得还是有必要在这里简单介绍一下拜登税改计划的主要内容。

首先，拜登税改计划把现行的公司所得税税率从 21% 提高到 28%，并将激活已经被 2017 年税法取消的替代性最低税，对全球财务收入 1 亿美元以上的美国公司征收 15% 的最低税，其计算方法与原来的替代性最低税的方法相似，详情参阅第四章。

其次，拜登税改计划将全球无形资产低税收入税（或称“GILTI”）的实际税率从现有的 10.5% ~13.125% 提升到 21%，并对 GILTI 按国别计算，而不是按照现有的境外收入总和计算方式，同时取消 QBAI 扣除。有关现行 GILTI 的详细计算方法，请参阅第九章。

再次，拜登税改计划对现行《法典》199A 条做了修改，对年收入超过 40 万美元的导管公司合伙人，不再予以导管公司合格商业收入 20% 的扣除，有关道管公司收入扣除详情请参阅第二章。

最后，在离境税（offshore tax）方面，拜登税改计划提供 10% 的“美国制造”税额抵免（Made in America credit），鼓励公司将制造业迁回美国。这个计划有点像被 2017 年税改替代的《法典》第 199 条，即“国内生产活动扣除（domestic production activities deduction）”，不同的是拜登计划提供的是税额抵免，而不是扣除。“美国制造”税额抵免适用于重新启用已经关闭的工厂，更新生产设施以增加生产和就业等。再有，拜登税改计划还针对那些把境外制造的产品带入境内销售的公司征收 10% 的附加税（surtax），附加税会提高公司所得税实际税率至 30.8%①。

① Watson, Garrett, Li, Huaqun, & LaJoie, Taylor (2020, October). Details and analysis of president - elect Joe Biden's tax proposals, October 2020 update. *Tax Foundation.* Retrieved from https://taxfoundation.org/joe-biden-tax-plan-2020/.

除了联邦公司所得税方面，拜登税改计划的很大一部分涉及联邦个人所得税，如提高现行个人所得税最高边际税率 37% ~39.6%，恢复了 2017 年税改前的税率。表 A-1 是对拜登税改计划的一个小结。

表 A-1

税项		现行税法	拜登税务计划
公司所得税	公司所得税率	21%	28%
	替代性最低税（AMT）	无 AMT	最低税率 15%（适用全球财务收入 1 亿美元以上）
	全球无形资产低税收入税（GILTI）税率	10.5% ~13.125%	21%，且按国别计算，取消 QBAI 扣除
	《法典》199A 法条扣除	导管公司合伙人扣除 20% 的合格商业收入（QBI）	导管公司合伙人收入 40 万美元以上逐渐取消 20% QBI 扣除
	离境税（offshore tax）	公司境内制造、境外销售的费用允许扣除	（1）10%“美国制造”税额抵免，鼓励公司回归制造业；（2）附加税 10%，惩罚公司境外制造的产品在境内销售
个人所得税	个人所得税率	最高边际税率 37%	最高边际税率 39.6%（适用 40 万美元以上收入）
	资本利得税率	最高税率 20%	最高税率 39.6%（收入 100 万美元以上，以正常收入处理），加上 3.8% 附加税，总税率可高达 43.4%
	工资税（社保税）	工资税 12.4%（2021 年限 14.28 万美元，超过部分不征税）	工资税 12.4%（收入 14.28 万美元以上仍然不征税，但收入超过 40 万美元部分应税，收入在 14.28 万美元至 40 万美元之间不征税）
	分项扣除	（1）无个人免征额（personal exemption）；（2）上限：1 万美元州所得税（地方税或销售税），上限 75 万美元房贷利息，等	（1）重启 2017 年税改前的“皮斯（Pease）限额”，即收入超过 40 万美元部分扣除减少 3%；（2）扣除额上限 28%，即对最高边际税率 39.6% 的纳税人，1 美元的扣除只能减少 28% 应税额（0.28 美元）；（3）取消 1 万美元州所得税（地方税或销售税）限制
	遗产赠予税	（1）个人免征额 1170 万美元；（2）受惠人继承的升值资产的基数等于市场价格，即“调增基数（step-up basis）”	（1）重启 2009 年个人免征额，即 350 万美元；（2）受惠人继承的升值资产的基数等于被继承人的基数，即取消“调增基数（step-up basis）”

从表 A-1 中可以看出，拜登税改计划对高收入人群增收所得税，而高收入人群

定义为年收入 40 万美元以上。如果拜登税改计划实施，估计会增加税收 3.4 万亿美元[①]，这将是美国自 1993 年以来第一次最大幅度的增税计划。

当今新冠肺炎疫情还没有结束，美国的经济已经饱受重创，民众纷纷失业，领取救济金的人数和金额都创下了历史的新高。2021 年 3 月 11 日，拜登总统签署了新一轮纾困法案，其金额高达 1.9 万亿美元，其中含有众多个人补助项目，如儿女税额抵免（child credit）增至 3000 美元等。

2021 年 5 月 28 日，拜登又宣布了 6 万亿美元的 2022 年联邦政府预算案，这是第二次世界大战以来规模最大的预算案。为了满足这庞大的预算花费，联邦增税计划势在必行。但是，即使拜登的增税计划如愿以偿，与其预算案相比，2022 年依然会有约 2 万亿美元的空缺。拜登的联邦政府预算案在美国朝野引起了强烈不满，同时也受到了美国共和党议员们的强烈反对。那么，大规模的增税计划是否能顺利在议会通过呢？议会辩论妥协后最终会留下或改动哪些条款？税改计划何时才能最终形成新的税改法案？对于这些问题，我们将拭目以待。

---

① Wood, Christian (2021, January 20). President Biden's tax plan: Ambitious agenda could face challenges despite unified government. *RSM*. Retrieved from https://rsmus.com/what-we-do/services/tax/federal-tax/president-bidens-tax-plan.html.

参考文献

［1］ U. S. Bureau of Labor Statistics（April 2020）. Job market remains tight in 2019, as the unemployment rate falls to its lowest level since 1969. Monthly Labor Review［R/OL］.（2020－04）［2021－02－14］. https：//www. bls. gov/opub/mlr/2020/article/job－market－remains－tight－in－2019－as－the－unemployment－rate－falls－to－its－lowest－level－since－1969. htm.

［2］ Terril Yue Jones, Denny Thomas, China's Wanda to buy U. S. cinema chain AMC for $2. 6 billion. Reuters［EB/OL］.（2012－05－20）［2021－02－14］. https：//www. reuters. com/ article/us－amcentertainment/chinas－wanda－to－buy－u－s－cinema－chain－amc－for－2－6－billion－idUSBRE84K03K20120521.

［3］ Dana Mattioli, Dana Cimilluca and David Kesmodel, China Makes Biggest U. S. Play：Asian Meat Giant Strikes $4. 7 Billion Deal for Virginia's Smithfield Foods, The Wall Street Journal［N/OL］.（2013－05－30）［2021－02－14］. https：//www. wsj. com/ articles/ SB10001424127887324412604578512722044165756.

［4］ Ingram Micro Enters Into Agreement to be Acquired by Tianjin Tianhai to Become a Part of HNA Group［EB/OL］.（2016－02－17）［2021－02－14］. https：// usa. ingrammicro. com /Pages/IngramMicro－HNAGroup. aspx.

［5］ Qingdao Haier Co. , Ltd. 2016 Annual Report［R/OL］.（2018－04－20）［2021－02－14］. http：//www. haier. net/en/investor _ relations/haier/Performance/201804/P020180420550197035208. pdf.

［6］ Bernie Woodall：Fuyao Glass investing $1 billion in U. S. factories：chairman, Reuters［EB/OL］.（2016－10－06）［2021－02－14］. https：//www. reuters. com/article/us－fyg－usa/fuyao－glass－investing－1－billion－in－u－s－factories－chairman－idUSKCN1262M0.

［7］ Chinese Companies Listed on Major U. S. Stock Exchanges（October 2, 2020）. U. S. －China Economic and Security Review Commission［DB/OL］.（2020－10－02）［2021－

02 – 14]. https://www.uscc.gov/research/chinese – companies – listed – major – us – stock – exchanges.

[8] 刘凌云. 2018 年直销行业全球市场分析：美国依然是第一直销大国 [EB/OL]. 前瞻产业研究院. (2018 – 02 – 05) [2021 – 02 – 14]. https://bg.qianzhan.com/trends/detail/506/180205 – 2d082a79.html.

[9] 章念生. "美国制造" 何处觅风光 [N/OL]. 人民日报. (2014 – 08 – 30) [2021 – 02 – 14]. http://paper.people.com.cn/rmrb/html/2017 – 08/31/nw.D110000renmrb_20170831_4 – 21.htm.

[10] 美国 IPO 上市流程和条件 [EB/OL]. 美股投资网. (2014 – 05 – 28) [2021 – 02 – 14]. http://www.tradesmax.com/component/k2/item/634 – how – ipo.

[11] 路易斯·布莱克. 公司为什么都选择特拉华州? [EB/OL]. 特拉华州州务卿公司事务处. (2007) [2021 – 02 – 14]. https://corp.delaware.gov/whyDE_chinese.pdf.

[12] "FAQ: Corporate Income Tax", State of Delaware: The Official Website of the First State [EB/OL]. [2021 – 02 – 14]. https://revenue.delaware.gov/information/faqs_cit.shtml.

[13] "Commerce Tax News," State of Nevada: Department of Taxation [EB/OL]. [2021 – 02 – 14]. https://tax.nv.gov/WelcometoCOM/.

[14] Internal Revenue Code [M]. New York, NY: Thomson Reuters, 2019.

[15] "Policy Basics: Where Do Federal Tax Revenues Come From?" Center on Budget and Policy Priorities [EB/OL]. (2017 – 09 – 05) [2021 – 02 – 14]. https://www.cbpp.org/research/federal – tax/policy – basics – where – do – federal – tax – revenues – come – from.

[16] US.GOV. Branches of the U.S. Government [EB/OL]. (2020 – 12 – 01) [2021 – 01 – 20]. https://www.usa.gov/branches – of – government.

[17] Saltzman, Michael I. IRS Practice and Procedure [M]. Boston, MA: Warren, Gorham & Lamont. 2002.

[18] Internal Revenue Service. Frivolous tax arguments remain on IRS's "Dirty Dozen" scams list for 2019, IR – 2019 – 45 [EB/OL]. (2019 – 03 – 18) [2021 – 01 – 20]. https://www.irs.gov/newsroom/frivolous – tax – arguments – remain – on – irs – dirty – dozen – scams – list – for – 2019.

[19] Internal Revenue Service. Overview of the Regulation Process [EB/OL]. (2019 – 11 – 19) [2021 – 01 – 20]. https://www.irs.gov/irm/part32/irm_32 – 001 – 001.

[20] Wikipedia. IRS Tax Forms [EB/OL]. (2021 – 01 – 05) [2021 – 01 – 20].

https: //en. wikipedia. org/wiki/IRS_tax_forms.

[21] Internal Revenue Service. File Your Federal Taxes Online For Free [EB/OL]. (2021 - 01 - 14) [2021 - 01 - 20]. https: //www. irs. gov/filing/free - file - do - your - federal - taxes - for - free.

[22] The White House. Our Government: Judicial Branch [EB/OL]. [2021 - 01 - 20]. https: //www. whitehouse. gov/about - the - white - house/the - judicial - branch/.

[23] The Federal Judicial Center. About the FJC [EB/OL]. [2021 - 01 - 20]. https: //www. fjc. gov/content/about - us - courts - - general - information.

[24] United States Courts. About Federal Courts [EB/OL]. [2021 - 01 - 20]. http: //www. uscourts. gov/about - federal - courts.

[25] United States House of Representatives. House Overview [EB/OL]. [2021 - 01 - 20]. https: //www. house. gov/.

[26] United States Senate. States in the Senate [EB/OL]. [2021 - 01 - 20]. https: //www. senate. gov/.

[27] Revenue Ruling 2007 - 3 [EB/OL]. (2007 - 01 - 16) [2021 - 02 - 05]. https: //www. irs. gov/irb/2007 - 03_IRB.

[28] Revenue Ruling 2012 - 1 [EB/OL]. (2011 - 12 - 06) [2021 - 01 - 20]. https: //www. irs. gov/pub/irs - drop/rr - 12 - 01. pdf.

[29] Revenue Ruling 2015 - 39 [EB/OL]. (2015 - 07 - 30) [2021 - 01 - 20]. https: //www. irs. gov/pub/irs - drop/rp - 15 - 39. pdf.

[30] Federal Tax Regulations [M]. 195 Broadway, New York, NY: Thomson Reuters, 2020.

[31] IRS Statistics of Income (2014) . Corporations Claiming a Credit by Industrial Sector [DB/OL]. (2014) [2021 - 02 - 14]. https: //www. irs. gov/uac/SOI - Tax - Stats - Corporation - Research - Credit.

[32] Revenue Ruling 64 - 56 [EB/OL]. [2021 - 02 - 10]. https: //www. bradfordtaxinstitute. com/Endnotes/Rev_Rul_64 - 56. pdf.

[33] United States v. Davis, 397 U. S. 301, 90 S. Ct. 1041 (1970) [EB/OL]. (1970) [2021 - 02 - 14]. https: //supreme. justia. com/cases/federal/us/397/301/.

[34] Helvering v. Southwest Consolidated Corp. , 315 U. S. 194 (1942) [EB/OL]. (1942) [2021 - 02 - 14]. https: //supreme. justia. com/cases/federal/us/315/194/.

[35] Helveing v. Southwest Consolidated Corp. , 315 U. S. 194 (1942) [EB/OL]. (1942) [2021 - 02 - 14]. https: //supreme. justia. com/cases/federal/us/315/194/.

[36] Dover Corporation and Subsidiaries v. Commissioner, 122 T. C. No. 19 (May 5, 2004) [EB/OL]. (2004 - 05 - 05) [2021 - 02 - 14]. https://www.leagle.com/decision/2004446122stc3241428.

[37] Reese v. Commissioner, 615 F. 2d 226 (5th Cir. 1980) [EB/OL]. (1980 - 04 - 08) [2021 - 02 - 14]. https://law.justia.com/cases/federal/appellate - courts/F2/615/226/415929/.

[38] Azar Nut Co. v. Commissioner, 94 T. C. 455 (1990), aff' d 931 F. 2d 314 (5th Cir. 1991) [EB/OL]. (1990 - 03 - 20) [2021 - 02 - 10]. https://www.leagle.com/decision/199054994ytc4551525.

[39] Acro Manufacturing Co. v. Commissioner, 39 T. C. 377 (1962), aff'd 334 F. 2d 40 (6th Cir. 1964) [EB/OL]. (1964 - 07 - 08) [2021 - 02 - 10]. https://law.justia.com/cases/federal/appellate - courts/F2/334/40/108926/.

[40] Ouderkirk v. Commissioner, T. C. Memo. 1997 - 120 [EB/OL]. (1997 - 03 - 10) [2021 - 01 - 31]. https://www.courtlistener.com/opinion/4553793/welch - v - commissioner/.

[41] Aiken Industries, Inc. v. Commissioner, 56 T. C. 925 (1971) [EB/OL]. (1971 - 08 - 05) [2021 - 01 - 20]. https://casetext.com/case/aiken - indus - inc - v - commr - of - internal - revenue.

[42] Revenue Rulings 84 - 152, 1984 - 2 CB 381; 84 - 153, 1984 - 2 CB 383; 85 - 163, 1985 - 2 CB 349; 89 - 110, 1989 - 2 CB 275 [EB/OL]. (1985) [2021 - 01 - 15]. https://www.irs.gov/pub/irs - tege/rr85 - 002.pdf.

[43] Revenue Ruling 80 - 362, 1980 - 2 CB 208 [EB/OL]. (1999 - 12 - 17) [2021 - 01 - 15]. https://www.irs.gov/pub/irs - wd/9950002.pdf.

[44] Kuntz Joel D. & Peroni Robert J. U. S. International Taxation, Volume 2 [M]. Warren, Gorham & Lamont, Valhalla: NY, 2002.

[45] Revenue Rulings 70 - 424, 1970 - 2 CB 150 & 55 - 617, 1955 - 2 CB 774 [EB/OL]. (2007) [2021 - 01 - 15]. https://www.andrewmitchel.com/charts/rr_70_424.pdf.

[46] United States v. Balanovski, 236 F2d 298 (2d Cir. 1956) [EB/OL]. (1956 - 06 - 04) [2021 - 01 - 15]. https://casetext.com/case/united - states - v - balanovski.

[47] Recherches Industrielles, S. A., R. I. S. A. v. Commissioner, 45 B. T. A. 253 (1941) [EB/OL]. (1941 - 09 - 30) [2021 - 01 - 20]. https://www.courtlistener.com/opinion/4718502/recherches - industrielles - s - a - v - commissioner/.

[48] Aktiebolaget Separator, v. Commissioner, 45 B. T. A. 243 (1941), in Duke, Steven. Foreign Authors, Inventors, and the Income tax [J]. The Yale Law Journal, 1963, 72 (6): 1093 - 1169.

[49] Piedras Negras Broadcasting Co., v. Commissioner, 43 B. T. A. 294 (1941) [EB/OL]. (1941 - 01 - 14) [2021 - 01 - 20]. https://www.ravellaw.com/opinions/3f0d587848b91f83ab769a7cf17ccbf3.

[50] Jorge Pasquel, P - H Memo. TC (1953) [EB/OL]. (1953 - 12 - 23) [2021 - 01 - 20]. https://www.leagle.com/decision/1953144312oftcm143111048.

[51] European Naval Stores Co., 11 TC 127 (1948) [EB/OL]. (1948 - 08 - 05) [2021 - 01 - 20]. https://casetext.com/case/european - naval - stores - co - v - commr - of - internal - revenue.

[52] Linen Thread Co., 14 TC 725 (1950) [EB/OL]. (1950 - 04 - 28) [2021 - 01 - 20]. https://casetext.com/case/linen - thread - co - v - commr - of - internal - revenue - 3/.

[53] Continental Trading, Inc. v. Commissioner, 265 F2d 40 (9th Cir. 1959) [EB/OL]. (1959 - 03 - 10) [2021 - 01 - 20]. https://law.justia.com/cases/federal/appellate - courts/ F2/265/40/63388/.

[54] Consolidated Premium Iron Ores Ltd., 28 TC 127, 147, 150 (1957) [EB/OL]. (1957 - 04 - 23) [2021 - 01 - 20]. https://www.courtlistener.com/opinion/4699644/consolidated - premium - iron - ores - ltd - v - commissioner/.

[55] Commissioner v. Spermacet Whaling & Shipping Co., 281 F2d 646 (6th Cir. 1960) [EB/OL]. (1960 - 08 - 10) [2021 - 01 - 20]. https://law.justia.com/cases/federal/appellate - courts/F2/281/646/60421/.

[56] Amalgamated Dental Co., 6 TC 1009 (1946) [EB/OL]. (1946 - 05 - 09) [2021 - 01 - 20]. https://www.leagle.com/decision/194610156dytc10091887.

[57] Scottish American Investment Co., 12 TC 49 (1949) [EB/OL]. (1949 - 01 - 27) [2021 - 01 - 20]. https://casetext.com/case/scottish - american - inv - co - v - commr - of - internal - revenue.

[58] Edward A. Neuman de Vegvar, 28 TC 1055 (1957) [EB/OL]. (1957 - 08 - 27) [2021 - 01 - 20]. https://casetext.com/case/de - vegvar - v - commr - of - internal - revenue.

[59] Turkcan, Kemal. Outward Foreign Direct Investment and Intermediate Goods Exports [J]. International Economics, 2007 (4): 51 - 71.

[60] Venkatesan, Rajkumar, Kumar, V. & Ravishanker, Nalini. Multichannel shop-

ping: causes and consequences [J]. Journal of Marketing, 2007, 71: 114 - 132.

[61] Montoya - Weiss, Mitzi M., Voss, Glenn B., & Grewal, Dhruv. Determinants of online channel use and overall satisfaction with a relational, multichannel service provider [J]. Journal of the Academy of Marketing Science, 2003, 31 (4): 448 - 458.

[62] UK Public General Acts, Income and Corporation Taxes Act 1970, Section 485 [EB/OL]. (1970) [2021 - 01 - 20]. https://www.legislation.gov.uk/ukpga/1970/10/section/485/enacted.

[63] Commentaries (2007, December). German transfer pricing rules in practice, Jones Day [EB/OL]. (2007 - 12) [2021 - 01 - 20]. https://www.jonesday.com/en/insights/2007/12/german - transfer - pricing - rules - in - practice.

[64] Watson, Garrett, Li, Huaqun, & LaJoie, Taylor (2020, October). Details and analysis of president - elect Joe Biden's tax proposals, October 2020 update. Tax Foundation [EB/OL]. (2020 - 10) [2021 - 03 - 15]. https://taxfoundation.org/joe - biden - tax - plan - 2020/.

[65] Wood, Christian (2021, January 20). President Biden's tax plan: Ambitious agenda could face challenges despite unified government. RSM [EB/OL]. (2020 - 01 - 20) [2021 - 03 - 15]. https://rsmus.com/what - we - do/services/tax/federal - tax/president - bidens - tax - plan.html.

后 记

从心动到落笔，从多轮修改到最终付梓，您手上的这本书承载了很多朋友的期望，也凝聚了很多师友的鼓励和无私奉献。我想借此机会，衷心表达我对大家的诚挚谢意。

首先，我要感谢的是罗格研究院院长彭启蕾博士。跟彭博士的相识非常偶然，她是我见过的朋友里少有的谈起反避税充满激情的人。而我也很荣幸，受邀成为罗格研究院的外聘专家。几年来，在她的精心组织下，罗格研究院举办了数场美国税务公益讲座，反响热烈，甚至线上线下多达数千人同时参与。这些活动一定程度上帮我实现了报国的心愿，也让更多的国内专家、同行了解我、熟悉我。而这本书的诞生，从一开始就少不了彭博士的鼓励。不仅如此，初稿写成之后，她花了大量的时间和精力，从头到尾做了最详尽的修改，她的严谨甚至“苛刻”给我留下了极深的印象，也让我从中学到很多珍贵的东西。书稿基本成型后，也是彭博士热心帮我联系出版社，沟通各种出版细节。可以说，没有她的无私帮助，就没有这本书的诞生。

我还要感谢中国人民大学朱青教授、北京大学的刘怡教授。我与朱青教授的相识是在 2009 年武汉中南财经大学的一次会议上。近几年，我多次受邀在北京等地讲解美国联邦所得税，尤其是在 2017 年底美国税改前后，朱青教授和刘怡教授总是在百忙之中挤出时间来参与讨论，我们也经常就美国税改、资本税等问题进行交流。作为中国知名学者，朱青和刘怡教授的敬业精神着实让我敬佩，两位教授让我觉得应该为国内同行们做一些力所能及的事：结合当前企业赴（在）美经营的形势，系统介绍美国联邦公司所得税。

除此之外，我还想感谢中央财经大学的曹明星和何杨教授、首都经济贸易大学的何辉教授、上海财经大学的李超民教授、上海立信会计金融学院的赵迎春和罗秦教授、西南财经大学的刘蓉和尹音频教授，以及江西财经大学的武红教授等，他们邀请我到学校去给学生讲授美国联邦税务和关联交易转让定价，让我深感中国财税学术界对美国联邦所得税的浓厚学术兴趣，也让我产生了撰写这本书的想法和动力：为中国学界培养国际人才，同时提供一些有用的科研思路和素材。

我也想感谢张学斌博士。2009 年初，我在国内度假，一家在深圳的财税培训机构组织转让定价和同期资料的培训，由于专业讲师临时缺席，使我有机会替代他首次在深圳讲授转让定价和同期资料。之后几年，我在广州、深圳和珠海等地多次讲授转让定价和同期资料、美国联邦所得税和中美税务会计处理协调等公开课程。那位缺席的讲师就是后来成为好友的张学斌博士（深圳思迈特财税咨询公司高级合伙人）。感谢张学斌博士赐予我讲学的机会，在往后的数次交谈中，张学斌博士大力鼓励我回国巡讲美国联邦所得税，将巡讲内容整理成书。他的鼓励，使我更加坚定了撰写这本书的信念。

我要特别感谢当时在美国杜克大学（Duke University）读研的庄伟女士。2019 年初，本书完成第一稿后，我询问庄伟女士是否可以就初稿提一提意见，她二话不说，从繁重的学习中挤出珍贵的时间帮我审稿，并提出了一些非常有益的修改意见。

最后，我还要感谢中国财政经济出版社的资深编辑樊清玉老师。在彭启蕾博士的推荐下，我找到樊清玉老师，使本书得以在中国财政经济出版社出版。樊清玉老师等编辑一丝不苟地与我一遍遍沟通修改意见，以求完美地将这本书呈现给大家。

因此，本书不仅仅是我个人的作品，更是大家的期望和无私帮助的结晶，而我只是这个结晶的传递者。鉴于本人的水平有限，希望大家对本书中存在的一些不足之处提出批评和指正，对大家的不吝赐教，我深表感谢。

至此，这本书已经结束了。我真心希望大家对美国联邦公司所得税有一个初步但较为完整的认识，希望这本书能对中国“走出去”赴美投资企业有所帮助。税法说到底是法律，到美国投资必须要懂得美国的法律，这样才能避免因法律纠纷而造成的不必要的投资困扰和损失。将来有机会的话，我还想把美国州层面的所得税和其他税法，以及有效管理跨国公司的美国税务等介绍给大家。能为国内的同仁尽一份微薄之力是我的荣幸，也是我回馈国家的心愿。

祝愿中国企业“走出去”顺顺利利，“走下去”长长久久！

感谢大家对税务事业的热爱！